一部简洁幽默的美国简史

从美国的产生与发展中见识世界的残酷

美国的故事

Hendrik Willem Van Loon

[美]亨德里克·威廉·房龙◎著

端木杉◎译

北京时代华文书局

图书在版编目（CIP）数据

美国的故事 /（美）亨德里克·威廉·房龙著 ; 端木杉译. -- 北京 : 北京时代华文书局, 2018.3
ISBN 978-7-5699-2246-2

Ⅰ. ①美… Ⅱ. ①亨… ②端… Ⅲ. ①美国－历史－通俗读物 Ⅳ. ① K712.09

中国版本图书馆 CIP 数据核字 (2018) 第 001920 号

美 国 的 故 事

MEIGUO DE GUSHI

著　　者 | （美）亨德里克·威廉·房龙
译　　者 | 端木杉

出 版 人 | 王训海
丛书策划 | 梁明德
责任编辑 | 周连杰
特约编辑 | 廖　丹
封面设计 | 格林文化
责任印制 | 刘　银

出版发行 | 北京时代华文书局　http://www.bjsdsj.com.cn
北京市东城区安定门外大街 136 号皇城国际大厦 A 座 8 楼
邮编：100011　电话：010－64267955　64267677
印　　刷 | 三河市祥达印刷包装有限公司　　联系电话 | 0316-3656589
（如发现印装质量问题，请与印刷厂联系调换）
开　　本 | 710mm×1000mm　1/16　　印　　张 | 19.75　　字　　数 | 252 千字
版　　次 | 2018 年 7 月第 1 版　　印　　次 | 2018 年 7 月第 1 次印刷
书　　号 | ISBN 978-7-5699-2246-2
定　　价 | 55.00 元

目录

第 一 章　物美价廉求购香料　001

第 二 章　未知的世界　008

第 三 章　印第安人　017

第 四 章　无用之地　021

第 五 章　独木舟绝技　024

第 六 章　今生与来世　027

第 七 章　异教徒成为劫持犯　030

第 八 章　印第安圣草　035

第 九 章　寒冷的新理想国　043

第 十 章　新英格兰　049

第十一章　错误的投资　053

第十二章　捷足先登的瑞典人　060

第十三章　共享的殖民地　064

第十四章　开拓殖民地　071

第十五章　钦建帝国　074

第十六章　希望的地平线　080

第十七章　争夺土地的游戏　083

第十八章　近代之始　089

CONTENTS

第 十 九 章　“效率专家”　090

第 二 十 章　茶叶与糖蜜　094

第二十一章　朴素智慧　099

第二十二章　实践政治　103

第二十三章　坏消息　107

第二十四章　将军重装上阵　112

第二十五章　托马斯·杰斐逊　115

第二十六章　乔治三世成为英雄　121

第二十七章　警觉的诺思勋爵　125

第二十八章　本杰明·富兰克林　128

第二十九章　卢梭和拉法耶特的一些事情　135

第 三 十 章　宗主国妥协　140

第三十一章　折中方案　145

第三十二章　汉密尔顿奠定商业基础　152

第三十三章　革命并非一种模式　162

第三十四章　领土协议　169

第三十五章　母国最后的拜访　176

第三十六章　西蒙·玻利瓦尔建立新世界　185

第三十七章　新的信仰　192
第三十八章　独裁　196
第三十九章　无用的艺术　203
第 四 十 章　真空地带　209
第四十一章　蒸汽时代　214
第四十二章　烦恼的契约　225
第四十三章　无名律师主动接案　232
第四十四章　审理一场战争　236
第四十五章　战争终结纠纷　241
第四十六章　最后一位征服者　254
第四十七章　金色道钉　259
第四十八章　第三阶段文明的衰落　265
第四十九章　埃利斯岛和普利茅斯海岸　269
第 五 十 章　物的统治　274
第五十一章　为占有而战　282
第五十二章　新大陆　287
第五十三章　新道路　290

第一章　物美价廉求购香料

那些经常出入豪华餐厅的人，他们不愿再去吃杰克·马尔霍尔的海鲜杂烩汤和菜豆，尽管它非常有名。政治经济学家以及我们的治安警察，对于这种现象也无可奈何。当然，如果迫于万不得已的实际需要，他们也会将就平头百姓的粗茶淡饭。但是，他们依然会竭尽全力，维持他们早已习以为常的高生活水准，除非到了实在难以为继的地步。

在人类最初的一千年中，活跃于西欧大部分地区的野蛮人，是一些生活简单的人。只要能满足数量上的要求，他们对质量没有追求，所以生活毫无品位可言。冰河时代以来，那些基本保持原样的大陆，很容易满足他们对一条木凳、一块肥牛肉和不限量麦芽酒的需求。

况且还有很多的事情需要做，而去做的人却寥寥无几；因此他们多余的精力就只能消耗在日常生活的家庭琐事上了。他们用了差不多一千年的时间才定居下来。于是，一切都基本上安顿下来，和平与安宁回归大地。对老一辈人来说，和平与安宁造成了年轻一代的漫游症。

假若倒退至一千年前，这种漫游症就会导致一场无政府主义的爆发。但这时，西方的人民再一次接受了唯一的主宰，他不拥有世俗权力。然而，他的精神武器可以使瑞士雇佣军全军覆没。他的纸箭可以穿透坚硬无比的城墙。

他稍不高兴，其后果比皇帝或国王发出的战争威胁还要可怕。

他的身边聚集着许多聪明的外交官和足智多谋的政治家，于是，他能够将不断升级的动乱，通过对外征服这一有效渠道转嫁出去，并向东方进行迁移，亦即后来的所谓十字军东征。遗憾的是，这一事件后来常常被用作浪漫诗篇的题材，以至于我们往往会忘记这场冲突平淡无奇的本质。

古代世界是地中海的世界。谁控制着那一浩渺的水域，谁就能够向人类发号施令。

这是一项雄心勃勃的壮举。而那些居住在摩洛哥、的黎波里以及埃及浅水海岸的众多的海盗，虽然常常出没于西班牙、希腊和意大利半岛纵深海湾，但是他们只希望在当地取得一些小的胜利，这样他们就已经满足了，不会有更多的企图。

只有“种族群体”——通过社会、经济和宗教的共同发展而聚集在一起的成千上万的庞大人群——才能够应对那些必须大规模解决的问题。他们深知自己担负的风险，因为像这样的争端对胜利者和失败者来说往往都是灾难性的。

在以往的历史中，曾经有两次将这种风险发展到了公开决裂的地步。

第一次是在公元前五世纪。当时，作为西方捍卫者的希腊人打败了入侵的波斯人，并发动了一系列有效的反击，将敌人远远地赶到了印度河岸边。

第二次是两百年后，在迦太基人最后的堡垒灰飞烟灭之前，罗马帝国几近亡国。罗马人通过发挥民族的力量才得以躲过这一灾难。

在接下来的八百多年里，天下太平无事。

然而，公元622年，亚洲打着一个全新先知的旗号，再次准备进行一场力量悬殊的争夺。这将是一次大规模的行动。他的左翼军占领了西班牙。与此同时，他的右翼军通过叙利亚和小亚细亚向君士坦丁堡进发。直到此时，基督教会的领袖才猛然醒悟，随即宣布开始抵抗。

从军事的角度看，亚洲在这场战争中完全失败了。但从社会影响的角度看，自罗马帝国消失以来，欧洲民族第一次受到了在许多方面都比他们发达的文明的影响。他们东征时，屠杀异教徒并掠夺其财富；他们凯旋时，带回了对奢华和舒适的全新观念，并对自己以前那枯燥乏味、简陋粗鄙的生存方式，深感厌恶。

基本观念的这一突然改变，很快就在生活于西方大陆的人们的衣食住行等各个方面反映出来。

老一辈人继续喋喋不休地谈论祖先们的朴素美德。孩子们对此耸耸肩，一笑了之。他们去过“大城市”，见过大世面。他们悄悄地等待时机，一旦老的死了，他们就赶忙把客厅粉饰一新，请两个外来的厨师，把儿子打发到附近城镇里去，学习如何做银行家或工厂主。这样就会在一生中获得巨大的财富，而这些财富如果仅仅经过田间劳作，一千年都不会创造出来。

教会开始感到不满了。

这是它绝对没有预料到的后果。

唉！凯旋的英雄们不再对那种神圣且不加质疑的热情感到振奋，这种热情曾是其父辈和祖辈的一大特征。眼前的东西会熟视无睹，从而导致轻视；而远方的东西却会令人向往，产生敬佩。

结果是教堂衰败。但私人豪宅和装饰富丽的市政建筑开始到处兴建。

我既不说这是好事，也不说这是坏事。我只是在讲述一个事实。如果你愿意对此有什么评价或者下什么结论，那么，悉听尊便。

在地中海彼岸，人们对那种奇怪宗教信仰的热情也已大减。该宗教信仰通过屠杀俘虏的数量，来衡量对真主安拉的敬仰。总之，双方势均力敌，陷入了僵持，因此愿意达成妥协，这对双方的商人来说意味着财源滚滚。

铁蹄践踏过的古代通商之路，开始修复。羸弱的骆驼再次负重，从卡什加向大马士革迈进。就像古时候一样，威尼斯的小帆船和热那亚的大木船又开始经常往来于亚历山大和法马古斯塔之间。

世界太平。在黎凡特谈妥一桩生意的利润率从零猛增到了百分之四百。

接下来，发生了一项重大事件。每每重大事件的发生，往往会改变整个历史的进程。这一重大事件发生在十三世纪中叶。令人生畏的鞑靼人踏上了征途。从阿穆尔河到维斯瓦河，面对潮水般涌来的凶神恶煞的黄皮肤小鬼，人们惊慌失措，闻风而逃。

在逃亡的人群中有一支游牧民族（有两三百户人家），自远古以来他们就在亚洲的心脏地带和平地生活着。他们差不多逃到了地中海地区，接着听说危险已过，便决定重返家园。为了回家，他们必须渡过幼发拉底河。但是意外发生了。他们的首领从马背上跌落葬身河中。仍然停留在河西岸的人们惊恐万分，他们认为这突如其来的灾难是上天直接发出的警告，于是要求波斯国王让他们留在原地。

在不到一百年的时间里，这个游牧民族已经主宰了这个曾对他们友好相待的帝国。经过又一代人之后，他们成为穆罕默德世界公认的统治者，并开始了征服的历程。这一进程最终使他们的马尾旗插到了维也纳的城门上，也使“Turk（突厥）”这个词永远成为凶残和勇敢的代名词了。

如果穆斯林暴力突然卷土重来只是一场政治运动的话，那么情况就不至于那么糟糕。但是一场极端的宗教狂热席卷了西亚的平原和山冈。先知穆罕默德死后又过去了六个世纪。在这期间，他的信徒原有的热情已经大减。“祖先的信仰”固然不错，而从香辛调味品、桂皮香料和靛蓝染料交易中得到的诱人利润也是很好的东西。遗憾的是，这种贸易使得城市信徒对那些来自地中海彼岸的异教徒友善相待，其中原委，心知肚明。生意就是生意，做生意不能反对基督教徒。

乡村和偏僻山谷的居民就不是这样的。他们对自己的宗教信仰非常虔诚，突厥人在军事和政治上的成功给他们以鼓舞，于是他们决定让大城市里误入歧途的同胞们回归真正的信仰。

托钵僧（穆罕默德世界的僧侣）在先知穆罕默德的王国里四处云游。他们中有的祈祷，有的狂舞，有的旋转，有的吼叫。但他们全都宣扬回归最初沙漠信条的清规戒律。

起初，巴格达和大马士革的商人们还嘲笑他们。但这些“清教徒”坚持不懈，非常执着。不久，商人们停止了嘲笑。又过了不久（由于邻居被杀害的下场给他们以警告），他们开始只跟同一信仰的教徒做生意。

就这样，正当欧洲人开始对亚洲的某些商品产生依赖之际，商品供应突然中断了。

当然，这不是在某一天、某一个星期甚至某一年时间内发生的事情。但是，那些二百多年来源源不断地流向西方的商品，现在突然从欧洲市场上消失了。那些尚能得到的供货物品，立即被投机商囤积居奇，价格开始直线上升。赊账欠款情况不允许了，必须用黄金支付货款。这在西方是稀罕事，中世纪世界在每天的交易中从不坚持要求现金支付。人与人之间比邻而居，彼此相距不过箭步之遥。这个人的猪肉可以换另一个人的鸡蛋，这个修道院的蜂蜜也可以换另一个修道院的食醋。

是的，对外贸易一直是坚持用金币和银币支付的。用几块熏肉和几桶盐，是不可能打发来自卡利卡特的香料商人的。他们授权在吉达和亚丁的代理商发货前，要求预付一笔威尼斯货币作为定金。

现在的欧洲市场，交货即付现金，因此，事情变得大为复杂了。

黄金是必须从国外进口的另外一种货币，这种神秘的黄色金属似乎超越了政教权力。欧洲有一些白银矿井，但是在奥地利、萨克森和西班牙的山里发现的少量黄金，是绝对不能满足投机商和那些合法的香料商人日益扩大的生意的需要。

至此，世界上出现了空前的恶性循环：人们急切地要购买—商品供应日益减少—物价迅速上涨—普遍需要金币—黄金供应下降—西亚、北非的国家接二连三落入残酷无情的异教徒手中—通商之路一条接着一条无限期关闭—欧洲年轻而有活力的资本主义制度挣扎着以求生存。

资本主义制度（对于这个词，我们多数人予以误解）被指责有很多罪行，种类繁多，罄竹难书。但是，就连其最不共戴天的敌人也不能指责其懒惰，或否认其在危机时期能够迸发出近乎超自然的能量。在十四世纪上半叶，正是这样一场危机使西方商业世界面临毁灭的危险。

我已经谈到了杂货商的困境。他们高声疾呼，极力表达自己的不满。但是欧洲的整个经济（归根结底是指整个宗教、社会、文学、艺术和科学）结构处于濒临崩溃的危险之中。

实际上，在哥伦布去世十二年后，叙利亚和埃及（最初连接东西方的主要通商之路就经过这两个国家）才被突厥人占领。但是熟谙生意的商人不会坐以待毙。他们会抢先行动。

有关现代商业骄子的精明能干，我们耳闻甚多，对于时代造就了这一类精英，我们感到无比自豪。而我们往往会以优越屈尊的态度想到中世纪的商人坐在沉闷的狭小房间里，用一台小小的天平称量钱币，同时向两个雇员口授书信（或许他还有信件的复写副本），并且还要无奈地等上半年时间，才能收到远在维堡或诺夫哥罗德的代理商的回信。

但这只是我们幸福时代的一种想象。我们这个时代喜欢自吹自擂，就像鸭子喜欢水一样，自然而然。

1927年的世界跟1427年或427年的世界，实际上是非常相似的。世界上有各种各样的人。有人非常聪明，有人不那么聪明，还有一部分人则是十足的笨蛋。

最后一种人（总是占大多数）对什么都不感兴趣；第二种人觉得应该有所作为，但由于胆小怕事，因此一事无成；第一种人（占极少数）则甩开膀子，挽起袖子，敢作敢为。通往富庶东方的陆上道路逐渐关闭了，他们就向南方或西方寻找新的道路。这样，就需要在未经探测的大海上航行，看起来几乎跟我们现在乘飞机去月球一样行不通。的确，现实中障碍重重，只有梦想家才能克服。

世上不乏有才之士，经验丰富的船长能够通过自身的风湿病预测暴风雨即将到来；训练有素的天文学家熟知天书，如同我们查阅时间表；冒险家为寻求刺激或金钱，甘冒生命危险。

但解决这个问题的是一个不同寻常的人——一个从以斯拉的《启示录》中获取灵感的怪才；一个职业推销员——除非得到一个按期签字的合同，保证在大洋彼岸的版图上所发现的宝石中给他百分之十，否则绝不让步；一个虚荣骄傲的人——坚持让别人称他为“海军上将”；一个谦恭的神秘主义者——死时穿的是圣方济各会修士的破衣烂衫。

第二章　未知的世界

在热那亚，邻居们都知道他叫克里斯·皮金，一个普普通通的人。西班牙人称他为唐克里斯托瓦尔·科隆先生。后来想到委内瑞拉北面的黄金地带，又给他加了一个有名无实的头衔——贝拉瓜公爵。他们从他的发现中捞取了巨额财富，却在给他回报时欺骗他。世人皆称他为克里斯托弗·哥伦布，他将以哥伦布的名字在我们的故事中出现。

他生于1446年到1450之间的某一年，详情我们不知道，但这无关紧要。他是在热那亚出生还是在科戈莱托出生，我们也不清楚，这也没什么关系。但是他那可怜的尸骨在四个世纪内反反复复被埋葬了七次。忙碌一生，却无安宁之日，到头来仅落一副手铐和一口六块木板拼成的棺材。

哥伦布的父亲是做毛纺生意的，生意相当红火，供得起儿子上个好学校。接下来的事情就会这样进行，哥伦布将子承父业，成为一名受人尊重的公民，并建立自己的家庭——一切都按部就班，一切都将一如既往。

然而，普通人的体面生活在哥伦布的一生中算不上什么，因为他属于这个世界而又不完全属于这个世界。他需要金钱——大笔金钱——来实现抱负，他要完成学业，他要著书立说，等等。他想让世界知道，他并非平庸之辈，他的勇气、耐力和卓越杰出的智慧使他——一个织布商的儿子——应该与世界上神通广大的王子们为伍。除了这个理由，很难确切地解释他为什么要放弃自己既定的生活方式。

对于赖以谋生的生意，他一窍不通。但是他能够在没有其他任何帮助的情况下，驾驶一艘渗漏的老爷船，仅靠自己改进的航海装置，渡过未知的海域；他能够将一伙桀骜不驯的囚犯和强盗哄骗得服服帖帖，直到他实现自己的计划；而且，他往往比其他任何人更能忍受饥渴、坏血病和睡眠不足。这些特质，对于雄心勃勃想要一举成名的人来说，已经足够了。

哥伦布没有将这些记录下来，这或许是个遗憾。然而，总的来说，我认为这样也不错。试想，如果有一篇关于“我是如何发现新世界”的连载文章，并配有瓜纳哈尼酋长成群妻妾和女儿的独家照片；或者另有一篇关于“压缩饼干使我成为探险家”的署名访谈录……不，还是现在这样更好。我们对此人的了解并不像我们有时希望了解的那么多。这样就避免了我们过多地了解细节，而使得经历中的重大事件黯然失色；他笃信，向西航行不会从地球上掉下去，也不会被热带的阳光烤焦，反而能够到达中国并可以取道东印度返回。然而，他的同代人的观点却跟他截然相反。

结果证明，问题并不像他想象的那么简单。一个相当广袤的隆起的陆地，将欧洲和亚洲之间的海洋分割开来。这是一个谁都不可能预言的细节。但这丝毫也不能掩盖那位衣衫褴褛、饱经风霜的热那亚水手的荣誉光彩，他是第一个说“能够办到”并身体力行的人。

跟我们现在所处的时代相比较而言，中世纪有一个巨大的优势。当学徒并学有所成才是修身之道。是的，这是生活中至关重要的部分，没有捷径可言。一千年前，希腊人就说过，诸神愿以其全部秘诀来换取足够多的诚实汗水。十五世纪的人们视行会的老板至高无上，并以之取代了宙斯。他们严格遵守这样一个信条：只有辛勤劳动才能使一个人胜任其工作。年轻的克里斯托弗决定放弃子承父业去做毛纺生意，而是想去做一名水手。于是，他很快到一个船长那里去当学徒，从最基本的船上服务员和厨房助工开始做起。

此后四年时间里，我们在地中海东部的每一个港口都听说过他。稍后，我们在葡萄牙和英格兰也发现了他的足迹，而且我们知道他最远曾经到达新发现的几内亚海岸。接着他结婚成家。他靠婚姻得到了水手这一职业。他所选择的妻子并非出自富豪之家，但是她继承了父亲的航海日志及其所有笔记。她的父亲不是别人，正是巴塞洛缪·佩雷斯特雷洛，是为葡萄牙亨利王子效劳的船长，也是圣港的第一任总督。圣港是最近发现的马德拉群岛中的一个岛屿。

这样，哥伦布开始直接接触一位先驱者的工作，这位先驱从任何意义上都可以称得上是现代探险和发现的先驱——约翰，他为一个比他更伟大的人物铺垫了道路，但他自己没有机会看到最终的胜利。

葡萄牙亨利王子，通常被人称为航海家亨利，其父为葡萄牙人，母亲是英国人。他年轻时曾是一位了不起的斗士，但他为人严厉，是一个名副其实的清教徒。当战斗宣告结束，葡萄牙太平无事，再无受到来自直布罗陀海峡对岸的异邦侵扰之虞时，他就从宫廷隐退，在其故乡——偏僻海角的荒凉山头上，为自己建造了一个与世隔绝的城堡。

这里成为第一个航海学校的校址，并成为中世纪最重要的一个天文观象台。

在那里，没有外界干扰。皇家地理学家、天文学家、数学家和地图测绘者收集各种稀奇、包罗万象的信息资料，对其进行筛选和分类。譬如，迦太基人汉诺就讲过关于走路像人、名叫“人猩猩”的类人猿的神秘故事，这使得西方世界为此感到惊讶。从那以后，这种信息资料就是海员增学问长见识的一部分。

这位高贵王子的兴趣根本不是以商业为目的的，对此我们予以理解。作为冈特的约翰的孙子，作为基督的富裕阶层的大头领，他不必为金钱操心。况且，他是十分虔诚的基督教信徒，不会在乎世俗的得失。可怜的异教徒依然生活在黑暗中，这种黑暗超过了博哈多尔角的朦胧昏暗。假如他能赢得这些异教徒的心，商人们尽可以不受限制地同未开化的黑人进行物物交换，并大发其财。如果他的发现能使他同祭司王约翰(十二世纪的神秘人物，后来证明不是别人，正是头发卷曲的阿比西尼亚国王)联系上，那么他会欣然放弃对俄斐黄金的所有权。

中世纪探险的艰难，从著名的萨格里什学院的缓慢发迹中，可以探究一二。该学院在航海学上一言九鼎，且不必为费用发愁。飘扬着它旗帜的船只往往需要数年的时间才能走完现代货船两天就可完成的路程。每当成功地绕过新的海角，人们就会欢呼庆贺。刚刚从北极探险归来的现代探险家，也不如一个当时在非洲西海岸又多探测了数百海里的葡萄牙船长得到的赞誉多。

真正杰出的人同一般优秀的人之间的差别，就是前者做事从不惊慌失措。航海家亨利编绘地图就像克莱斯勒拉小提琴一样，从容不迫。他有的是时间，没有理由激动兴奋或草率从事。于是慢慢地，非洲西海岸开始渐露端倪，长期不见的亚速尔群岛重新被发现；不知何故被人遗忘了一个世纪的马德拉群岛，不再是英国一个美丽爱情故事的风景如画的背景，而成了地图上一个确切无误或平淡无奇的地点；博哈多尔角不再是所有地理知识的最终极限；接下去是布朗库角，1445年又轮到了佛得角。在亨利去世前，他手下的一位船长实际上已经航行到了塞拉里昂角，而且准备工作已经完成，使后来迪亚斯绕过好望角成为可能，并使得达·伽马能够航行到印度。

亨利王子用他自己的方式（有些尽管不是直接的）推动了文明进程。科学会消除很多愚昧和偏见。通过萨格里什学院的影响，航海不再是魔鬼和浮岛的大杂烩，不再是可潜入水中的大陆和其他众多童话故事的大杂烩。早期爱尔兰传教士们曾经靠那些童话故事取悦那些容易轻信的堂区居民。罗盘仪和六分仪开始取代了旧的沿岸航行的办法，即那些所谓的“靠上帝和推测航行”。人们不再轻信那些曾被风吹得偏离了航线，在惊慌失措中看到庞然怪物的船员水手们，他们所带回来的各种稀奇古怪的传说，而是加以认真仔细地考查甄别，或被否定摒弃，或因似乎有些道理而被存留做进一步验证。

在那些奇闻怪谈中，有一件事，哥伦布和他的航海伙伴们一定很熟悉，那就是关于探寻一个全新世界的故事。据称那个全新的世界位于北极圈内的某个地方。哥伦布是何时听到那些航海故事的，我们不知道。他曾向他的一些朋友提到，他最远到过极北地区。他说的“极北地区”是指什么，我们也不知道。那可能是冰岛，也可能是法罗群岛。但是，请不要忘记，哥伦布生活的时代仍然有格陵兰主教。同那个岛屿的直接联系只是在一代人之前才被中断；冰岛人当时还在大量搜集有关其祖先的英雄事迹，同时还详细谈到某些神秘地方的古老传说。

历史学家在搜寻文献证据的过程中，有时会忽视一些诸如洋流和气流之类的不起眼的细节。面对一张大西洋地图，我们不再自问：“古挪威人到达美洲海岸了吗？”却会说：“他们为什么花了那么长时间才到达那里呢？”

法国或英国船长，在偏离航向后，不是葬身海底就是掉头返航。这是墨西哥湾洋流所造成的。

但是，北欧海盗从挪威前往北极区聚居地的途中，常常面临着被格陵兰洋流卷走的危险，除非他们很幸运，否则接下来会发现自己遇上了拉布拉多洋流，然后就在劫难逃了。他们必定会在北美大陆西海岸的某个地方靠岸。

请不要忘记，格陵兰和挪威之间，直接和不间断的往来曾持续四个多世纪（983—1410）。在这期间，数百男男女女一定到过这些西方岛屿，他们航行时没有海图和罗盘，完全听命于北极地区不同的洋流，这是我们这代人所不能理解的，尽管我们或许会忽略墨西哥湾洋流。最后请记住的是，他们是一个富有想象力和文学才能的民族，给我们留下了有关其探险的翔实记录。

我之所以谈到这些，不是为了重新掀起关于谁是我们大陆的真正发现者的这个古老而可笑的争论，他们到底是赫伊卡达勒农民埃里克的儿子还是热那亚织布工多梅尼科的儿子克里斯托弗。我提到这些，也就是提到历史上有关古挪威人的这一时期，只是为了说明在哥伦布时期人们普遍接受的一个事实：在海洋的另一边还有一些“什么东西”，如果愿意冒险，并向西航行三四个星期，就可能会发现。

不幸的是，相信这些岛屿（可能是印度和中国近海的一系列岛屿）乘船可以到达，还是远远不够的。还必须有人提供船只，而购置船只，那时跟现在一样是要花钱的。这使我们看到哥伦布一生中的第二部分，他作为一个推动者的经历。

十五世纪后半期，唯一值得一提的现金供应，出现在意大利。但是，假设教皇或美第奇家族资助他冒险，假设他说服威尼斯或热那亚政府给他以支持，那么，会出现什么情况呢?

西班牙控制着出海口。当时的西班牙是一个强大的国家，一个高度集权的国家，绝不是好妒忌的意大利小城市的弱小海军所能比拟的。因此，西班牙顺理成章地成为哥伦布寻觅达官贵人支持的国家。他有把握让他们成为其未来的资助者。他开始认真筹备其伟大的向西航行的计划时，他求助的就是西班牙。

当今时代，为了获得军事上的优势，在几个小时的时间内耗费数百美元的经费，我们认为这算不得什么，因此很难理解资本主义制度在引入大量金币供应和发明信贷前的笨拙行径，是的，就是那种孤立无援的困境状况。法国大革命（仅发生于距今一个多世纪前）的起因，正是这个十八世纪最繁荣的君主国及其所有的大臣、忠心耿耿的议员无法筹集到一笔款项；而筹措这样一笔款项现在只需财政部长和几位国际银行家通个电话就能办到。

西班牙差一点就失去成为新世界主宰的机会，因为斐迪南国王和伊莎贝拉女王无法筹集到相当于两万美元的现金。经过一番口舌和努力，这笔钱终于到手了。但是，如果没有来自那个被人遗忘的小城帕洛斯的平松兄弟的私人赞助，哥伦布的余生可能就要耗费在巴黎、里斯本或者伦敦，竭力地试图向王室大臣们解释他的计划不是疯子做梦，如果现在冒险投几个钱，将来就会得到巨额财富。

最终，平松兄弟同斐迪南国王和伊莎贝拉女王合力而为，提供赞助。1492年8月3日，哥伦布率领三艘船只向亚速尔群岛进发，其中最大的一艘比相当规模的渡船还小，是为跟佛兰德进行沿海贸易而建造的。

他又两度看到陆地，即加那利群岛和特内里费岛。接着他大胆地向前推进到未知的极限区域。这次航行持续了两个多月。在1492年10月11日至12日之间的那个夜晚，他们看到了光亮。那是“印第安人”的营地篝火。次日上午，白人与紫铜色的印第安人开始了第一次会面。哥伦布的旗舰上有一位犹太水手，他通晓多种语言，名声在外，因而受雇。在这个值得纪念的场合，他的贡献非常简单。

海军上将：问问老蛮子，印度群岛在哪里。

路易斯·德托雷斯（举起一件闪光发亮的铜器并挥舞手臂）：啊？

“老蛮子”（一个很脏的手指指着西方）：啊！

于是，这些勇敢的探险家再次起航，再度向西航行，除了岛屿什么也没有发现。那些低矮的小岛上生长着棕榈树，有赤身裸体的野蛮人和大呼小叫的儿童，当“圣玛丽亚”的枪支嘣嘣作响时，他们尖叫着缩回了脑袋。但是，印度群岛、中国带角楼的城墙和日本生长香料的树木却不见踪影——不见踪影——不见踪影。

然而，哥伦布拒绝承认失败。

随后，他不辞劳苦地三次远渡重洋，认为肯定会有那么一天，他将在那些礁石和岬角之间，找到直接引导他抵达目的地的突破口。

但是，他始终没有找到。

艰辛劳累、饥渴交迫，再加上热带疾病缠身，他的身体垮掉了，他的身体背叛了他，就像他的很多船长以前背叛他一样。

哥伦布死于1506年5月20日。噩运一直跟随他进了坟墓。

十六世纪初期，在法国小镇圣迪耶，有一所很受欢迎的学院，其中一个专业是地理学研究。这所学校的校长是一位诚实的德国人，名叫马丁·瓦尔德塞米勒（或许拉科米卢斯，他喜欢这样称呼自己）。1507年，他决定出版宇宙结构学手册。但是对于日渐增多的陆地怎么办呢？那些陆地似乎漂浮在亚速尔群岛以西数千英里之外。

难道不该把它们归在一起，起一个名字吗？

是的，应该。但是，起一个什么名字呢？

有人建议："谁对发现和探险那些陆地，做出的贡献最大，就以谁的名字命名。"

好主意！但他是谁呢？

就在这时，我们遇到了历史上最名不副实的事件之一。

北欧人可能听说过哥伦布，但是他的探险绝非广为人知。有一种粗制滥造的小册子到处传播，上面印有糟糕的关于印第安土著人以及一些野兽的木刻。据说，有一个名叫多弗或名字与此类似的人去过大鹏鸟之乡，这个故事是他回来后讲的。全部内容就是如此。

但是在十六世纪的头五年里，一些有意义的信息，开始零零星星地传过比利牛斯山脉。

哥伦布的第二次远征得到了塞维利亚的一个佛罗伦萨商人的资助。这位资助者意外死亡后，他的合同被一个名叫亚美利哥·韦斯普奇的人接管，这个人也是土生土长的佛罗伦萨人，是美第奇企业驻西班牙西部的财务代表。这个亚美利哥（如果我们相信他的故事的话）曾多次参加远征新世界的航行，也确实在南半球发现了大片新土地。他是一位聪明的宣传家和忠实的通讯员，经常给雇主美第奇写信，告诉这位老银行家他的所见所闻。这些信件一到佛罗伦萨就被翻译出版，广为流传。

当学识渊博的许拉科米卢斯，为横亘在欧洲和印度群岛之间这一群岛寻求一个合适名字的时候，他立刻想到了这位妇孺皆知的佛罗伦萨人，他的文字对每一位能够识文断字的欧洲人来说耳熟能详。于是他建议把这个新大陆称为“亚美利哥洲”或“亚美利加洲”，因为亚美利哥似乎比其他任何人对它的了解都要多许多。没有人说不。这有什么关系呢？叫这个名字跟叫别的名字差不了多少，既然问题已经解决，人们就不用再操心了。

我们不必对可怜的许拉科米卢斯过于苛求。他没有任何恶意。他只不过是一位朴实的校长，没有想到自己被一个聪明的宣传家蒙蔽了。

第三章　印第安人

公元1732年，为了让某些土著部落承认英王陛下为其君主，将自己的名字赠给了马萨诸塞州北部一个著名村庄和学院的杰弗里·阿默斯特将军向他部下发令："用天花病人睡过的毯子使印第安人染病，或用其他一切能够灭绝这个讨厌种族的手段都名正言顺。如果你利用狗也能将其赶尽杀绝，我会更高兴。"

如果十八世纪上半叶一个杰出和友好的英国将军还能公开表露这种情绪，那么三百年前突然发现其受制于天主教陛下西班牙国王的士兵和传教士的可怜野蛮人，又会怎么样呢？

西班牙人从小就学会憎恨和蔑视卑微的摩尔人（曾统治他的祖国达五个世纪之久），在他们眼里，那些刚刚被征服的紫铜色居民就如同牲畜，与人毫无共同之处。

这样的看法对印第安人很有利。这使他们不受宗教法庭清规戒律的约束，这种清规戒律是专门针对"理智动物"的。因此在墨西哥城或库斯科，每当依照宗教法规又有一批离经叛道的英国人或堕落的犹太人被押赴火葬柴堆，土著人获准到克马德罗并可兴高采烈地参加庆祝活动时，他们并没有因发表异端言论而受到骚扰的危险。但是，除了这些难得的场合外，印第安人的命运是不幸的，他们的那些隐藏在可怜的尚未开化的脑袋中的某个角落的信念使他们的命运雪上加霜：他们深信自己是这块土地真正的合法主人，使他们和邻居们沦为奴隶的是外来入侵者，入侵者之所以能够得逞是因为拥有大量枪支和海鲢。

印第安人的起源问题尚未得到解决。这些红皮肤的人是不是通过雪封冰冻的白令海峡或一块后来消失的陆地抵达美洲大陆的亚洲人，或者他们是不是通过冰岛和格陵兰岛从欧洲漂游到拉布拉多的一支原始民族的后裔，依据现有的资料，谁都无法下定论。但几乎可以肯定的是：直到真正的人类在亚洲、非洲和欧洲出现数千年后，美洲大陆才有人类定居，而且印第安人的祖先在登上美洲大陆后，跟世界其他地方隔绝可能达一万五千年或二万年之久。在智力上，美洲土著人绝不亚于生活在地球其他地方的种族。但是由于与世隔绝，因此他们在很多方面比那些用火绳枪和卡宾枪征服他们的欧洲人落后了数千年。

印第安人如此轻易沦为外来征服者的牺牲品，是另有原因的。他们人口稀少。或许整个大陆（包括南北美洲和人烟稠密的中美洲）他们不会超过一千万人，仅相当于现在纽约和芝加哥的人口。人口稀少的原因在于他们有迁徙的习惯，而且他们大多不熟谙农业。

当然，我是在笼统地谈这个问题，可能有失偏颇。有各种各样的印第安人，从高度文明的玛雅人和秘鲁人到南方巴塔哥尼亚的食人部落。但总的来说，他们都与那些组织严密、武器精良的欧洲入侵者相抗衡，因此他们的领土最短的时间里被侵犯和占领了。

对这些印第安人而言极为不幸的是，哥伦布发现新大陆恰好处于这样一个时刻：西班牙人在经过六百年不间断的战争后，刚刚把穆罕默德的最后一位继承人哈里发（伊斯兰王国政教合一的领袖）赶出他们的国家。西班牙仍然充满着这种奇特的抗争精神，时刻准备着在高尚的宗教信仰的名义下施行令人惊骇的罪行。如果没有这样的信念，他们是决计无法摧毁面积足有法国、西班牙和英国加起来那么大的印第安帝国的。

西班牙征服者当然是一些别具一格的人物。他们越过高山穿过沼泽，他们高贵而嗜杀，那些英雄事迹被人们描述得绘声绘色。然而与此同时，我们常常会忽略一个问题，即这种虔诚是与对黄金的极度渴望奇异地交织在一起的。的确，娱悦上帝及教化那些未开化的人的愿望可能促使一些朴实的传教士不畏艰险漂洋过海。但是大批的新移民只想着发财致富。至于那些房屋被他们洗劫一空的人，灌溉水渠被他们摧毁的农民，女儿被他们偷走的家庭，其命运如何，他们毫不放在心上。至于国内的人们，他们同样贪得无厌、冷漠无情。只要“白银舰队”每年装载着足够的黄金白银，供给相继登上西班牙王位的菲利普王、查理王和阿方索王进行无休止的征战，就很少有人提出问题，即使有问题也得不到答复。

这种制度对西班牙人民为害之大已成为众所周知的历史。美洲第一批岛屿被发现后不到二十年，死于非命的墨西哥土著人数量之多使得从外地输入劳动力成为必要。

最初这些劳动力是在佛罗里达和委内瑞拉的印第安人中挑选的。但是美洲的印第安人从不会成为好奴隶。他们一旦受到囚虏，就开始大批大批地死亡，丑闻闹大了，于是有一位名叫巴尔托洛梅奥·德拉斯卡萨斯（其父曾跟随哥伦布进行第一次航海）的人建议不再强迫土著人在矿井和种植园劳动，而应该由能吃苦耐劳的非洲黑人取而代之。

德拉斯卡萨斯提出这一建议的本意很好，但是他的设想并没有像他所希望的那样行之有效。因为不久基督教世界的流氓无赖（那个时候有很多这样的人，并不局限于某一个世纪）沿塞内加尔河与刚果河猎取奴隶，这种丑恶的交易一发不可收拾，持续了好几个世纪后方才停止。

新世界殖民地注定要失败还有一个重要原因。西班牙国王对中央集权有一种与生俱来的厚爱，这个不幸国家的一切事务都必须上报马德里。没有一个西班牙的殖民地享受过丝毫自治权。官员，所有的官员，必须从西班牙选拔，出生在国外的任何人都别想指望得到荣誉或重用。

在这种情况下，殖民地开拓者耸耸肩膀说：“有什么用呢？”他们不参与一切形式的市政府或州政府，而将时间用于发财致富，却置白人邻居的利益于不顾，或者对他们的奴隶摆架子、耍威风。只有那些进入教会的人例外，他们充分利用其优越的社会地位，不久之后，百分之八十多的不动产被神职人员及其家属掌握在了手中。

很明显，扼杀了所有进步的错误是西班牙引入新大陆的垄断制度，这是其殖民总政策的一部分。私有企业受到无情打压。个体商人一旦被抓，就立即被送交执行绞刑的刽子手手中，而从布宜诺斯艾利斯或哈瓦那出口的每一盎司黄金和每一磅桂皮香料都必须在加的斯报账。这是古板保守的职员和官僚的天堂，不容商人发展成为一个独立的阶级。少数犹太人试图在墨西哥、秘鲁和委内瑞拉占有一席之地。但是当他们通过个人节俭和勤奋积累了数千美元时，宗教法庭不分青红皂白地一概指控他们堕落，用火刑将他们处死并没收他们的钱财。因此，其余的犹太人只好移居伦敦或阿姆斯特丹，用他们的聪明才智和金钱为西班牙的劲敌服务，这样就间接毁灭了这个曾残酷无情地对待其祖先的国家。

类似的例子举不胜举。但以上所述已经足以说明，为什么“美国的故事”今日不再是那些在日常生活中只讲西班牙语和葡萄牙语的广阔地区的历史故事，而是将英语作为日常生活语言的广大地区的历史。

西班牙发现并征服了一个新大陆，这是千真万确的。但是这一切完成之后，这个国家犯了一大错误，注定它后来的一切努力都将以失败告终——它试图将新大陆变成旧大陆的一个翻版。

决定人类命运的诸神是非常宽容的。

但是在某些事情上他们会划定最后的界限。

第四章　无用之地

连绵不绝的群岛将欧洲通往印度群岛的道路切断了。

起初，那些投身于危险航行的人满怀希望，希望通过这障碍。

哥伦布失败了。

或许其他人会成功。

攻克这一障碍，就会得到丰厚的回报，所以冒点险是值得的，于是他们不遗余力大干起来。

他们寻寻觅觅，足迹遍及每一个海湾。他们的船只沿着每一条河溯流探寻，直到遗憾地看到沙滩或断裂的山脊，然而这表明他们又将徒劳而返。每一条溪流都被他们仔细调查过，然而没有人说得清楚通道在哪里。或许在某个地方一定有一个出口；或许两个岛屿之间有一个狭窄的水道；或许礁石之间有一条裂缝，刚好容得下一艘帆船通过，但不管怎么说，这个门户直接通往令人垂涎的盛产桂皮、胡椒和肉豆蔻的群岛。

这个愿望经常是貌似快要实现了。文森特·平松是著名的1492年航海远征的幸存者，1500年，他发现了一片宽阔的水域，似乎通向西方。航行五十海里后，一些错落杂乱的岛屿和暗礁迫使他返航。四十年后，经查明亚马孙只是一个普普通通、每天川流不息的河流，或许比其他多数河流更广、更宽、更大、更浑，但仍是一条普通河流。

1513年，消息又传遍欧洲的码头，说问题解决了，找到了一条直接通往中国的水路。的确如此。但是巴尔沃亚以西班牙国王的名义刚刚占领的这片波光粼粼的海域，同大西洋隔着数百英里不可逾越的礁石和火山。而巴尔沃亚在绞刑架上一定明白他失败了，什么都没有解决，结果反而使问题比以往任何时候都更加复杂。

与此同时，达·伽马终于发现了向东直通卡利卡特的路线。从加的斯和帕洛斯到圣多明各和古巴的航行是漫长而危险的，说不定会“发现什么东西”，但从此之后，这似乎成了荒唐而肤浅的冒险。沿着二十多年前亨利王子确定的路线，向南航行，可以完全看到陆地（在一些水域航行时除外，但距离都不长），至少每三四天可以上岸补充供给。作为一个有着实用经济前途的地理问题，“美洲大陆”因此在很大程度上失去了魅力。

问题依旧是：“我们现在对它该怎么办？”

回答很简单。

“我们可以靠掠夺土著人发财致富，其余的就留给群狼和鬣狗。”

于是伊比利亚半岛上的有绅士风度的冒险家、强盗、流氓、匪徒和其他流浪者欢呼雷动，他们齐喊：“走啊！”

为了完成其崇高任务，他们烧杀抢劫，撒谎蒙骗，把治国的六项有意义的试验变成了茅屋草舍和公墓坟冢，对于这一切，作家们经常美化自己的祖先，认为他们的杀人放火和其他人的祖先杀人放火不能相提并论。在如此短暂的时间内，新大陆的那些地方迅速落入了西班牙征服者手中。这个大陆一些有价值的东西，不需付出诚实的劳动，通过盗窃即可到手。

先是墨西哥，接着是秘鲁，下一个是智利，被划归了新卡斯蒂利。沿东海岸，教皇亚历山大六世在世界平面图上画定的一条红线，将西班牙人和葡萄牙人的勃勃野心限制在某些合理的范围内，他的意图是，应该在避免基督徒流血太多的情况下分享美洲的财富。

当时的地理手册最能说明这个问题。

十六世纪和十七世纪是职业地图绘制者的黄金时代。当时很多地图绘制员都是一流的艺术家，而且被视为了不起的科学家。但是他们留给我们的关于美洲的“形象”非常奇怪。在地图上，南美洲和中美洲的海岸线和河流细节突出，被他们绘制得几乎尽善尽美。他们绘制的墨西哥和南美洲部分地区，其精确度也很高。然而，除此之外，他们毫无兴趣。在北部广阔的荒原上，他们印上了一个简单的说明:“Tierras de Nin-gun Provech.”意即“无用之地”。

第五章　独木舟绝技

古往今来，足智多谋、能独立思考者一向凤毛麟角。难以用科学方法来证明今天这种人所占的比例是否就比旧石器时代高出很多，或这一比例比三世纪的希腊和小亚细亚还略低一些。

与此同时，我们深知，无论现在还是过去，平庸之辈不但喜食容易消化的食物，还喜欢一些阿谀奉承。而生活在北半球的人们有这样一种最常见的看法：拉丁人（和其他所有的南方人）绝不适于做水手，掌握航海和航海技能的真正秘密的是“盎格鲁-撒克逊人”，有时还加上荷兰人和挪威人。

然而，当我们的祖先还在面涂绿色、茹毛饮血时，一位腓尼基人已经率领闪米特族水手到过好望角附近。

不久，当日耳曼部落面对被称为“轮子”的奇怪发明目瞪口呆时，闪米特族的迦太基人正在同刚果的土著人进行以物易物的贸易，罗马人和希腊人已经踏遍了地中海的每一个角落，来自推罗和西顿的一些勇敢水手定期往返于康沃尔的锡矿。

再后来，葡萄牙人漫游全球，一位意大利人发现了新大陆，从火地岛到佛罗里达的每一个港口，西班牙语风行一时。

我们可能不喜欢这个说法，但事实真相是我们自己祖先的航海术真的是从西班牙人和法国人那里学来的，在世界地图上的大部分地区被法语和西班牙语的名字填满之前，我们的祖先还没有到过那些地方。这不仅是因为拉丁水手有着高超的航海技能，还因为在探险技术上，我们的祖先与拉丁人也存在差距。

弗罗比歇和德雷克有过几次努力，试图找到一条从大西洋通往太平洋的海峡。但他们是水手，从没离开过船。当证明他们对无障碍水域的探寻使他们又到了仍是另一条河流的源头或仍是另一个海湾的朦胧不清的海岸线时，那该是多么糟。他们咒骂着，掉转船头，扬帆起航，到其他地方再试试运气。但至于上岸，不，他们不会那么做。散步对约克郡农民来说是不错的消遣。但对德文郡真正的儿子来说，他们应该站在上层后甲板区的木板上，远离陆地上的树木杂草。

西班牙人和法国人的做法迥然不同。他们擅长走陆路，在热带的烈日下，身披沉重的铠甲，跋涉远征，真是令人难以置信。而现代军队，面对热带的骄阳，定会大声呼叫，要求卡车和冰水。但是西班牙人如世界的主宰，所到之处，毁灭一切；而无法指望自己的国家作为后盾的法国人，逐渐学会以一种截然不同的方法达到自己的目的。有时他们可能像其他所有的民族一样残暴无情，用火药同只有弓箭的野蛮民族发生接触。但是法国人往往是先礼后兵，而西班牙人经常是先猛力扫射一番，然后把谈判的事情留给急于要教化幸存者的传教士。

第一个（因而也是最令人感兴趣的）不知疲倦的法国航海家名叫尚普兰，或布鲁阿日的萨米埃尔·德尚普兰，他在那部名著的扉页上就是这样自豪地称呼自己的。在那部书中，他建议开掘一条早期的巴拿马运河。在他抵达该大陆北部时，半个世纪前的人们已经知道有一条深入内陆的大河。但是除了圣劳伦斯湾云雾弥漫的海岸外，对于更远的地方，人们所知寥寥无几。只有执着相信自己事业的人，才会承担试图经由加拿大的荒原寻找通往印度之路的任务，这正是尚普兰和他的一些后继者所做的事情。

他们勇敢无畏，不愿带大队士兵跟随，通常只有一两个白人随从，依靠当地土著人提供必要数量的脚夫和桨手。不久他们就发现，这条西行路线经过一个走水路比走陆路方便得多的地区。

很大一部分仍然过着渔猎生活的印第安人发明了一种小船，这种小船足以渡过急流险滩，而且很轻便，当河流变得绝对不宜航行时，可以经陆路携带。在这些所谓“独木舟”的帮助下，尚普兰向西最远深入到了休伦湖，探测了圣劳伦斯河的下流，寻访了安大略湖和奥内达湖，而且机智地利用阿尔冈昆人、休伦人和易洛魁人之间发生的战争，如此得以到那个后来以其名字命名的湖泊沿岸探险。最后，他在罗亚尔港、魁北克和蒙特利尔建立了殖民点，这些殖民点在以后的几个世纪成为原期望从戴维斯海峡延伸到墨西哥湾的“新法兰西”的核心。

与尚普兰同样著名的后继者马奎特、若利埃、埃纳潘和拉萨尔，曾从贝尔岛海峡经陆路到达莫比尔湾（途经圣劳伦斯河、五大湖、俄亥俄河和密西西比河），但不幸的是，诸如尚普兰及其后继者等人的热情未能使法国君主相信，对美洲不动产的投资将比发动劳民伤财的王朝扩张战争更有利可图。

波旁王朝毕竟是哈布斯堡王朝的近亲，而哈布斯堡家族的名字取自名为“鹰巢”的古代城堡。雄鹰非常骁勇善战，但并不以深谋远虑而闻名于世。

那些主宰欧洲命运的王朝，只要能够依赖在其爱好和平的邻国土地上发现的温顺猎物生活，就会拒绝考虑遥远的北美大陆冰冻的荒原。

因此，在法国伟大的开拓者进行开拓后，一切依然如故。

一些点线出现在地图上那个在五百年前首先为古挪威人莱夫所发现的地区。至于其余地区，仍然是一片巨大的空白，印着人们熟悉的说明——“无用之地”。

昔日未知、今仍未知，这个巨大的地理笑话，除了成为凡尔赛宫饭后的谈资笑料外，对想听头戴羽毛、鼻穿环的滑稽可笑的奥舍拉加国王趣闻的小孩子们来说，则是一个童话故事。

第六章　今生与来世

在佛罗伦萨的圣洛伦佐教堂，耸立着一座纪念碑，这坚硬的大理石雕塑作品令人惊叹。这座碑是为纪念一位位列第六的王子而立的，然而他的一生毫无作为，并不值得纪念。

与此同时，在这个神圣的大教堂里，在六个世纪前，将阿尔诺河边一个沉睡的小村庄变成文明世界中心的那位精明老练的当铺老板，却躺在一个普普通通的木棺里，葬在一个被人遗忘的墓穴里。

死后荣耀如同闪电。没有人能预言闪电将在何地出现。

哥伦布给西班牙开拓了二百万平方英里的疆域，而一位平凡的德国校长在撰写一本普通学校使用的初级地理书时，却没有哥伦布的名字，而哥伦布刚向同时代人展现了他寻找到新大陆的荣誉。

后来，人们做了很多努力，试图改正这个错误。在这个问题上没有人比我们共和国的公民显得更大度。我们的地图就是一曲献给这位热那亚航海家的磅礴赞歌。国家法律是在一个被称为哥伦比亚特区的著名沼泽地里制定的。参观我们的政府所在地，首先映入来访者眼帘的是哥伦布的巨大塑像。不管是东游西逛，还是南下佛罗里达、北上佛蒙特，所到之处，来访者的汽车都将奔驰在哥伦比亚公路上，停靠在哥伦布加油站，而他本人也将在景象多样的哥伦布山热情好客的公寓里受到款待。

总而言之，这位来自火星的无人不知的来访者不久就会有这样一个印象：在这个名叫美国的伟大国度里，克里斯托瓦尔先生是一位无言的伙伴，他在我们国家发展中有着举足轻重的作用。在这里，如果可以打个比方的话，哥伦布就是我们国家诞生的助产士。当我们现在居住的这块土地第一次看到文明之光时，他就在现场。在这个充满活力的幼童可塑性很强的岁月里，这位严厉的天才以彻底的方式成功地将自己的个性铭刻在这个孩子身上，孩子长大成人后决不会忘记他早期接受的训练和那个人，但是那位天才已经被完全忽视了，他的名字对我们现在多数人来说是非常陌生的。

然而，如果后世的人真正意识到自己的职责的话，美国的每一个城市和村庄早就会竖立起一个或一打塑像来纪念约翰·加尔文博士，他于1509年出生在法国的努瓦永，1564年在瑞士日内瓦了此一生。

因为他冷酷的神学体系已经变得差不多跟霍雷布山先知很久以前提出的看法一样过时，所以在1927年启蒙之年著书立说的人们往往对这位已成古董的法国宗教改革家表示愤然，不屑一顾，忽视了这位辛劳一生、疾病缠身的神学家对人类进步事业所做出的巨大贡献。如果承认普通人合情合理的自由和幸福是一切文明努力的目标的话，那么加尔文就应该在每个明智者脑海深处所构建的名人纪念堂中占有特殊和显著的一席之地。

加尔文本人如果看到这种说法的话，就会极力否认他曾试图那么做。当然，他希望自己的信徒（他们是对的，因为他们相信他的信仰）的良心得到彻底自由。但是一旦他使自己的辖区摆脱了教皇的影响，他足以打算将日内瓦变成第二个罗马，在那里纪律就是纪律，长老的话必须作为最高法律得到认可和尊重。

他的这个崇高的抱负遭到了惨败，但是他对教皇权威的公然蔑视引发了一场战争，在这场战争中，加尔文能够和对教皇不满的各派别改革者与新教教徒一道组成一支不可战胜的反对军。

为什么是约翰·加尔文创造了这个奇迹，而非第一个举起反叛大旗的马丁·路德呢？看一下地图你就会一目了然。

路德住在德国北部的小镇威滕伯格。友好邻邦作为一个宽广的屏障将他自己的国家同敌国相隔开来，因而他较为安全。另一方面，加尔文住在瑞士南部的一个小山城，同天主教部队近在咫尺，鸡犬之声相闻。他指挥着新教的前沿驻军，他一生都是住在武装森严的营地里。这样的人，不管是行动上的先驱还是精神上的先驱，往往会形成奇特的人生哲学，这种哲学在其他地方是找不到的。

“不坚定就会灭亡”，是加尔文从第戎和格勒诺布尔的火葬柴堆向日内瓦发出的警告。从战场上的坚定到政教合一的王国的坚定只一步之遥。但是正是这一小步导致偏离《新约》的仁爱，使信徒重新面对不折不扣的残酷，这种残酷在《旧约》中占很大比例。正是这一步使人们背叛拿撒勒的乐土，转而把耶路撒冷难以逾越的高墙视为真正的精神家园。

在历史的长河中，一切后悔都是没有用的。

一个人所能做的就是力图去理解。

从我的观点看，打破罗马作为国际超级大国的权威是非常可取的，这只有通过听从自己刚正不阿的良心驱使而不认同任何既有规则的强人才能做到。在适当的时候，他们从先知和士师（他们糟糕透顶的行为玷污了犹太古代编年史很大篇幅）处得来的信仰无疑将从我们的地球上销声匿迹。

与此同时，他们的善举将流芳百世。对此，我确信，如果不是受到日内瓦湖岸边孤独斗士的清苦理想主义的激发和推动，他们是无法完成其使命的。

第七章　异教徒成为劫持犯

为了替那些从未在报界干过也没有当过警察看守而且对犯罪术语也不熟悉的人着想，让我解释一下“hijacker（劫持犯）”这个词。劫持犯不是一般的小偷或强盗。一般的小偷是品德低劣的人，他们抢劫正派人士的钱财，在这种情况下，被抢劫者可以大声呼救，勇敢的警察立即赶到出事现场，逮捕人犯，送上法庭，无私的法官也会秉持正义判他几年徒刑，让其在黑暗的地牢中苦度岁月，思过悔改。

当然，拦路抢劫者也并不是什么道德高尚的人，他们抢劫的是那些以非法手段谋取利益的人的不义之财。但是只要这些人不找麻烦，拦路抢劫者们就会自由自在，无忧无虑。

当然，成年人之间有一种默契，就是要让年轻一代认为，他们的先辈的确是正人君子，值得敬重，所有的好孩子都应该对他们毕恭毕敬，就像希腊人对居住在山上的诸神那样。

十七世纪被绞杀的海盗厨师，在十八世纪已经成为“勇敢的私掠船船员”，到1812年被提升到“勇敢的水手”的地位，到二十世纪又把他作为值得称道的殖民帝国的创建者之一，为其树立了纪念碑。

十二岁上因偷了祖母的钱包而出走的男孩，在几个狐朋狗友的帮助下窃取了印度拉贾的珠宝首饰，但他可能会活着看到自己有朝一日作为当地乡绅最杰出的代表之一而受到乡亲们的拥戴。

历史如同生活，总是充满了讽刺意味。你若参与了政治动乱，抓住后就要被当作叛徒处死；而你若带头进行暴动并赢得了胜利，那么日后世世代代都将尊你为国父。

这些可能是好事，也可能是坏事。而且正如我前面所言，历史学家不应该充当道德家。他的职责只在于收集尽可能多的资料，无限逼近历史的“真相”，至于是非曲直，就只能交给神明判定了。

如果说我们民族历史（美洲民族历史是指几十个国家的民族历史）上的伟大英雄中有很多是拦路抢劫者，这并不是一个新鲜的、令人吃惊的秘密。我只是在重提那个时代的人所熟知的事情，这也是他们中的几个人一旦积累了足够的财富便从有利可图但危险的海盗生涯中急流勇退后所透露的。

另一方面，如果处于1927年的我们用现在的眼光看待热那亚同罗马的战争中所发生的事件的话，那是非常不公平的。今天商业在人类心目中的位置，以前曾是宗教的地盘。如果邻居在政治经济问题上的观点跟我们不一致，我们就会担心。如果他们承认自己是社会主义者，我们就打算让自己的孩子不再同他们的孩子一同玩耍（他们可能有了古怪的思想）。如果怀疑他们暗中对苏联式的政府感兴趣，我们就会写信给华盛顿，要求司法部调查这个案子。但是我们不知道也不关心他们是否去做弥撒或做祈祷，如果他们不是我们生意上的最危险对手的话，他们尽可以随心所欲地欢庆献殿节，不必在意圣诞节。

四百年前，这种宽容是不可能存在的。在所有虔诚的新教徒眼里，天主教教徒都是偶像崇拜者，至少在思想上承认自己是外国君主的臣民，并且想尽一切办法要为罗马教皇夺回欧洲北部地区。而在天主教徒的眼里，所有的新教教徒都是危险的极端激进分子，是胆大妄为、道德败坏的革命分子，他们存心摧毁全世界精神帝国的美妙和谐，他们这样做使其可恶的牧师得以缔结姻缘，使贪婪的国王得以牺牲温驯的修士修女为代价来聚敛财富。

当然这些人全都错了，但没有人告诉他们实情。与此同时另有成千上万的人，是他们的个人利益告诉他们自己是对的。

结果，信仰上的冲突演变成了仇恨，因此当他们在公海上抓到对方时，就会像对待野兽一样毫不留情地把俘虏扔下海。而当他们在陆地上狭路相逢时，就会毫无怜悯地绞死对方，冤冤相报，没完没了。

这种野蛮的争斗持续了差不多两百年，甚至还燃烧到了美洲新大陆。早在1555年，法国海军上将科利尼（后来在圣巴托罗缪节惨案中被害）就试图在里约热内卢的河口建立新教殖民地，但是被葡萄牙人摧毁了。九年后他又试图在佛罗里达建立殖民地，在那里他手下的人可能料想不会受到西班牙人的干涉。两个月后，这个小小的胡格诺派教区受到了西班牙舰队的攻击，男女老幼全被杀害了。西班牙指挥官解释说："不是因为他们是法国人，而是因为他们是新教徒。"

三年后，这一罪行受到了报复，法国人（在一位印第安人酋长的帮助下）攻击了佛罗里达的圣马特奥堡，处死了所有的西班牙人——"不是因为他们是西班牙人，而是因为他们是叛逆者、强盗和谋杀者"。

二十年后，汉弗莱·吉尔伯特爵士试图在纽芬兰海滨建一个贸易站，以方便每年到那里捕猎鳕鱼的英国水手，但是他的努力也失败了，汉弗莱爵士在尝试中也失踪了。

似乎科利尼去的地方太靠南了，而汉弗莱爵士又太靠北了。所幸的是，就在这个时候沃尔特·罗利爵士从西方远征归来，他说在佛罗里达和加拿大中间发现了一个建立繁荣殖民地的理想地方，那真是一个人间天堂，他以童贞女王名字称之为弗吉尼亚，为了女王他将很多西班牙人送上了西天。

两艘不适合出海的老爷船满载未来的移民，在沃尔特爵士表兄弟理查德·格伦维尔的指挥下，安全渡洋，将其所载之物存放在罗厄诺克河口的一个岛上。

这一次似乎是成功在握。

但是这个殖民地消失了。

它彻底销声匿迹了。

它神秘地消失了，如同船迷航于海上。

这些事情——谋杀、饥饿和放逐于暗无天日的深山密林——都不能吸引合意的未来移民。此后很长一段时间，再没有人进一步尝试在北美洲的荒原上建立足点。然而，与此同时，却有人决定从美洲得到尽可能多的财富，而通过“劫持”间接地得到掠夺来的财物就更方便了。

西班牙和葡萄牙的殖民手段大大方便了这种做法。十六世纪的世界仍然是垄断的世界。自由贸易和向各国开放通商港口的想法对1525年的商人来说是荒唐可笑的，就像共产主义制度对1927年的美国商人一样。为了完全控制垄断商品，西班牙人和葡萄牙人尽量不宣传他们的发现，而是相隔较长时间才把他们在殖民地的产品运回母国。这就是说，他们等到蓄积了大量的金银，然后以尽可能最快的速度将这些珍宝越洋运回。当然从严格的法律角度来说，这些财富属于印第安人，西班牙人是从他们那里偷窃的。英国和荷兰海盗打劫这些船队并运走成吨成吨的金块，实际上是剥夺了本不属于西班牙人的东西。如果他们讲道理的话，真正按照他们引以为豪的基督教教义去做的话，他们应该将这些财物归还原来的主人，但是我要问，谁能希望找到生活在遥远的尤卡坦幽暗谷地某处的一个赤裸野蛮人的地址，而且他也没有文件证明他对这些财物拥有所有权。

当时发生在北方新教徒的快捷小艇和南方天主教笨重大船之间的残酷的游击战争至少为英国人和荷兰人创作《埃达》《罗兰之歌》和《圆桌故事》提供了素材。

令人难以置信的有勇无谋的冒险活动成为每天都发生的事情。西班牙的船只或仓库没有一个是安全的。西印度群岛一直遭受大肆洗劫，对于等待所有加尔文派囚犯的命运（陛下宗教法庭的火刑柱或绞刑架），来自伦敦和弗拉兴的海盗置之不理，并将其行动扩大到了太平洋的东海岸。

就这样，大量的黄金源源不断地流到了荷兰和英国，使得那些不守秩序的国家的当地居民在造船方面有了很大进步。但更重要的是，海盗这一危险的行为使北方的年轻人学会了航海和战斗，之后不久，这些能力就变得很有实用价值。

因为1588年西班牙决定通过远征结束一切异端邪说，从而一劳永逸地摧毁英国和荷兰的实力，在里斯本港口组建了一支由一百三十二艘船只构成的舰队，在佛兰德各港口共组织了一支六千人的军队。计划是派舰队到达敦刻尔克，那里提供领航员和战争物资，然后开始有组织地入侵那两个分别处于北海两岸的国家。

整个欧洲都知道这将是两种生活哲学的最后决战，没有妥协的余地。以前从没有一次远征抱有如此大的成功希望。每一个有头有脸的西班牙人都希望能够分享到战争胜利的荣耀。而在北方同样是群情激昂。海盗、劫持犯、爱国者，怎么称呼他们都行，他们放下手头的一切工作，加入匆匆忙忙组建起来的海军中，去保卫他们的国家不受反基督者染指。他们是第一次上战场。一部分军队封锁敦刻尔克，阻止西班牙海军上将同他的领航员和地面部队会合。新教徒舰队的余部追击“无敌舰队”，就像一群猎狗追赶两只受伤的熊。

大自然向异教徒伸出了援手。前所未有的风暴吹得“无敌舰队”偏离了航向，给西班牙船队造成了混乱，几乎一半的船只没有回港。

最后一次冲突就这样惨淡收场。虽然它没有对美洲后来的历史产生什么直接的影响。但是“无敌舰队”的失败给北方人上了非常有意义的一课。他们明白了，西班牙人并不是战无不胜的。新大陆上的西班牙殖民地再也不是封闭的禁区。美洲终于开放了，所有想漂洋过海的人都可以自由前往。

第八章　印第安圣草

早期历史学家认为，美洲大陆的土著人是未开化的野蛮民族，他们根本没有达到文明的程度，甚至还没有发现轮子的用途。

二十世纪的人如果离开不计其数的轮子，就连一天也不能过，因此当我们试图用是否善于利用机械装置来衡量人的智力时往往会犯错误。因为那些一切都靠肩扛背驮（或更多是靠其妻子肩扛背驮）而从未想到要造一辆牛车的可怜的美洲大陆的土著，其实具有其他一些优点，这些优点证明他们在智力上绝不低于我们的祖先。

仅举一例，他们驯化的植物比人类其他任何种族都多，如玉米、土豆、咖啡、棉花（这一品种优于自远古以来埃及和美索不达米亚种植的棉花）、橡胶、金鸡纳和烟草，如果没有这些，要在大陆上长期生存肯定异常困难。橡胶、咖啡和棉花流行种植的时间较晚。土豆被引入欧洲，使世世代代的欧洲人都免遭饿死。而烟草则立即发挥了最重要的作用。它拯救了北美洲。这对任何无言的草木来说都是无上的光荣。

其实，哥伦布首航时就带回了有关“冒烟的印第安人”的怪诞故事。他手下的一些人独自到附近的一个小岛上进行了一次小型探险，回来就讲土著人是如何围坐在用某种植物的干叶子生起的火堆边，如何通过一个插进鼻孔里的奇形怪状的木头工具吸入火堆冒出的烟，似乎从中得到了很大的满足。据那些水手说，烟通过野蛮人及其圣草木制工具进入鼻孔，那个木头工具名叫“tabaco（鼻烟管）”。进一步研究表明，生活在热带阳光下的所有印第安部落当中，使用“鼻烟管”是很普遍的。

六十年后，一位被派往新殖民地考察的西班牙科学家将这种植物带回了西班牙。它首先引起了药剂师的兴趣。这种植物本身是否被野蛮部落称为“tabaco”，还是西班牙人（他们非常不屑于土著人的一切，所犯莫名其妙的语言学错误，难辞其咎）将烟管的名字强加于这种邪恶的毒草，我们不得而知。但是可以肯定的是，“tobacco（烟草）”（用这个词的英语拼法）在世界上掀起了轩然大波。据说，“吸”烟或“抽”烟是印第安人的一种庄严仪式，“吸烟会”颇有一种神圣的氛围。但是在欧洲，药剂师们首先预言这种烟草有可能会成为一种新药。他们宣称这东西有神奇疗效，而且作为“印第安圣草”，他们把一服这样的东西煎熬五六个小时，制成药剂，能够医治好很多疾病。

在欧洲市场上市的第一年，其价格就贵如黄金，这个事实大大提高了它的声望。就连凯瑟琳·美第奇也中止其宗教沉思很长一段时间，以关注这种新的魔力并对这种植物的叶子进行了研究，这些叶子是法国驻里斯本大使让·尼科从一个返航的水手那里为她购买的。

这种植物大行其道、广受欢迎是在发现其烟雾通过黏土烟管吸食能够产生一种满足感之后，这种满足感使吸烟者心平气和，除了不应沾染此物的幼童外，不会造成不适的感觉。

自此，这种“圣草”从药店转移到了酒馆，在不到十二年时间，整个男性世界（和女性世界的很大一部分）沉湎于点燃这种“神草”，吞云吐雾，青烟缭绕，惬意地打发时光。

当然，对此老一代人总是蹙眉疾首。于是他们说必须对此采取措施。起初对吸烟的人进行小额罚款，后来除了罚款还要监禁。远在莫斯科的小教父下令，带烟斗被捉住者将受鞭笞二十五下。君士坦丁大帝更进一步说：“砍掉他们的头！”

但是，这种狂热未能被制止。欧洲意欲抽烟，欧洲确实在抽烟。

吸烟和英帝国北美大陆殖民地的建立，似乎是完全不相关的事情，但是历史往往以奇特的方式完成自己的使命，这一次有过之而无不及。

人们都知道，期盼天堂幸福的加尔文和路德（以及新教多数伟大领导者）都十分强调在现世尽情享受物质是人的本分。而天主教会（在好几个东正教会教父的影响下）则一向认为，追逐金钱不是十分光彩的事，或许不能严格地说是不道德，但是一个真正的基督徒对这种事情还是少想为妙，以免因为眼前的金钱利益而失去永生的灵魂。

的确，教会反对收取利息的想法在很大程度上干扰了信贷的发展，以至于我们现代意义上的商业在中世纪几乎是不可能存在的。

宗教改革改变了这一切。有那么一些“上帝特选的子民”分散在“众多的受苦受难无尽期者”中。这些“特选的子民”大多是热衷于追逐利益的吝啬商人，加尔文的宿命论激活了他们的思想：他们要不断地致富，以印证他们是上帝特选的子民。因此，他们要进行最大限度的“贸易活动”。

不止于此，对盲目崇拜的天主教徒进行的战争使新教世界财源不断。仅英国，据估计国家的财富在1500年和1600年间就增加了三倍。然而，黄金白银不能当饭吃。就这些贵金属本身来说毫无价值。它们之所以有用是因为可以用它们购买面包和钻石。我们都知道这些，但是在十六世纪只有少数人这么认为。大大出乎意料的是，他们发现仅仅拥有大量金银财宝实际上喜忧参半，这些东西往往更似祸而非福。

经历革命的人们往往并不知道自己身边发生了什么，这种情况现在人所共知。哥伦布航海彻底结束了中世纪的统治和彻底摧毁了统治世界达十个世纪之久的封建制度，因为他发现了新大陆，可以用作转移旧大陆过剩人口的寄宿场所，为数百年后的大规模移民运动埋下了伏笔。如果贝斯女王（即伊丽莎白女王）同时代的人对此不能理解，这不能责怪他们。但是黄金白银通过西班牙和葡萄牙开始涌入西欧和南欧，而黄金白银突如其来的涌入彻底废除了物物交换的旧体制，在旧体制中地主（实际上是自产牛肉、蜂蜜、鸡蛋以及其他可交换产品的人）是中世纪社会中的主导人物。

这突然使商人手头有了数百万美元可供其任意支配的现金，在此以前他们仅比肩扛背驮的小贩略微强点。他们开始做起大生意，规模之大自罗马帝国时期以来未曾有过。而且现在富了，因此试图显赫起来，他们一定要立即住到更好的房子里，一定要送儿子到更昂贵的学校读书，一定要花一大笔钱为女儿操办婚事。

旧的地主乡绅看到这一切，也不甘落后。大量涌入的印制精美的先令、便士和英镑使他们的乡村乐土黯然失色，俗不可耐。但他们仍然控制着土地，土地可以种粮食，粮食可以卖钱。

这对商人来说不是好消息。他们在城里的自家小花园里不可能种麦子。他们不得不从贵族邻居那里购买麦子，而贵族邻居还要收取所有的交通费用。

最终，不可避免地，劳动者成为这一经济剧变的受害者。现在，出现这种情况时，就像1914—1918年那场种族大战（发现美洲金矿后的第二大经济革命）后那样，善良的劳作者（也学会了一两门手艺）让孩子们坐上他的廉价小汽车，留下话说等他的工资凑够了买咸肉和煤气的钱后再回来。但是1600年的伐木工和汲水工就不那么幸运了。他那个区的治安法官（当然是个贵族）决定一天工作的合理报酬为多少。女佣要么接受这种报酬，要么置之不理。但是在后一种情况，同一位治安法官有权以“流浪”的罪名将其逮捕，并可下令对其鞭笞或强迫劳动，直到她愿意在规定的工资情况下回去工作。

只要对他们的服务有需求，这些苦工可以嘲笑监狱的铁锁，因为当时他们就是汗水的垄断者，商人和地主乡绅受其摆布。但是过去数百年间，在整个北欧，教会大量的地产被政府没收，成千上万的人（迄今为止一直在隐修院制度下耕种土地的修士、修女、教会管理人员和庞大的听天由命的农民大军）被剥夺了原来的生计，并被无情地推到了劳动力市场上。

因此，成功开拓殖民地的两大必要条件就具备了。少数拥有大量多余财富的人，谋求在所有可能的领域获利。同时又有无数贫穷、饥饿、处境悲惨的人，只要能摆脱眼前的困境，愿意去任何地方，哪怕是可怕的美洲荒原。

看上去美洲荒原如同五十年前一样荒凉。巴塞洛缪·戈斯诺尔德企图在马萨诸塞巴泽兹湾建立一个小殖民点的尝试彻底失败了。然而与此同时，关于美洲大陆的新发现却不时传回欧洲，点燃人们的希望：他们相信北美山脉实际上是一片狭窄的陆地，找到从大西洋到太平洋的直接通道只是一个时间问题。

此外，请不要忘记一般人的乐观是不可救药的。罗厄诺克岛殖民者的悲惨遭遇已经被人遗忘。另一方面，几个追随沃尔特爵士到过弗吉尼亚的水手说，印第安人全身佩戴着看起来完全像黄金一样的饰物，他们所讲的奇闻怪谈再次开始在各个酒馆流传开来，来回重复，有增无减。一些听者有心，对这样一种说法更感兴趣：弗吉尼亚的土地是世界上最肥沃的，种什么长什么，定会丰收，据说是沃尔特爵士说的。但是由于这种农活意味着要使锹扶犁、勤奋耕耘，往往会使细嫩的手指上磨出老茧，因此这些潜在的移民更愿意梦想得到黄金，当听说《创世记》第三章第19节的咒语在1600年就像在上帝创造白昼后头两个星期一样适用时，他们只是会心地大笑一番，并没有当真。

他们后来很快就明白了，这种对事情不严肃的态度会要了他们的命。因为建立新的贸易公司的事情最终为一些声望很大的商人所操纵。王室很快就同意了，速度之快，非同寻常。仍然存在很大疑问的是，国王陛下是否有权支配严格讲不属于他的土地。但是鉴于那些土地也不属于其他人，或更准确地说，因为那些土地似乎没有多少价值，到那时为止，还没有人自找麻烦宣布那些土地为己所有，所以英国的宪章就被视为跟葡萄牙和西班牙国王陛下签署的宪章同样有效。

伦敦公司先成立了，将管辖弗吉尼亚的南半部分。1606年12月20日，三艘船载着四十名水手和一百多名殖民者开始向西航行。五个月后，历经波折的人们抵达了一个河口，为了向他们尊贵的君主——英王詹姆斯一世致敬，他们将这条河命名为詹姆斯河。

接着，他们终于打开了密封的盒子，里面有关于管理新殖民地的秘密指示，然后他们安顿下来，开始生活。

那是1607年5月13日，每个人都对贩奴船充满希望。

六个月后，他们中有半数人丧生，其余的人在想方设法逃跑。结果证明他们的梦想是错误的。宽阔的海湾从海边看美丽动人，但实际上是沼泽地。森林连绵一千英里，遥至天边。通往印度的“直接通道”仍然像从前那样无从查找。

更出人意料的是，沃尔特爵士的水手所说的黄金不过是“愚人金”——这种黄铜色的金属在技术上被称为“硫化铁矿类”，是一种用于制造硫酸的物质，没有特别的价值。

的确，如果有理想幻灭和怨声载道的群体的话，那就是詹姆斯敦备受疟疾折磨的人们。

如果他们听任命运摆布的话，很难说他们最终会干出什么蠢事。但对所有的当事人来说幸运的是，他们中间有一个人推崇纪律价值观而且知道如何去维护。那就是我们历史初期的值得称道的花花公子、林肯郡无与伦比的约翰·史密斯。经过令人难以置信的陆地和海上的冒险。他现在成了“个人殖民团”，通过一个人的坚忍和幽默，把牢骚满腹的弟兄们团结在一起，一直等待英国救援的到来。

即使到那时，伦敦的股东们要从投资中得到一个便士的回报似乎都不可能。在绝望中，他们采取了勇敢的做法，让弗吉尼亚的壁炉火燃烧着。他们使庭院空空如也，经常光顾弃婴之家，从街上偷小孩。但这一切都无济于事。

接着，意外的事情发生了。伦敦公司最初的创始人之一的约翰·罗尔夫出现在了詹姆斯敦。

此人对烟草很感兴趣。在过去几年里，弗吉尼亚的烟草也运到了伦敦，但无人问津。弗吉尼亚的烟草味道太苦了，行家们坚持抽从西印度群岛进口的西班牙烟草。

罗尔夫推测（他的推测是正确的），弗吉尼亚烟草味苦在于烟叶烘烤的方法。适合美洲印第安人的烟草显然对英国绅士们并不那么适合。罗尔夫做了几个试验，最终发明了一种方法，使弗吉尼亚的烟草烤制得如同古巴的烟草一样香甜可口。新产品一炮打响。金钱大量涌入詹姆斯河两岸。房地产业蓬勃发展起来。劳动力大量短缺，于是从几内亚海岸源源不断地运来一船又一船的黑奴（第一批黑奴是1619年到的，我们永远不要忘记这个时间，否则我们不会活到今天），于是荒芜的粮田、废弃的园地，甚至部分公路上也种植了这种有利可图的烟草。

都铎王朝有他们的玫瑰花。

斯图亚特王朝现在有自己的烟草花。

请相信，那些节俭的苏格兰人看到时，知道这是一种有利可图的花朵。

伦敦公司最初的投资者在这个注定要失败的事业中宽宏地允许自己破产。然而，整个世界都开始抽弗吉尼亚烟、闻弗吉尼亚烟、嚼弗吉尼亚烟。

国王陛下立即要求分得一份这一意外之财，难道这不是理所当然的吗?

对这个古老而无所顾忌的斯图亚特王朝的成员来说，世上无难事，总会有办法。

1642年，伦敦公司的执照被吊销了。

弗吉尼亚不再是一小撮个人的专有财产。它已经成为一个羽翼丰满的殖民地，有一个钦差总督，坐着四驾马车，有身穿号衣的仆从簇拥着，在一个微型议会的帮助下，统治着他的辖区，微型议会专门由地主乡绅组成。

我在前文曾经说过：历史常常以一种奇特的方式完成自己的使命。

这种“印第安圣草”成功地达成了黄金、白银所未能实现的获得无限财富的梦想。几乎一夜之间，这种野草就使美洲大陆北部地区，从一片荒凉之地变成了数百万品行端正的英国殖民者的光明的家园。

第九章　寒冷的新理想国

有学问的人往往好为人师。在这一部分，我不能不多费口舌讲一讲史学上的某些错误方法。因为我现在所讲到的这段美洲历史，在很多人看来，不再仅仅是浩瀚的编年史的一个章节，还是自成一体的事件，更是与众不同的事件，是奇特的上帝意志的宣言。在三千年前，上帝意志就将世界上的人类分成了截然不同的两大类，即“受上帝垂爱”的一类和永远被排斥在外的一类。

这种观念对“受上帝垂爱”的人来说可能是幸运的。实际上这反映了主宰我们全人类的大神的智慧和公正。我认为这个世界是神的自大和傲慢的表现，如果不是真的，那将是令人难以置信的。

读到“五月花”号幸存者讲的道貌岸然的故事，我义愤填膺。某个水手怎么嘲笑那些晕船的可怜旱鸭子；这个家伙因此如何感染上一种可怕的疾病，第一个死去被海葬的；其他水手是怎样深受触动的，因为他们感到上帝的正义之手在控制着他们。

这位一天要清扫脏乱甲板十次的可怜水手可能完全有理由说出那番不仁不义的话来。但他的遗孀和孩子对这件事情的看法可能很不相同。

我也不能同意科顿·马瑟的看法，他认为是上帝清除掉了波士顿湾山坡上的所有恶类——印第安人，以便为博士大人所津津乐道的“更健康发展”让位。

毫无疑问，马瑟牧师兄弟认为自己远比马萨索伊特酋长高贵。在第一批清教徒乘船到来前不久，那些可怜的土著人就因天花或麻疹而死亡了，但是他们可能至死都不明白自己为什么必须要灭绝，以便为一群笨拙的农民提供必要的玉米。生着火炉以便可以更舒适地度过康涅狄格寒冬的我，是理解那些人为了生存的本能而坚持下来的勇气的。他们干得很漂亮。虽然他们在一年最糟糕的季节被放在一个冰天雪地的海岸上，但是他们的境遇并不太坏，没有像其他几十名早期移民因饥渴而死光，或被印第安人吃光（对，有些部落的确吃人肉），或消失在荒原上，再没有被其白人兄弟看到。

这些早期的移民深深知道他们所冒的风险。

他们只能胜利不能失败。

他们以命运做赌注，而且最终获得了意想不到的成功。

他们为了逃避饥饿，远渡重洋，种植烟草，发财致富，并按自己的意愿开办他们自己的教会。他们不知道自己创建了现代最大的帝国之一，建立了一个国家，这个国家总的来说已经接受了他们的思想，作为本国的道德法令。这对任何一批小城镇的面包烘烤商、车辆修造工和动物油脂制造商来说，难道不是无上光荣的吗?

至于清教徒的前辈移民们的航海经历，人们经常挂在嘴边，几乎妇孺皆知，耳熟能详。

那些早期移民就是清教徒。那可能意味深长，也可能毫无意义。有长老会派、浸礼会派和循道宗派，但还从没有什么清教徒派。清教主义是一种生活哲学。这不是新教的产物。天主教曾经有，现在仍有很多清教徒。十字军东征是由伊斯兰教的清教徒引起的。有印度教清教徒。有很多清教徒式的自由思想家。这全看个人的喜好和倾向。

宗教改革后不久，欧洲有很多人感到这场旨在清除人们精神中的世俗欲念和诱惑的运动不够彻底。他们知道，虽然旧的精神监牢被摧毁了，取得了一些成果，但是在其原址上很快就有一百个新的拘留所和新主人取而代之，不久就将变得像旧监狱一样严酷无情，毫无区别。

但并不止于此。

十六世纪是一个典型的战后时期。很多投机商大发其财。北欧和英国的王子们“挪用”了（众所周知，政府和皇室不是“偷”——他们只不过“没收”和“挪用”）教会的大量财物，把这巨额财富赐予他们的支持者，并建立了一套自己的宗教规则，同罗马的宗教规则一样必须得到遵守。

一个虔诚的人本希望这场伟大的改革将给他提供开启心灵、追求自己的信仰的机会，结果却发现自己跟上辈一样倒霉。虽然他不必再小心防备宗教法庭的耳目，但是如果他有异端邪说的传言被传到了最近一个主教的耳朵里，或如果他冒犯了被封为贵族的皇室帮凶这帮新富阶层，那只有求上帝帮忙了。这样，异议分子只有像异议分子一向所为的那样，进行“地下活动”，在废弃的马厩牛棚碰头，在乡间小路上会面，而当牧师割掉他们的耳朵或削掉他们的鼻子时，他们会暗自庆幸，认为为了比生命更重要东西献身是值得的。

然而，这种情况不可能永远持续下去，较软弱的教徒同当局妥协，而其他的教徒却逃往他乡。

1607年，就有这样一群备受磨难和排挤的异教徒从英国逃到了荷兰，并在阿姆斯特丹定居下来。他们一贫如洗，住在贫民区，荷兰强有力的工会（称他们行会，如果你认为那更浪漫的话）对“外来劳工”的突然入侵并无好感。至于这些入侵者，他们远离家乡，身处异地，看不见熟悉美丽的英国乡村风景，充满郁闷。过了一段时间，他们无法再忍受下去，于是从阿姆斯特丹迁至荷兰共和国的主要制造业城市莱顿，在那里他们希望能有更好的机会谋生，有那些可勾起思乡之情的绿色田野。

英国国王的“君权神授”的观念很强，荷兰当局深知英国国王是如何看待他们的，因此对他们并不苛刻，允许他们带自己的牧师进来，用自己的语言做礼拜。但是一旦到了礼拜会所的外面，清教徒就会发现他们所在的是荷兰人的世界，学校是荷兰学校、语言是荷兰语，因此在英国中产阶级的心目中，“外来人”注定低人一等。

指责在莱顿的英国移民群犯有卑怯的“归化”罪或许是不公平的。让我们仁厚一点，就说他们是思乡心切。

另外，他们还为子女的前途担心。1621年，西班牙和它在低地国家的反叛领地签订的十二年停战协定期满终止。荷兰共和国能否维持独立无法确立。人们知道这些英国人逃离祖国的原因是他们的异端行为比其离经叛道的统治者有过之而无不及，一旦荷兰被天主教陛下的军队征服，他们的境遇又会是怎么样的呢?

不行，经过权衡利弊，对这些清教徒来说，趁情况有利，还是走为上策。

就在这时，伦敦公司发起了招募弗吉尼亚未来移民的新的运动。弗吉尼亚的第一批烟草刚刚运抵伦敦市场，价格不菲。股东们又鼓起了勇气。为了获得圆满成功，现在需要的是供应充足的廉价劳动力。当然，有人持强烈的反对意见。对一个以新教圣公会教徒为主的殖民地来说，结果可能会证明莱顿分离主义集团（或不信奉国教的新教徒或布朗派或清教徒等诸如此类的称呼）是一个不安定因素。但是美洲幅员辽阔，绵延三千英里，弗吉尼亚地域甚广，荒原上有很多地方，可供那些前往伦敦途中的异端清教徒分子定居，同时又不会引起轩然大波。

要筹集到这一大规模移民所必需的资金并非易事。1620年乘坐单程统舱渡过大西洋所花费的钱，相当于我们今天两个人乘坐快轮头等舱的费用。虽然想方设法凑够了钱，但是根据贷款的条件，这些未来移民放弃了获得一份自己的土地的希望。他们将是一个公共企业的一部分。在他们的新家，除了一些被认为属于家庭用品的东西外，没有自己的私有财产。

1620年7月，一艘约六十吨的旧船从英国前往荷兰去接那些移民到南安普顿。种种延误导致这些可怜的人在南安普顿港度过了当年大半个夏天。九月份，他们终于告别了故土。无论是舒适还是安全，在一年中这个时候渡洋太晚了。况且“五月花”号（或许是这艘船的名字，但我们不能确定）不是远洋快船。走完了从普利茅斯到美洲海岸这段距离用了两个月的时间。实在不敢恭维作为领航员的船长的能力。他没有按要求在切萨皮克湾让乘客下船，反而又载他们走了九百英里，因为他对海岸根本不熟悉，有两次几乎船毁人亡，最后在积雪覆盖的群山中间一个不知名的海湾抛了锚。

这些可怜的游子这才开始意识到出错了。他们原本出来是为伦敦公司干活的，却发现自己到了普利茅斯公司的辖区。然而，他们不论如何也不愿再回到公海上去。他们派了一只小船到附近的海岸勘察，并决定在一个看起来不那么荒凉的地方定居下来，建起了一个叫普利茅斯的村子。

到目前为止，一切顺利。但是在“五月花”号的乘客中有些人有点钱，有些人没有钱。没钱的人大多属于仆佣阶层，对等待他们的弗吉尼亚的财富满怀希望。他们发现自己的生活陷入了一种无休止的单调中，但这不是他们自己的过错造成的，于是他们抗议。他们看到的航海图提到了弗吉尼亚，相信法律和秩序，即使步行，他们也要到弗吉尼亚去。

清教徒的人数因疾病和死亡迅速下降，如果还有人出走，就像一种非常危险的哗变，移民定会全军覆没。

在这种情况下，有几个年富力强的人挺身而出，控制住了局面，转败为胜。这个时候，他们牵头起草了一个章程，规范幸存者的行为。由于深受《圣经》词汇的熏陶，他们把这个文件称为“公约”，且尊崇备至。

所有在此文件上签字的人，即使有怨言的人，也被说服签了字，承诺遵守这些“公正和平等的法律以及被认为有利于殖民地全体利益的条规”。

这本身不是一个独立宣言。这只是实实在在的英国精神的另一种表达方式，这种精神好几个世纪以来就是大不列颠民族的特征，这种精神使得英国的革命者以尽可能看起来得体和尊重的方式来处决他们的君主和政治家。

更为重要的是，这个文件奏效了。

在如此严寒的冬季，靠严格的自律方式才能阻止人们有过火行为的艰难的时期，这个“公约”将这些清教徒移民凝聚在了一起。

如果我没有弄错的话，在这个殖民地建立后的头五年中，只有一个人被绞死，这是所有殖民地中最好的纪录。

但是，毫无疑问，移民中的几个人熬过第一个冬天，生存下来了，仅这一事实本身就是一件很了不起的成就，这一试验最后获得成功。在一个寒冷荒凉的地方，这个殖民点取得了最后和永久的胜利，这主要应归功于几个领袖人物不同凡响的品质。

他们意志坚强，信念明确。

他们知道自己的目标所在。

他们非常认真执着。

而且他们已经破釜沉舟，自断退路。他们永远离开了旧大陆。不管发生任何事情，都不会重返罪恶深重的欧洲。

这样，西方的新理想国成立了。

那些长眠在科尔斯希尔冻雪下面的人知道，他们没有白死，这个新理想国一切都好。

第十章 新英格兰

十六世纪七十年代初期，沉默的威廉一世因荷兰独立战争进程缓慢而感到失望，他号召他的信徒们离开故园前往美洲。

他大声疾呼："与其在这不和睦的家园安然为奴，还不如到那荒凉的大陆享受自由！"

从那时起，千百万人响应他的号召，纷纷离开家园，到一个崭新的、不熟悉的半球去从事前途未卜的探险。

这一大规模移民产生了后来不久被称为新英格兰的移民点，像这样大规模移民计划搞得那么周密细致、殚精竭虑，实不多见。

前文我曾说过，清教主义既不是一种信仰，也不是一个宗教派别，而是一种观点。现在我要补充的是，虽然清教主义在众人的心目中通常等同于安贫乐道和温顺，但英国统治阶级中有很多人是坚定的清教徒，他们时刻准备着为自己的信念牺牲一切。他们是好女王贝斯（伊丽莎白女王）同代人的后代。

在经历了毫无节制的享乐生活后，人们意欲回归到崇尚简朴、严谨的生活理念，实在不足为奇。然而不幸的是，正当英国开始变得认真处世时，英国王权却落到了一小撮外来人手中，他们不可能像亨利八世和伊丽莎白那样把握国民的脾性。都铎王朝几乎毫无例外都是不讨人喜欢的暴君。但是他们深知在多大程度上虐待其臣民又不会导致他们公开造反，知道何时将不受欢迎的法案扔进王室的垃圾箱平安无事，知道何时对提倡新法的人加官晋爵是上策。

另一方面，斯图亚特王朝的祖先们早在十一世纪初就开始了布列塔尼“主管”（或管理）一些地产生意，他们在这个世界上干得相当好，但他们是苏格兰人，不是英格兰人，他们后来不久认识到这一点，这让他们永远哀痛不已。

都铎王朝贵族的特点是不知疲倦地享乐，具有乡下人的幽默感，这种特点通常是伴随一顿盛宴和两瓶马姆齐甜酒下肚所产生的感觉，而非恪守法律或《圣经》形成的。

都铎王朝的贵族们有长老派版本的《圣经》做后盾，他们不知道妥协。结果，詹姆斯一世（于1603年继承了远亲伊丽莎白女王的王位）登基伊始，王室和人民之间就有摩擦，这种摩擦发展下去，日趋严重，直至到了迫使斯图亚特王朝流亡，导致英国濒临毁灭的边缘。

可怜懒散的詹姆斯实际上是悲惨的一例。想想他的童年和早期教养！在他出生前的两个月，他母亲眼睁睁地看着自己的丈夫谋杀了她的私人秘书戴维·里奇奥，据说也是她的情人。这个小孩子双腿干瘦如柴，脾性是得过且过，内心深藏着报复这个对其残酷无情的世界的欲望，根本不适合统治一个君权神授受到各方质疑的国家。他的儿子查理能够摆脱父亲滑稽可笑的苏格兰乡下口音，但是在其他方面同样根本没有能够理解其臣民的真正脾性。詹姆斯有着深厚的新神学造诣，但骨子里却是一个十足的亲西班牙者，一心想要在英格兰恢复天主教的正统，这让他信仰新教的臣民非常不满。对他来说，西班牙国王似乎永远是世界上最伟大的君主，如果能够获得这位伟大君主的好感与友好相待，他愿意奉献出拥有的一切。

他的新教徒臣民非常痛恨天主教国王菲利普，并把西班牙宫廷视为阴世冥府的前厅，这对他来说却无所谓。现在，看来儿子要步老子的后尘了。自己的叔辈、兄弟和亲戚被宗教法庭以“不敬的异教徒”之名烧死的普通英国人，听说自己未来的君主扮为平民布朗先生到马德里向菲利普二世的孙女求婚，他们非常慌乱。菲利普二世是“血腥玛丽”的丈夫，他竭尽全力，依靠无敌舰队和耶稣会，使不列颠群岛重新皈依真正的信仰。查理最终登上王位，继续奉行其父错误的政策，他强行向他的臣民征税，企图避开下议院直接对这个国家进行统治。很多人开始真正对不远的未来感到担心了。这种暗中将毫不受约束的君主统治强加给很不情愿的英国人民的做法，在仅仅几十年后就以国王陛下同杰克·凯奇最后的痛苦的冲突而告终，这是谁都未能预料到的。暂时来看，国王似乎胜利在望。难怪很多人对祖国的前途感到失望，他们制订了挽救至少部分破碎江山的计划，在时机尚存之际，不辞辛苦地跋涉到遥远大陆的海岸上建立了新英格兰。

这场运动的领导人名叫约翰·温思罗普，萨福克人，他出身富裕家庭，曾就学于剑桥，毕业后从事律师工作。正如当时所有诚实的人所遭遇的那样，他被迫卷入了政治。不久他发现自己成了反对斯图亚特暴政的领导人之一。他非常担心天主教的阴谋。无论在哪里，他都感觉到了天主教的威胁，而他希望在大西洋彼岸建立一个英国殖民地的理由之一是，一旦旧英格兰失败了，新英格兰将成为一道屏障，抵御天主教的侵入。

温思罗普基本上是一个商人，他行事非常谨慎，不希望把他的殖民地变成另一个弗吉尼亚。道德低下的人，崇尚肉体的人（他用直接而生动的英语称之为“渣滓”）不必申请。温思罗普无意使其新英格兰比旧英格兰更不宽容，也无意使之成为因持异见而受迫害者的避难所。

在他的马萨诸塞的版图内，《旧约》就是那里的法律。那里将实行一种人民代表制度，但是要由清教徒统治，为清教徒服务。其他人要么遵守这些法令，要么远离此地。

1630年3月，约翰·温思罗普起航前往美洲。在离开前，他和他的同事们悄悄通过了一个法案，这个法案不久被证明是一个高招——殖民地政府将由那些移民到新大陆的股东负责。不再实行在外地主土地所有制，再也不会出现殖民者行将饿死，也不会再有股东在三千海里外闭着眼睛胡乱指挥的事情发生了。

最初，温思罗普打算在塞勒姆定居下来，那里有几个白人已经建起了一个村庄。但是塞勒姆殖民地经营得不是很好，温思罗普担心如果这些新来的人听到早期移民抵达这儿后的悲惨故事，会挫伤他们的士气，于是继续向南航行，在十六年前臭名昭著的约翰・史密斯到达过的一个海湾停泊下来。开始，他建造的村子叫特里蒙特，三山之城的意思，后来不久，改以林肯郡的一个城市命名为波士顿，这批移民中好几个人的故乡是林肯郡的波士顿。

如果查理或他的亲信已经觉察到温思罗普先生冒险航行的真正本质，他们就未必会让其他英国人前往马萨诸塞。因为这个殖民地确实变成了温思罗普所希望的那样，成了清教主义的堡垒。在波士顿建立后不到十二年的时间，人口迅速增长，居住在马萨诸塞辖区内的人口就有一万六千人。二百多艘船只光临了新英格兰的港口，数百万美元的金钱投资到了新英格兰的贸易。

不可否认，马萨诸塞地区没有直接支持和帮助英国国内的清教徒反对国王压迫的斗争。但只要这一地区存在那些留在家乡的清教徒就充满了继续斗争的勇气。因为他们所持守的原则在那里成了社会生活、宗教生活的主导。他们确实出色地完成了自己给自己规定的任务，使查理失去了一切，包括他的王冠和他的生命。

故国一旦清除了罪恶，也就不需要一个清教之邦存在于国门之外了。一些人因此而回国，但在当地出生的年轻一代却要留下。

他们不熟悉其他的地方、其他的事。

他们生活的这个地方对他们而言最为适合。

他们环顾四周之后说：“这里就是我们的家。”

第十一章　错误的投资

当恺撒大帝第一次驱逐不列颠岛上的绿面野蛮人时，北海的东海岸还是一片茫茫的沼泽地，从莱茵河口一直延伸到易北河口，蛙唱鹭鸣，一些日耳曼部落在这里生活，罗马人称之为巴达维亚人。斗转星移，沼泽还田，大坝屹立，河流降服，野蛮的条顿人的后代定居下来，或捕鱼为生，或为海盗，或做小买卖。

荷兰人似乎天生就是精明的商人。十二世纪期间，鲱鱼因某种神秘原因从波罗的海迁徙到北海。一位荷兰天才很快发明了一种巧妙的新办法来保存这种很有食用价值的鱼。当全世界过天主教的斋戒日，每周有一半时间不能吃肉的时候，一种美味的腌鱼成为日常食物中备受欢迎的新的一员，这种腌鱼不需冰柜就可以保存很长时间。

不久整个欧洲大陆便风行吃荷兰鲱鱼，荷兰商人很快富了起来。不幸的是不可能一年到头都捕鱼。因为鲱鱼在某个时段要回到较深的海域，在那里能够舒适平安地生儿育女，而当时的原始渔网却无法在那么深的海域捞到鲱鱼。

当渔业清闲的时候，有必要为来自阿姆斯特丹和米德尔堡的船只另找一种有利可图的事情干。

幸运的是（对荷兰人幸运，对其他人并不幸运），西欧的人们忙于相互征战，无法保障自己的需求。为了活命，西班牙、法国和意大利不得不从国外进口大量粮食。荷兰人自告奋勇充当中间商和粮食承运商。他们到但泽用船装运小麦，在加的斯或里窝那出售，又大赚了一笔。

而后宗教改革运动发生了。与所有生活在一年当中有半年多时间在下雨的国家中的人们一样，荷兰人满腔热情地支持路德和加尔文所倡导的主张。这使他们同虔信天主教的西班牙国王之间发生了矛盾，菲利普国王是通过王室联姻、谋杀和巧取豪夺而成为荷兰人的法定君主的。他将自己的神学观点强加给他的臣民，同时还对他们横征暴敛。荷兰人奋起反抗，拉开了长达八十年之久的独立战争序幕。

在前二十年里，他们惨遭打击，困难重重。接着他们高超的航海技术发挥了作用。荷兰的海盗大获成功，迫使西班牙的运宝船在1590年后在大西洋航行时必须要有六艘以上军舰护航。荷兰人并不满足于此，他们开始走出欧洲，向更远的海洋进发。到了1595年，林索登，一位水手冒险家，出版了他的著名小册子，他在书中告诉同胞如何取道好望角就可以到达印度群岛。

林索登在孩童时从家里出逃，为葡萄牙人当差。这样他了解到关于卡利卡特、果阿和遥远的澳门的情况。在不懈的努力下，第一批荷兰商船终于抵达爪哇，商品交易使他们获得了巨大的回报。此后一批“印度公司”如雨后春笋般纷纷成立。

为了使混乱的贸易步入正轨，保护弱小的贸易商行，避免发生使大家都蒙受损失的贸易战，荷兰杰出的政治家约翰·范奥尔登巴内费尔特建议合并。这发生在1602年，在很短的时间内，联合东印度公司一跃而成为一个多世纪前曾吸引哥伦布向西航行的那些香料之岛的霸主。

跟其同代人一样，“十七君子”是垄断制度的十足信徒，他们管理公司的事务，在差不多二百年的时间里掌管着一个巨大的殖民帝国，但一次也没有向其股东公布账目。印度群岛是他们的，他们企图阻止所有的外来人染指。但是经好望角前往印度群岛的路线是任何人都能走的。因此他们想到了要开辟一条来往于印度群岛的专门路线。

十六世纪下半叶至十七世纪前二十五年里，荷兰人通过西伯利亚建立阿姆斯特丹和巴塔维亚之间的直接联系的尝试屡遭失败，四五支探险队孤立无助地在北冰洋失踪了，还有一支探险队被迫在新地岛的北海岸度过了一个最不舒适的冬天，此后人们寻找东北部通道的热情熄灭了。但是在1608年，阿姆斯特丹学识渊博的地理学家和地图绘制家（就在那时他们正在绘制全世界航海用的航海图）再次得出结论说，这个设想是可行的，他们说服东印度公司阿姆斯特丹分公司的董事们再次试探一下向东的路线。

那场倒霉的1596年极地探险的指挥者海姆斯凯克死了。他是在同西班牙人的战斗中丧命的。但英国有一个船长，名叫哈德逊，在英国莫斯科公司效力，是一位探险家，名声很大。荷兰人请来了哈德逊，同他签订了合同，给他一条船和几十个水手，让他经北极寻找一条通往印度群岛的通道。

1609年4月5日，“哈尔韦·梅恩”号离开了特塞尔路。一个月后，这艘船航行到了巴伦支海。但是这在“一年中太晚”了（极地探险队有一个有趣的习惯，要么太晚，要么太早），哈德逊被迫返航。他直接前往法罗群岛，在那里补充淡水和新鲜给养，然后召集水手开会，商议下一步该怎么办。

他建议向西航行，他的朋友、快乐的约翰·史密斯两年前告诉他，那里有个大海湾，那可能是人们长期在寻找的屏障中的裂缝。那些水手迄今为止除了冰山和海象还没有看到任何令人兴奋的东西，听到能回到温暖的气候里，全都赞成这个计划，高呼：“好啊！”

于是说干就干，起锚！哈德逊踏上了从托尔斯湾经美洲和西方的其他地方前往北极的征途。

1609年9月3日，他在陆地上发现了一个开口，水流湍急，的确像沟通大西洋和太平洋的通道。它的名字叫哈德逊河，对那些希望从纽约悠然前往奥尔巴尼的人来说是一个令人愉悦的交通路线，但是这条河向西再远也到不了加利福尼亚。

动身前，可怜的哈德逊也开始有点怀疑。然而，他在失望的情况下打起精神，起草了一个报告，说他发现的这块陆地富产皮毛和鱼类，他探险过的这条河流两岸风景如画，会为建立殖民地提供一个无与伦比的机会。一年后他再次向北航行，他坚信这次会成功。他远至哈德逊湾，在詹姆斯湾度过了冬天。第二年初春，他试图进一步向西挺进（他只要再走三千多英里的路程）。但是他的船员拒绝跟随他前行。他们揭竿而起，把船长和八个病号集中在了一条小船上，遗弃在北冰洋上听天由命。

十五世纪和十六世纪伟大的航海史上有很多事情可显示人性的丑陋。一群不满的水手预谋杀害勇敢的船长和八名无助的病人，这一残酷无情的兽行，简直令人发指。我们的拉丁朋友感到高兴的是，这不是他们的人干的。这件事还没有完结呢。

与此同时，在阿姆斯特丹，印度公司的董事会充分注意到了哈德逊船长告诉他们的一切，但却没有任何行动。他们想要的是肉豆蔻和胡椒，对天然美景不感兴趣。如果其他人想利用这位船长的发现发财的话，非常欢迎。

其他人的确想发财。阿德里安・布洛克到长岛海峡探险，沿康涅狄格河溯流而上，最远到达哈特福德，然后经楠塔基特，走访了马萨诸塞湾，十七年后波士顿建立。

科尔内留斯・梅向南航行，经过一个后来以他的名字命名的海角，接着到了两个他分别称之为南湾和南河的大海湾和河流，后来被人们称为特拉华湾和特拉华河。

一开始，荷兰的客商们只在意皮毛生意，他们用印第安人珍视的玻璃球、枪支和杜松子酒与之进行交换。双方都对这个买卖感到满意，土著们把这些荷兰商人当成圣诞老人，热情款待他们，并不在意他们在岸上待上几个星期。

然而，这些友好交往受到了粗野干扰，因为一些荷兰人偶尔跟在后面，开辟出一小块土地后便开始侵犯野蛮人的地盘。于是麻烦接二连三，不久被毁坏的农舍闷燃着的烟灰表明，东西方在多年内形成各自的习惯后相遇了，在相遇的时候互相难以理解。但是永久性定居者的人数增长非常缓慢，尽管在荷兰本国内有很多人说“应该对美洲的那些领地采取措施”，但雷声大雨点小，并没有什么实际行动。由于看不到立即获得大量利益的机会，荷兰董事会一直对这片新的土地缺乏兴趣。直到1621年，荷兰西印度公司才宣告成立，它逐渐垄断了沿非洲海岸和包括南北美洲海岸包括哈德逊河两岸的贸易权。

随着时间的推移，一位总督奉命来管理新荷兰的领土，一些政治难民群体被说服到人烟稀少的大陆试试运气，曼哈顿岛成了地方政府的中心，在哈德逊河和东河交汇处建立了一个城镇，叫作新阿姆斯特丹。

表面上看来一切都很顺当，但是那些知情人明白，一切无法长久，没有成功的希望。在英格兰和苏格兰，经济状况致使大批劳动人民陷入窘境，他们非常愿意到其他地方去碰碰运气，甚至愿意到美洲去。况且，长嗣继承制和地主乡绅的强大政治地位使数百万英亩的土地没有得到耕种，剥夺了数以万计的农民获得自己的一小块土地的机会。这些农民也愿意冒险加入移民大军。

在荷兰共和国，情况就大不一样了。在同西班牙的长期战争中，原来占有土地的贵族被杀掉了，大规模的庄园不复存在，而运输业以及蓬勃的工业发展和印度香料贸易的巨额利润（更不用说偶尔劫持所得到的巨大的额外报酬）给荷兰带来了一派繁荣的景象，没有人想到外国去。

在这种情况下，荷兰西印度公司无法得到有力的财政支持，但由于进行着可耻的奴隶交易，外表上仍显得光鲜亮丽。荷兰西印度公司不可能希望在美洲地产方面取得成功。仅仅管理其庞大的海外领地就被证明是一项艰巨的任务。有才华的年轻人总是为东印度公司服务，他们在那里有很大的发展空间，与此形成鲜明对比的是，西印度公司里充斥了不称职的职员、破了产的推销商和形形色色的无赖，他们被派去管理比祖国大四十倍的殖民地，周围都是敌人，肤色或白，或呈古铜色。

从进行国际贸易的角度看，新阿姆斯特丹的自然条件非常优越，吸引了许多国家的商人到此从事贸易活动。十七世纪中期，法国一位耶稣会会士来到这个城市，结果发现这个城市的居民来自至少十八个国家。在过去四个世纪已使荷兰共和国成为国际上最大账房的“自己活也让别人活”的原则似乎在这个殖民地也很盛行。但是没有愿意长期定居的殖民者、农夫、工匠、面包师和蜡烛制造商，又能有什么作为呢?

最后，数百年前即在北欧废止了的封建土地所有制，在美洲大地上复活了。这除了导致严重的专横暴虐和贪污受贿外，一点意义也没有。事实上，地主说了算的时代早已过去了。

使事情变得更加复杂的是，荷兰人同他们的邻居、马萨诸塞州的清教徒一向不和，清教徒似乎认为（前面提到过）万能的上帝以某种神秘的方式为他们创造了北美洲，其他诸如瑞典人、法国人、西班牙人、德国人、荷兰人占有这个地方几乎是对上帝的亵渎。一群人在几年前曾在荷兰寻找并建立了避难所，现在他们控诉这个国家十恶不赦，但是这群人的敌对情绪不是伟大的新荷兰事业最终崩溃的主要原因。

我们也不能全部归咎于目光短浅的总督，他们落后于时代精神五十年，几乎很少有例外。随着时间的推移，这些无能的绅士将被体面地埋葬在某个漂亮的白色小教堂里一个华丽的盾下面，而他们的位子则被更年富力强又不那么保守的年轻人所接管。

任何人都无法挽救荷兰的美洲帝国梦的破灭。

1644年，荷兰和英国发生了战争，英军占领了新荷兰。七年后，荷兰舰队重新收复了失去的殖民地。但是荷兰在世界其他地方忙于更有利可图的事情，因此不愿为这块是非之地操心，这个地方是腐败官员、不满农民、愤怒牧师的乐土，吸引着荷兰议会、吸引着省长，为金钱而吸引着，为这为那，但却没有一个子的收入。

在1674年的威斯敏斯特和谈上，荷兰议会放弃了对新荷兰的所有权利。英国人答应尊重荷兰在圭亚那的所有权，那里可以大量无限制地种植甘蔗，荷兰种植者希望重整旗鼓。

回首全部过程，这桩交易不无可笑之处。

荷兰人用纽约换来了南美一处瘟疫肆虐的沼泽地，却还自认为干了件聪明透顶的交易呢！

第十二章　捷足先登的瑞典人

法国人特别有智慧，要是不借助一些法国人的聪明才智，我是绝对写不出书来的，他们在很久以前就教给了我们撰写历史的方法。

对于美洲历史，令人遗憾的是千言万语也难以说清。为了能不留遗憾，我通读了近二十年来出版的有关我们民族历史题材的较受欢迎的所有著作，发现了一种奇怪的评判。

那些学识渊博的作者写到一船英国冒险家靠近这些海岸时，大地上一片寂静，雅各的后代正要渡过约旦河，占领从未真正属于可怜的迦南人（自古以来他们就居住在那里）的应许之地，那个地方现在正等待合法主人的神圣踏访。

瑞典人或荷兰人，甚至德国人，他们决定花几个小钱涉足美洲地产或他们备好船只，冒着千难万险，在特拉华河蚊虫肆虐的沼泽地或在康涅狄格的中心地带好不容易站稳了脚跟，于是就出现了这些说法：或者“瑞典国王被殖民地这个虫子咬了”，或者“一群阿姆斯特丹商人希望通过向印第安人出售火药和烈酒扩大利润”，或者“一帮奥格斯堡银行家寻求通过开采最近刚刚发现的金矿大发其财”，等等。

这些说法，就其本身来说，非常正确。

但是这些说法又是一面之词，有失偏颇。

当然，那些不辞劳苦漂洋渡洋夺取美洲部分荒原的瑞典人、荷兰人和法国人是为了赚钱，而他们的竞争对手英国人也是如此。一些英国绅士到美洲是因为他们对自己的国家感到失望，希望通过在马萨诸塞湾岸边建立纯正的新英格兰来拯救那些古老的美德。但是就连温思罗普这样品德高尚的人也不是什么小天使。他很清楚，他的理想在斯图亚特王朝统治的国度里不可能实现，而作为一个具有远大抱负的人，他宁愿在查尔斯河边的一个小村庄里当一个头号公民，也不愿在泰晤士河边的大城市里做第47号公民。

至于他的追随者，到目前为止绝大多数从汉普郡的朴次茅斯迁移到了罗金厄姆县的朴次茅斯，因为那里提供了更多的获得物质幸福的机会。

在罗金厄姆县的朴次茅斯，去清教徒的教堂是一种时髦，而在汉普郡的朴次茅斯到长老会教堂去则会受到猜疑，这种情况可能跟他们搬迁的决定有关，但总的来说，他们来的目的跟擦鞋匠托尼一样，托尼直言不讳地说："美洲是最后的国度！我来是为了挣钱！"

物理和历史大相径庭，但是在这两种学科中有一条相同的规律，即大自然拒绝真空。早晚这真空会被填满，不管是用水，还是用人或空气去填。

从文化人类学的角度说，美洲荒原就是一个真空，有着巨大的经济发展前景。好几个人已经到过这个新大陆探险，发现这里正合他们的胃口。如果今天当一家公司利用无线电传播发了财，在十二分钟的时间里就会有十二家公司成立。据说当一个人在佛罗里达做地产生意发了财，六十万满怀希望的梦想者就会携妻带子开着福特牌汽车匆忙赶往迈阿密。

1620年，当斯德哥尔摩、哥本哈根和恩克赫伊曾的公民们听说弗吉尼亚烟草在伦敦市场上价格很高，当他们看到阿姆斯特丹交易所胡椒的报价，他们说："我们也想赚些那样的钱。"而且一旦凑够了几千美元，他们就会开办一个小小的贸易公司，加入这股潮流。余下的交给那个时期的经济史来说明。十七世纪上半叶，西印度公司如雨后春笋般成立起来。它们在夜晚发展起来，当见到第一缕阳光时就消失了。它们席卷了成千上万不幸者的积蓄，只给十几个幸运者带来了巨额财富。于是那些可怜的受害者齐声高唱：“啊，你看，发财不是难事！让我们再试一把，但愿下次好运！”接着他们就会再次狂热地追逐那个众所周知的钱罐。

这个世界上似乎有一种奇怪的想法，认为居住在北方的人们冷静、镇定和迟钝。事实上，他们中多数人更喜欢思考，而非只是知道吃，只有天知道他们特别偏爱自己的食品。

在荷兰，特许、半特许和“野猫”公司数量众多。丹麦人可以骄傲地列举出自己的五个东印度公司，那些公司曾一度大获成功，接着就瞬间无望地破产了。俄罗斯人没有方便的港口，但也渴望从中分一杯羹，他们大力向东推进其殖民计划，直到最终能够通过后门进入美洲，从哥伦布伟大的遗产中分出一份。这就是夺取了阿拉斯加。

这场狂热熄灭之前，就连奥地利和勃兰登堡的旗帜，也出现在了大西洋上。但是，在这些小型的殖民计划中唯一认真的是瑞典人。

长期以来，他们的邻居丹麦人试图把他们限制在波罗的海水域，作为扼守松得海峡要冲的赫尔辛格城堡，其名声远大于其作为忧郁的老哈姆雷特幽灵的老家。

但在那些奇怪的能量迸发中，有一次是瑞典在十七世纪上半叶成为北欧的垄断强国。就在紧要关头，巴内尔、乌克森谢纳和托尔斯滕松的铁团使这个大陆免遭获得胜利的反宗教改革的恐怖袭击。瓦萨家族的军事天才遏制住了其半开化的斯拉夫邻邦的野心，波罗的海成了瑞典的一个湖泊，在那里，波兰人和俄罗斯人对那些飘扬着三重冕旗帜的船只避而远之。

当刚刚从吕岑和布赖滕费尔德战场上归来的士兵们出现在特拉华河口时，英国人和荷兰人有充分的理由感到不安。但是瑞典战胜了皇帝和沙皇，夺取了大片土地，耗尽了人力。这个庞大的北方帝国的人口仅是现在的一半，一个瑞典农民只要能够在芬兰（就坐落在波罗的海对岸）安个新家，他不可能远航到克里斯蒂娜堡（现在叫威尔明顿）来，因为到那里去要经过两三个月的危险航行，据说那里野兽出没，而且还有很多危险的土著人。因此瑞典原地不动，就像他的荷兰近亲一样，世界上的一切美好前景无法诱惑他离开自己在戴利卡利亚或诺尔兰的舒适安逸的农舍。

之后并不太久，这个国家就人满为患。于是大规模的西进运动开始了，近百万的瑞典人背井离乡，移民到了美洲。但是他们迟到了，无法建立自己独立的殖民地。

1655年，在宾夕法尼亚和特拉华的瑞典移民点被荷兰人吞并了。九年后，康涅狄格河和斯库尔基尔之间的所有土地都落到了英国人的手中，这就是瑞典的结局。

唉！美好的希望、精美的特许状和辞藻华丽的计划无法成功地造就一个繁荣的殖民地。

金钱大有用场，但并不能代表一切。

为了获得成功，殖民地必须是有强烈理由舍弃某些阶层的人们的自然出口。

这些条件在英国很充分，在法国、瑞典或荷兰却不然。

结果，这些页，尽管是在康涅狄格州写成的，但却不是以我的母国语言，而是以法兰克-罗马语的方言写就的，在十一世纪下半叶，征服者威廉将这种方言强加给了他的撒克逊臣民。而费城的人们从明尼苏达圣保罗的一个烤面包师那里引进了一种扁、薄、脆的无酵黑面包。

第十三章　共享的殖民地

在过去的四百三十五年里，曾经有很多奇特的船只和航天器经过欧洲航行到美洲。人们乘坐各式各样的轮船渡过大西洋。有一次，两位思乡心切的斯堪的纳维亚人乘船返回故国，他们的经历之糟糕，可以说世所罕见。

乔治·福克斯在这次航行中乘坐了一艘老爷船，这是一艘极其不舒适的船，这艘船每两小时渗进水达十六英寸之多，乘客和船员都要不停地守候在抽水机旁边。对弗兰德·乔治来说，情况也大同小异。他曾经在比这艘老爷船的船舱肮脏得多的监狱待过。但是，没有什么能够阻止他到甲板上跟水手交谈，而且据我所知，只要有一个人能聆听他那令人愉快的关于人类心灵的讲演，他就喜形于色。

在历史领域，有两个主题我经常回避。不是因为我不喜欢，而是因为我太喜欢了。如果要写一本关于阿西西的方济各或来自凡人德雷顿的乔治的逗笑书，那么就没有必要长篇累牍地描写中世纪罗马教廷或十七世纪清教徒的新英格兰发展的细节。

这两个人卓尔不群。他们狂放不羁、肆无忌惮，是生活的艺术家，光彩四射的人物，以及难以对付的公民，他们是你所喜欢的任何一种人。他们凭借绝对的自信和不知疲倦的热情，在极少的时间里，为这个大陆的真正进步做出了比令人尊敬的圣徒和牧师做出的贡献还要多得多的贡献。弗兰德·乔治不敬地称大教堂为“尖顶房子”，那些圣徒和牧师的肖像在那里蹙眉俯视着我们，对雏菊和美洲旱獭的小兄弟来说，那些教堂的门经常是关着的。

对两个人中的第一个，我不想费太多笔墨，以免惹麻烦。这个天主教殖民地，即现在所谓的马里兰自治州，从各个方面说都超过了新英格兰沿海的加尔文派的殖民点。创始人乔治·卡尔弗特高尚的人格让帕塔普斯科两岸凸显着宽容精神。分不清他的勋爵爵位在多大程度上得益于翁布里亚山的这位善良的哲学家，又有多少属于实用政治。

但是，乔治·福克斯的情况就不同了。

所有的运动仍然是严格意义的宗教上的，还没有堕落成为一种强硬的宗教教义的制度，这些运动有一个很大的困难：人们无法准确地追踪它们对现代事件的发展所产生的影响。

可以明确地说，有组织地反对奴隶制首先出现在宾夕法尼亚。但是那是否意味着美国南北内战是由威廉·佩恩的追随者引发的呢？我不知道。

全世界现在都认为，第一批坚决主张进行监狱改革的人是那些在新旧英格兰的死牢里度过了很多时光的佛兰德人。但是，是乔治·福克斯直接教导我们把罪犯看作病人而非邪恶的无赖吗？或是一种普遍的时代精神？这，我也不知道。

任何研究过佩恩在美洲的殖民地起草的“特许状”的人都会注意到，这一文件同几年后托马斯·杰斐逊写下的关于个人自由和国家自由的思想的文稿片段是多么相似。我们因此能够说来自阿尔伯马尔县的著名怀疑者是一个地地道道的贵格会教徒吗？

历史上类似的事件一旦出现，尽管这种情况很少见，就会对我们固有的顺序感产生貌似真实的影响，于是我们不由自主地得出根据事件的前后发展无论如何都不可能出现的结论。

我深信，如果威廉·佩恩能够将他的试验继续多搞几年的话，如果他的后继者像他那样有能力的话，总之，如果贵格主义能够取代清教主义成为美洲大陆上的主导因素的话，我们国家历史上的暴力事件显然会更少，作为一个民族，我们会比现在更可爱和幸福。

佩恩的制度在美洲没有能坚持很长时间，至多五十年。但是，在这么短的时间内，贵格会教徒们点燃了正义精神的灯塔，照亮了当地黑暗和隐蔽的角落，从此从没有中断过。尤为重要的是，他们对自己的所作所为，没有大肆吹嘘他们个人多么神圣，没有自称比邻居更高明，甚至没有将那些自己所好的思想和原则强加给他们的邻居。

对这样一群人来说，这是非常伟大的。他们半个多世纪以来受制于每一位废话连篇的治安官；仅仅因为他们似乎持有某种观点，并无其他罪行，就会被绞死或鞭打至死；对于基督教圣公会主教的贪婪和清教徒神职人员的尊严来说，他们被认为是危险的；他们是一群虔诚的男男女女，经常受到诱惑把他们的苦难重新评价为一种优越感，而且他们完全有理由把自己视为上帝的选民。

这些怪异而有趣的异教徒，他们坚持认真对待耶稣的教义，在差不多两代人的时间里悄然从鞭笞柱转到了绞刑架上，这时他们遇到了一位意想不到的强有力的保护者。

贵格会教徒不信仰英国国教，不信奉任何时候任何地方的国教，他们的习惯是单独召开自己的会议。这些集会的性质是和平的。贵格会不信奉暴力，并且远离政治生活。治安官们当然知道这些。但是在那时，司法是收入的一种形式。当生意萧条时，最好把一个贵格会教徒拖上法庭，借口是他不向法官脱帽，罚他两个英镑。再说，这些怪异的人不信任律师，因此不会有被他们控告错抓的危险。

这是非常奇怪的事情，但是世界上最坚定的改革家很多是富有的青年，他们生活安逸，直到一个偶然的机会，他们了解了日常生活中的残酷无情，顿感震惊和恐怖，于是成为反叛者，直到生命的终结。

佛陀、圣方济各和乔治·福克斯就是这样的人，现在轮到一位名叫威廉·佩恩的花花公子。

在一个晴朗的日子，科克镇当地的警察决定对最近的礼拜会所组织一次小型的突袭查抄，以搜查到尽可能多的贵格会教徒。按照惯例，他们把这些人带到警察局拘留起来，等待法官对他们进行审判。试想，当法官大人在犯人当中发现了一个真正的君子时是多么的震惊。这位法官卑躬屈膝，连连道歉。当然，这完全是误会，这位年轻人会宽恕这一最令人遗憾的事件，认为自己自由了，随时可以回家了吗？不，这位年轻人不会，而且据我们所知，这次搜捕似乎已经导致威廉·佩恩投身于贵格会运动中，使他同受压迫的穷困的新的信仰的信徒站在了一起。

年轻的威廉一向对宗教多少有点兴趣，甚至在上大学的时候，他就坚定地相信人类有权按照自己的方式找到救星，结果他因不到教堂参加礼拜而被开除了。但是作为埃塞克斯郡旺斯特德镇的海军上将威廉·佩恩爵士的儿子，在他一生头二十年生活的社会圈子里，人们认为公开表露自己的感情不好，而他也没有勇气彻底与之决裂。

然而，一旦迈出决定性的一步，他就不会半途而废。他抛弃了自己的上层服饰，放弃了自己想当军人的抱负，而去撰写小册子，为所有嘲笑他的人解释他那奇怪的信条，而且成了一场闻名的诉讼案中的中心人物。在那场诉讼案中，陪审员拒绝按照主审法官的指示给犯人定罪，从此开创了一个一直为英国和美国所尊重的法律先例。

但是，那不是他同当局的唯一一次交手。佩恩总是在布道讲经，总是被关进监狱，于是又总是被宽恕，然后又因某种颇具基督教特色的新罪行再次被送进监狱。然而，他总是在教人改变信仰，对他有意在美洲荒原上建立一个贵格会殖民地，他的愤怒的亲属感到非常满意，于是情况可能变得荒唐可笑。

贵格会教徒对美洲知之甚多。就像早期的方济各会的僧侣那样，他们总是在进行各种各样的奇特探险。他们可能突然拜访过土耳其的苏丹王、莫斯科的沙皇或阿尔及利亚的总督。而且因为他们朴实而率真，没有普通的职业先知烦人的特征，他们往往受到很好的招待，只要他们严格地同非基督徒统治者打交道，他们似乎不会受到伤害。

当刚从约克郡一家监狱长期服刑出来的玛丽·菲斯克在阿德里安堡前面的营地邂逅他的时候，土耳其苏丹可能有点吃惊。但是他表现得像一位绅士，很认真地听取了她的话，并赐予她在他的帝国活动的自由，同时赐予她一个私人保镖。

至于莫斯科人和摩尔人，他们的举止也彬彬有礼，出人意料。当不受约束的公谊会教徒访问他们并对他们说，如果所有的人互相喜欢，停止争吵和不再偷窃邻人财物，这个世界就会变得更好，他们非常庄重地说“对”，并邀请陌生的来访者停下来吃顿晚饭。

这些现代传教士在美洲的遭遇却大相径庭。他们中很多人被绞死了。其他人被从一个村子追打到另一个村子。至于妇女，她们永远受制于新英格兰的那些牧师，他们往往把每一个涉及外貌悦人的妇女的案件都变成一个对行巫者的搜捕事件，接着趁机捞取好处。

在这种情况下，几乎其他所有派别的教徒都对美洲敬而远之。必须承认，贵格会教徒反而乐于同命运进行这样暴力的抗争，而且他们几乎像孩子一样对野人的福利充满兴趣，希望有机会向全世界（尤其向新英格兰人）证明，有比枪声和威士忌酒瓶所暗示的通常做法更有利的解决土著人问题的办法。

接着到了1670年，他们有了机会。

威廉·佩恩爵士去世了，他给儿子留下了斯图亚特王朝所欠的八千美元债务。斯图亚特王朝是借方，但是当偿还日期临近的时候，他们突然感到了祖先的骚动而且可能像最小气的格拉斯哥钱商一样吝啬。但是他们在理财方面不能说没有一些技巧。他们总是愿意用不属于他们的东西来偿债。经过数年的谈判，他们把一大片被称为宾夕法尼亚（以青年人的父亲命名的）的土地赐予了威廉，据说这块土地位于马里兰和特拉华之间，尽可以向西和向北延伸。

1682年12月1日，佩恩乘“欢迎”号轮船离开英国到他的新领地。

那是在我们民族独立前所进行的最有意思的殖民试验之一的开始。

这个新的殖民地将不会成为另一个被不在现场的董事会拥有、管理和开发的企业。与之相差千里，极善于提出口号的佩恩，非常清楚地表达了自己的意图，他称他的领地是“一个为全人类谋福利的自由殖民地”。

凭着这种天真的热情，他走得太远了。他甚至坚持认为这个地方的原居民也是人类，当他大胆说出这个想法时，殖民地其他居民就知道他是什么货色了——一个满脑子不切实际的危险想法的愚蠢空想家。对他们来说，印第安人要么是一个悲哀的笑柄，必须用杜松子酒和彩色的珠子予以安抚；要么是撒旦的作品，安插在海岸上，以骗取上帝选民的合法遗产：因而顺从于每一个手持可靠火枪的基督徒。

当贵格会教徒遵从上帝的“大法”，真正将“友好的白人，友好的印第安人”的理论付诸实施，不欺骗印第安人、不带火绳枪和大头棒去教堂，而是将孩子交给就近的印第安妇女看管，自己庄重地走向最近的礼拜会所时，殖民地其他居民知道魔鬼和佩恩已经有秘密条约，于是他们采取措施保护他们的领地，防范这种邪恶而且愚蠢的友好和解做法的后果，并匆忙订购了大量的火药。

除了这些滔天罪行，贵格会1696年的年会还宣布了有悖于《新约》教义的奴隶制，对弗吉尼亚和马萨诸塞的所有良民来说，显而易见，这种在殖民地治理方面的荒唐试验一定不会长久，也不会有好结果。不幸的是，他们是对的。

关于所有将耶稣基督说过的没有生命的话变成活生生的行为准则的努力，似乎是厄运难逃。在几年内，诸如乔治·福克斯、阿西西的方济各或威廉·佩恩这样的人功成名就，我们往往会说：“现在事情干完了！世界听到了这些简单的话，会免除大部分的麻烦，那是来自天堂的遥远呼声。孩子们仍然会得麻疹，老人会死于麻疹，但是日常生活中愚蠢的嫉妒、仇恨和羡慕将被作为多余的废品而被抛弃。”

接着，一旦当第一轮热情消耗殆尽，当世人普遍醒悟这些人并不真的是上帝的化身，他们没有一下子使全世界脱离贫困和摆脱瘟疫的秘诀时，于是人们高呼，他们是可恨的江湖骗子和伪君子，应该在最高的绞架上绞死。

可怜的佩恩把他继承的财产浪费在了殖民地上，他一生数度进出监狱，全部的时间奉献给了同胞们的幸福，最后在倒霉的日子里倒下了。他的孩子死了或变成了酒鬼，其中有一个甚至成为费城臭名昭著的人物。他信任的朋友欺骗他，他的私人秘书企图骗取他的六万多美元，当佩恩拒绝被讹诈时，他的私人秘书想方设法以欠债之名送他入狱。与此同时，其他的殖民地因其对待土著人的问题造成了边境战争，这常常使贵格会教徒的处境非常艰难。

1712年，一场幸运的中风（大自然经常表现得比人类更善良）使佩恩忘却了日常生活中的烦恼。在之后几年里，他能够漫步在乡下住宅里令人愉快的过道里。接着他去世，随他而去的是乔治·福克斯的美梦。

但不是彻底完结。

伟人如同潮起潮退的埃及洪水，他们暂时的存在使得国家更加幸福、更加富裕，更加富有高尚的理想。

贵格会作为一个教派，遵守规范社会一切有组织的形式的法律。贵格会很快失去了曾是其创始人最大的遗产的精神灵活性。即使这样，贵格会教徒仍保持着一定程度的慈祥、善良和宽容，这使他们好于他们的邻居加尔文宗教徒和圣公会的教徒，而且在他们自己的殖民地范围内，他们保持着一定程度的个人自由，这使宾夕法尼亚长期在殖民地中独树一帜。

当然，我知道所有对他们不利的观点。他们吝啬、小气而且不苟言笑。他们从不去看戏。他们不喜欢音乐，过着单调乏味的生活。没错！但是，他们有一个很大的优点，那就是，他们通常只管自己的事情。

第十四章　开拓殖民地

翻开任何一本十六世纪和十七世纪的航海手册，都会看到，其中有一章是专门介绍大有用处的航海推算术的。

当初，船只一旦离开港口，就“在海上了”，真正是一片茫然。没有无线电通信，没有海底电话，没有潮汐图、无线电罗盘、天气和冰山的预报，也没有现代远洋客轮所具备的其他设备。当然，那时一个普通的船长对星象熟悉的程度，远远超过当今的水手。借助那些有用的星象和几件简单的工具，他可以做出非凡的航海壮举。但是在暴风雨来临、浓雾弥漫和恶劣天气旷日持久的情况下，他无法进行必要的观察，要了解他所在的实际位置，只有依靠计程绳、罗盘和自己的运气了。

或者，按当时的说法，他航海“凭借推测”。

如果他很幸运，他就会抵达口岸。

如果命运不济，他就不会。

这在当时不足为奇。阿门！

我们的祖先距离中世纪基督教盛行时期并不遥远，足以理解象征的运用，因此他们喜欢说“国家之舟（政府）”。

处于更文明时代的我们，知道一艘船会因为内部突然爆炸而很容易化为乌有，也知道会因为船员操作不当而很快就船毁人亡，因此，我们不怎么喜欢这个比喻，虽然这个比喻很恰当。但是在十七世纪，很多“国家之舟”仍然骄傲地航行在国际大洋中，然而其船长——像飘扬着英国国旗的那艘巨船的斯图亚特船长——如此无能者却是寥寥无几。

“国家之舟”从没有沉没过，因为多数船员技能娴熟，在紧要关头，几乎任何一个水手都能掌舵，扭转航向，以免船只撞在“公众不满的礁石”上而粉身碎骨。

就这个恰当的象征，我可以继续讲下去，但是我知道自己的航海词汇毕竟有限，我最好回到我在本章开头想说的正题——英国十七世纪和十八世纪的殖民政策完全是凭借推测和听天由命的。

清教徒是唯一的例外，他们至少知道他们的目标是什么。但其他殖民地只不过是“偶然出现”而已。

这些殖民地中，有些一开始是作为对不动产的投机性投资，完全由私有公司出钱购买的；另有一些则是由刚刚从马萨诸塞湾地区人们的宗教和经济专制下逃出的普普通通的人建立的。

还有另外一些殖民地，建立的目的是进行慈善性的试验，为那些与母国社会格格不入的人提供一个避难的场所。

殖民地中，有两个原来属于其他国家，后来通过武力纳入了大英帝国的麾下。

其中一个，原是一位仁慈的天主教绅士的私产，他出于诚实，严格遵守了推行“信仰宽容”的承诺，结果却招致了所有清教徒邻居的痛恨。

另外一大片领地，则是因为王室欠债无法用现金偿还，因此把它作为偿债，划给了一个年轻富有的贵格会教徒。

还有几个殖民地的产生也是出于同样的原因。斯图亚特王朝通常的做法就是，以原本属于他人的东西，用以赏赐其忠心耿耿的仆从。这种做法是世人共知的。

斯图亚特王朝的最后一人，也就是被其追随者称为亨利九世的这个人，从职业上来说是一位红衣主教，1807年死于法国。

他是一位善良仁慈的人，但据说不是很精明。如果他深受和蔼可亲但无足轻重的高祖查理国王的无恶意思想的影响，那么，他很可能会出人意料地盘算制作新的美洲地图。因为，在我们比较具体了解的那个历史时期，难得有一项如此惊人的成果，是在极其偶然以及人们漠不关心的情况下酝酿出来的计划所取得的。

第十五章　钦建帝国

英吉利海峡并不很宽。

欧洲大陆的游客乘快轮从加来到多佛尔，一个小时多点就可抵达。但是一旦通过英国海关，他就进入了一个截然不同的世界，这个世界使他深感困惑。

举一个小小的例子。

在欧洲，行李无论多少，总是个累赘，需要到车站的一个角落去过秤，然后拿着收据去付款，这一切都很正规。按照特定法律的特定条款，钦定铁路专员的特定一年的特定一天就是这样过的。

在英国，系着红领带的伙计，闲散地将人们的行李搬运到行李车上，随心所欲地堆到那里，然后拿着小费，兴高采烈地说声“早上好”，就消失了。到了目的地，另一位系着红领带的人取下行李车上的东西，由客人随意指认，把东西放入自己的小推车上，然后不慌不忙地走向出租车。

“这样，你们不会丢失很多行李吗？”一位外国人问道，他认为这样随意地取拿，而没有官方的监督几乎是不可想象的。

“没有，”英国人回答说，“似乎从没有丢失什么东西。也许偶尔有一个包会搞错。但是我们已经习惯了这种制度。我认为我们是在公共马车时代形成的这种做事的习惯，而且行之有效，一直延续至今。所以为什么要改变呢？”

简言之，英国制度（如果可以如此称呼它的话）似乎是让事情顺其自然，给予个人尽可能最大的自由，并将政府的干预限制在一些必要却令人不快的人员身上，如警察、治安官以及谦恭有礼但手脚敏捷的行刑人。而在欧洲大陆，公众被视为不可救药的低能儿，如果没有政府的经常监督，他们就不可能正常生活。

关于“国家习俗”这一问题，对讨论十七世纪的历史来说，可能有点离题。但正是由于当局的不断干预，才使法国人丧失了他们在美国的大片疆域，才铸成欧洲其他国家在殖民地的诸多失败。

如果诺贝尔先生提前两个世纪发明炸药，并每年奖励在发明领域取得可能是最杰出成就的人，那么他的奖励多数无疑将为路易国王的几个臣民获得。

那些法国人跋山涉水，不顾个人安危（更不用提十多种缓慢而痛苦的死亡），穿越了加拿大的内地，关于他们探险的记录读起来更像是《三个火枪手》中令人惊叹的一章，但却已被人遗忘。

而在当时，他们终究一事无成。

然而，他们的邻居——英国，则尽可能严密地把守住便利的河流和海湾，并建立了现代最伟大的国家。

从法国人的角度来看，这实在是太令人痛心，太令人扼腕叹息了，但这又是必然的。

因为，法国在十七世纪正迅速沦为一个过度中央集权的君主国。封建贵族的权力已经被打破，而基督教国王陛下的权力却变得更大。

现在公认的事实是，一个国家的贵族阶层，一旦停止行使“领导权”，并惬意地闲谈“效劳”，它就不再是国家发展中的一个重要因素。

十七世纪，英国贵族仍然是他们所在社区公认的统治者，如果可能的话，他们绝不去伦敦。而他们的法国同僚，若获准与其高贵荣耀的君主长期居住在一处，即便是照料王室的金丝雀，也会觉得受宠若惊。

因此，在英国，国王必须非常慎重，除非得到贵族乡绅的由衷支持，否则不敢强制推行任何法律；而法国君主，或随心所欲，或完全按照情妇和宠臣的好恶来统治国家。

法国人不喜欢出国旅游，他们不了解其他民族的习惯、风俗和道德观是出了名的，他们认为其他民族落后野蛮，根本没有开化。至于法国国王，他可能对巴黎到凡尔赛路边的一石一木都了如指掌，但是对一般的地理知识，却一无所知。

我并不是说，斯图亚特王朝的君主们怎样地挑灯夜读，潜心研究布劳先生著名的地图册。对他们来说，那样做是不必要的。他们激怒了自己的臣民，以致一批又一批的英国人漂洋过海，逃到大西洋的彼岸，通过这种方式，英国的利益得到了很好的维护。但即使这样，法国君主也没有做到。

过去谈到1789年的法国大革命，习惯上说是因为民众的疾苦引发的，比如“如果他们不能得到蛋糕，就让他们吃草”等。现在，终于有一种不那么感情化但却更加真实的历史观点，开始打破这种看法。欧洲其他很多国家的农民不仅被要求吃草，而且实际上还被迫吞食一种难以下咽的草药来维持生命。这样就导致他们的身体非常虚弱，没有足够的力量支撑取得起义的成功。而发动了血腥暴动的外省人以及那些贩肉商人却吃喝不愁，否则，他们何以表现得如此精力充沛，且大获成功，这似乎是不可能的。

的确，法国农民生活比较邋遢。至于说到干净和舒适，宏伟的凡尔赛宫也没有什么值得夸耀的；从普通的法国外省人不愿离开故土来判断，他们的条件不可能那样糟糕，就像那些研究法国大革命的历史学家，极力让我们相信的那种。

劳动力的极度缺乏，造成法国在北美洲的领地发展缓慢。

当探险家们回到巴黎，谈起他们的发现，谈到他们给法国增加的大片疆域，国王陛下和他身边的顾问觉得应该做些什么，但是，在宫廷的糕点师都需要七百名的情况下，他们到哪儿去找数量庞大的移民者呢？

逐渐地，一些能吃苦耐劳的人，出于自愿迁移到了魁北克和蒙特利尔地区。然而，当这一切刚刚完成，法国人那具条理分明、逻辑思维缜密的头脑就开始运转起来了。他们犯了一个习惯性的错误——将新城镇彻底“进行集权”，就像它们是勃艮第或加斯科涅的村庄一样。之后，远在加拿大的人们，做任何事情之前都必须先请示巴黎的官员们。如果一个人想得到狩猎许可，他必须向巴黎递交申请。如果总督要撤换一个愚蠢的下属，他必须先同巴黎的上司商量。在这种情况下，所有个人的进取精神很快就被消灭了。一个殖民地要取得迅速发展（尤其在当时），就要放手，让他们享有充分的自主权，而不是任何情况下都要先求助于中央政府。

但是，新法兰西的人们，远远落后于他们的邻居，譬如荷兰和英国，还有另外一个原因。在新教徒定居的殖民地，世俗当局和神职人员之间很少有或根本没有摩擦。偶尔加尔文派或路德派的不同派别发生纠纷，在这种情况下，少数派一走了之，在森林的另一个区域建立属于自己的理想国，而这个区域基本上属于英国的势力范围。

另一方面，在加拿大，政府和教会之间一向针锋相对，争执不休。很早的时候，耶稣会士们就踏上了这个国家，照管着那些可怜的野蛮人。毫无疑问，那些野蛮人非常需要这些善良的神父教给他们一切。但是由学识渊博、圣徒似的神父主宰的特别社会（天主教会的突击部队），决不接受政府高于教会的理论。

在美洲的巴拉圭，耶稣会士们曾成功地建立了一个独立国家，有军队，像一个主权国家一样，维持了近一个世纪。在加拿大，他们从没有取得那样的成功。但是，他们以及其他传教士，非常不满所谓的钦派总督对他们工作的过分干涉。只要加拿大还是法国的一个附属国，他们同那些达官贵人就是不共戴天的敌人。

法国政府当然希望从美洲的领地中榨取一些钱财，因此，每年年底拿出赢利余额，是殖民官员的职责。他们不关心大量毛皮是怎么收上来的。对他们来说，只要蒙特利尔的仓库里熊毛皮和海狸毛皮供应充足，土著人可以全体喝酒醉死。

教会看到，由于实行这种政策，土著人逐渐堕落，善良的神父会竭尽全力阻止这种情况发生。有很多年，法国的这些领地实际上是由魁北克主教统治着，贸易几乎完全停滞。但是，那些野蛮部落不能领会这番好心，反而误以为这是软弱的表现，于是在易洛魁人的带领下，几乎将全体法国移民赶进大西洋里。塞纳河两岸乱成一团，哭声震天。为了制伏那些野蛮人，弗隆特纳克被迅速派往圣劳伦斯河。但是当他杀戮了大批的印第安人，致使其他印第安人不敢再进一步挑起战事时，法国王室幕后操纵的故技又开始重演。国王陛下的女友们，貌美而心善，不知她们的神职门客是生是死，每每提及，就会泪如雨下。于是，主教一个接一个回来了。不久，那位精力充沛的总督被召回巴黎“述职”，于是，一切又都恢复到以前的样子。

十七世纪，查理二世当政时期，法国人要想兼并整个大西洋沿岸地区是件很容易的事情。因为当时的法国和英国刚刚爆发战争，法国有一个最精锐的团驻扎在蒙特利尔，英国却无一兵一卒。

但是，就在新法兰西处于历史最紧要关头之际，母国有个蠢货，应一个对官员不满的神职人员的请求，想方设法召回了加拿大总督。而当这个错误得到纠正时，成功侵犯新英格兰的机会已经一去不复返。

新法兰西帝国，看起来貌似非常庞大。

它的范围从北极圈一直延伸到墨西哥湾，其边界是用一系列沉重的铅牌认真界定的。国王陛下的奴仆们在铅牌上刻着铭文，声明埋着这些铅牌的土地属于卢多维克斯——不管它的号码是多少。

实际上，这是一块贫瘠荒原，传教士游走其间。一段时期被忽略，在另一时段，又因法律条文烦琐而受约束。这片区域，从没有按照当地居民自己的意愿来开发资源，却总是受制于妇人之见或王室的一时冲动。

甚至到了十七世纪后半叶，法兰西仍然还有机会拯救这块宝贵领地。亨利四世通过颁布《南特赦令》，保证了信仰新教的臣民享有与他们的天主教教徒邻居平等的政治权利。1685年，路易十四废除了《南特赦令》。在以后的二十年间，胡格诺派的教徒受到了残酷而愚蠢的迫害。他们在国内的生活已经变得无法忍受，于是要求政府允许他们远走他乡。那些勤劳的男男女女，如果获许在大西洋的彼岸建立一个忠于法国的国家，他们会奉献出一切。但是，他们的请求被断然拒绝。当他们仍坚持自己的要求时，边境对他们关闭了。

当然，人们如果坚决想离开（或进入）一个国家时，还是能够做到的。在此后的五年时间里，五千多个胡格诺派家庭成功地逃出了法国。他们迁到了英国或荷兰，除了勤俭、才能和信誉，他们什么都没有带。然而，这些品质足以满足他们谋生的需要。很快，他们在商业和贸易方面重新站稳了脚跟。而正是这些人，他们本来可以在遥远的地方成为法国文化最强大的中坚力量，现在却使得那些等待机会剥夺法国的最后殖民地的力量加强了。

第十六章　希望的地平线

人们对于命运中出现的突发事件，亦即所谓的“突然”性，总是觉得充满诡异，从而惊叹不已。相邻街道的一座房子“突然”倒塌了，一位老邻居“突然”去世了，欧洲一个著名的朝代“突然”消亡了。

其实，没有任何事情是“突然”发生的，科学家、历史学家以及新闻报道者对事物的发生有其正确的认知。房屋倒塌、朝代灭亡或邻居去世看起来好像是在瞬间发生的，但是造成其发生的因素，也许早在数年前就开始悄悄地酝酿了。

如果将这个过程反转来看，你就会发现一个共和国的“突然崛起”，一个家庭“突然”发财，一个迄今为止默默无闻的小提琴手“突然”被证明是个天才，而所有这一切，都是在有耐心的时间实验室里精心策划出来的某些神秘计划的结果。

稍后我们就会谈到那场“突然”使十三个争吵不休的小殖民地成为高度统一之强国的伟大政治暴动。但是这一“突然”变化是如何产生的呢？是长期艰苦的军事行动的结果，还是出于加强经济合作的必要，或是一个人作为政治家的能力的结果？

当然不是。

这场革命只是一个事件，尽管喧闹非常，足以吸引众人瞩目，然而，这项新事业的基础早在几个世纪前就打下了。它进行得悄无声息，不引人注意，而且大部分工作都是由普普通通的人做的，因此，他们的同时代人当时几乎无人意识到，在这个大陆上正发生着不平凡的事情。

十七八世纪移民的统计数字并不完全可靠。对一些新来的移民我们了解很多，对其他多数移民我们几乎一无所知。

但是，我们已经搜集到足够的资料，从而可以比较准确地了解当时不辞艰辛横渡大西洋的那些人。

他们来自社会各个阶层，源于各种各样的原因。

首先是黑人，他们被英国或荷兰的贩奴公司倾销到美洲海滨。确切地说，这些不幸的人跟我们不属一类。他们来这儿是因为身不由己，而且他们注定要为自己从没有犯下的原罪而遭受苦难。

然后是“奴仆”。十七世纪的奴仆，实际上是那些无钱赎身的临时工、小手艺人和破产的店主。为了换取一些钱，他们愿意“卖身”给某个殖民主人，时间从五年到七年不等。而且我认为，这些可怜的人并没有获得公平交易。早期的交通费用大大高于今天，一张单程船票价四百美元，这很正常。即使这样，以七年辛苦劳作抵偿一张统舱船票，代价似乎还是很高。但是，那些未来的移民可能认为，这是他们逃离自己不堪忍受的家园的唯一机会。七年苦役一结束，他们就获得了我行我素的自由，并有机会开始为自己的事业而奋斗。

再就是小资本家，他们颇为幸运，积蓄、赚取或继承了几百英镑，看到了佩恩大哥描述的他那田园式美妙天堂的整版广告，遂决定尽快地获取一份财富和自由家园。

还有那些属于某个教派的人，他们正遭受当局尤其是那些穷追不舍的治安官的迫害。他们希望在这个荒原上找到一个僻静的地方安身，自由自在地祈祷和布道。

还有一些人，他们生来就有所谓“漫游症”的症状，他们前往美洲，只是因为他们厌倦在家待着，感到有必要改变一下环境。

还有一些人，同样感到有改变的必要，因为法警在追捕他们。

总之，从一个地区迁移到另一个地区的有三教九流，各色人等。

他们一踏上这片新的陆地，这些狂热的宗教信徒、无工资的奴仆、花花公子、破产商人、不满政府的贵族、在逃的罪犯、开小差的水手、流离失所的农民等，都一致认为这个大陆比他们刚刚离开的那个好。这不是一个更容易谋生的大陆，因为，在殖民地的居民，只有那些最能吃苦耐劳的人，才有希望生存下来。但是，这却是一个充满无限机会的大陆，一个有着广阔空间的大陆，在这个大陆上，一个人可以伸展双臂说：“看，我自由啦！”可以拿起自己的行李，继续前行，不停地走啊走啊，走了十年，发现自己仍然在森林中或在平原上。

早在大西洋沿岸的人们，梦想将相互对立的殖民地统一为一个国家之前，那些居住在查理河和切萨皮克湾之间土地上的人们就有一个共同理想，这使得他们在艰苦岁月中形成了一个有益的共同信念——新大陆每个人未来的幸福完全取决于他自己的努力，那些选择居住在荒原边缘的人们绝对是自己命运的主宰。

在领航员踏上一艘向内陆航行的船只前几个小时，岩石海岸的模糊轮廓开始显现。对前往日本淘金的早期发现者来说，这意味着延误和灾难。但是，对后来的数千万移民来说，这是他们第一眼看到的希望的地平线。

已经有人写过论文或专著，来讨论那些向往未来的移民所发生的心理变化，以及美国性格形成的方式、原因和发展过程。

但是，在这件事上，如果没有这些旁征博引的巨著作指南，我将无从做起。

我也看到了那条细细的黑线。

第十七章　争夺土地的游戏

不记得什么时间在什么地方，听到过这样一个故事，关于鱼类学教授的古老故事。一天，教授正在讲授关于名贵品种鲟鱼的课程。学识渊博的博士，左手拿着一叠笔记，那是他下了很大的功夫，从所有关于Acipenser Rubicundus（红鲟）的书上摘录下来的；右手执教鞭，指点着课题的巨幅精美图画。时间缓慢地流淌。他口若悬河，滔滔不绝。

“先生们，”他说，“鲟……”

正在这时，门开了。一条浑身发亮的老鲟鱼，携带着水草和布满沧桑岁月的智慧，静静地游进了房间，直奔讲台而去。

这位精通科学的教授，一下子愣住了，不速之客的打扰，让他不知如何是好。随后，他定了定神，不失尊严地说道：“哪位先生帮忙把这个东西赶走，以便我接着讲下去。”

当我阅读欧洲作者那些旁征博引的著作时，经常会想到这个故事。他们非常刻苦，非常认真，愿意穷毕生精力寻找一个遗失的文件；他们大量涉猎成包成包的印刷品，翻阅成堆的书面材料，以便能够了解像大迁移这样重要运动在某些年的情况，或者解释封建制度和国家朝代发展中那些不那么清楚的方面。然而，他们似乎忽略了这样一个非常明显的事实：在大西洋的彼岸，中世纪仍然处在全盛时期，现代美洲是研究大量社会、宗教和经济现象的理想实验室，这些社会现象在哥伦布诞生前已经存在好几个世纪了。

在欧洲，1200年以前，人们就停止了“漫游”；在美洲，却仍然处于迁徙的全盛时期。1927年，在华盛顿，一批又一批新的“野蛮人”强烈要求得到承认的问题，与227年的罗马遇到的问题是一样的。

第一次世界大战清除了欧洲最后的封建残余。在我们美洲的城市，封建制度仍然像以往那样活跃。如果对我的这一观点有疑问，建议你可以对坦慕尼协会[①]或我们任何一个大的政治组织进行一番研究。

那些在十七世纪和十八世纪，给欧洲造成深重灾难的不同王朝之间的对立情况，改头换面之后，仍然存在于美洲。暴力事件不断，我们的报纸足有三分之一的版面都是在报道这些暴力事件。当然，1927年所使用的手段已不同于1727年流行的做法，但是，那些为争夺大片欧洲土地而战的哈布斯堡王朝、波旁王朝、罗曼诺夫王朝、霍亨索伦王朝以及瓦萨王朝，足可以给今天早晨还为获得对石油、粮食、煤炭或电力的垄断而互相开战的成群的金融资本家很多启迪。

过去的一切都是美好的。距离产生美，之所以看起来很美，是因为它用一层有益的灰尘，掩盖了国王陛下羽饰帽子上的油污斑点。但是，两百年前王朝之间的大战，完全与现在争夺水力和橡胶的金融界集团之间的冲突一样，既愚蠢又劳民伤财。

只有一点不同。

十八世纪的战役是在马背上进行的。

① 坦慕尼协会，1789年成立，1934年垮台。起初是美国一个全国性的爱国慈善团体，专门用于维护民主机构，后来则成为一个政治机构。

今天的战役是在摩天大楼的第十七层进行指挥的。

至于路易和乔治王朝时期的历史的主要轮廓，不仅已经广为人知，而且也不那么有趣。

宗教改革之后的神学狂热的火焰也已经熄灭。一想到以兄弟情谊为名，却导致血流成河，人们觉得这种行为非常愚蠢。他们不再愿意为了给一本神圣的书籍中某一晦涩的章节中难懂的段落增光添彩而奔赴战场。但是，他们现在却急于为了某个模糊但备受尊重的“合法继承”原则而战。以前浪费在仔细研究官方《教义问答》的时间，现在被用来研究家谱和工商公司的名录。

大众的品位改变了，但是，人类的执着依然如故。现在，普通公民非常认真地“捍卫乔治或路易的权利”，就像他的祖父一百年前“捍卫真正的上帝的荣誉”那样。

欧洲王朝就像是职业君主的一个封闭式公司。数百年来，他们的第一、第二和第三代姑表亲相互通婚，因此在十几位继承王位的候选人中很难发现谁是“合法”的王位继承人。那些“近乎合法”的候选人总能制造出一个所谓的“司法顾问”班子，他们（出于某种考虑）愿意支持其临时雇主提出的一切要求。

十八世纪，王朝之间的冲突，就跟国际桥牌大赛一样。所有参战的国家（而且通常在战斗结束前整个欧洲都被卷入战争）都想竭尽所能多赢几圈。这样在谈判解决问题的时候，他们就可以跟对方说：“现在我占领了你们的4个省、9座城、1.2万平方英里在印度的殖民地、1.4万平方英里在美洲的领地、2000平方英里在非洲的领地和82名商人，让我们看看——你占领了我们的5个省，但占领的大城市只有6座，另占领1万平方英里在印度的殖民地、2.5万平方英里在美洲的土地（那太糟了，我必须拱手相让！），在非洲没有占领一寸土地（这比较好）以及279名商人。现在4+9+12000=”如此等等，通过这个被非官方人士称为“马匹交易”的讨价还价的过程，从而达成一项似乎对各有关方面都比较公平的协议。

非洲和亚洲的土著人以及美洲的殖民地居民往往被迫参加这种争执，虽然他们对此毫无兴趣，但也应该邀请他们发表意见；然而，统治巴黎、伦敦、维也纳和阿姆斯特丹的强权人物，似乎从来没有想到过这一点。

但是，我必须再次提醒你，不要对我们不明是非的祖先太苛刻了。

就在几年前，我们自己把非洲的心脏变成了战场。在那里，为了德国或盟国的更大荣誉，卡菲尔人自相残杀。我们把不属于自己却要占有的中国城市变成了废墟。我们驱使无数的印第安人和非洲土著人卷入跟他们的生活毫不相干的冲突中来。当这一切结束时，少数年迈的绅士，通过掷骰子的方式，瓜分土地和石油，且厚颜无耻地说他们窃取对方的殖民地是“为了确保世界和平”。

为了自己的利益发动战争的朝代已经不复存在了。我们的曾祖父们曾经为了美洲的不动产而冒险，也曾经视之为无益投资而弃置一边或与人交换，现在那些美洲不动产被冠以了诸如“加拿大自治省”或“美利坚合众国”的雅称。

至于一系列的英法战争，最终使北美洲大陆成为英国人的领地，法国势力被摧毁。这个过程，经常被人提到而且描述得很详尽，我就不再赘述。历史课本会讲到威廉国王之战、安妮女王之战、乔治国王之战、法国人与印第安人之战，并告诉我们这些冲突发生的时间分别为1689—1697年、1701—1713年、1744—1748年以及1755—1763年，而且还会详细描述那些我方取得“精神胜利”的著名战斗，还会骄傲地描述那些遭遇战，英国人迫使法国人撤出某个孤立的碉堡，并交出一个有着37名士兵和38名印第安女人的堡垒。

但是，红衣和蓝衣职业军人小分队之间偶尔爆发的暴力冲突，跟那些灾难性岁月里在美洲大荒原的边疆地区酿成的鲜为人知的悲剧相比，简直是微不足道。

那些十八世纪的政治家，只考虑议定书、协定和官方备忘录，却从不关心当时正在发生什么事情。但是，当他们在新大陆地图上描画漂亮的细细虚线，并相互告诉谁应该占有什么的时候，一些其他的力量正在发挥作用，不久之后，这些一向被官方忽视的力量，就会毁灭那些古板的大人苦心经营的阵地。当然，这种情况发生的前提必须是欧洲移民数量迅猛增长。

一般来说，那些离开旧大陆拥挤的城市和乡村，在宾夕法尼亚森林中的一块空地上定居下来，或试图在多石的马萨诸塞农场上种些粮食的男男女女，都是头脑简单的人。除了《旧约》，他们几乎没有读过书。他们对政治的兴趣不会超过本国的国界。他们过着单调乏味的生活（从我们的观点来看），吃自己种的粮食，喝自己厨房酿造的酒，穿着妻子为他们编织的衣物。但是，像所有早期组织一样，他们知道自己想要什么，而他们想要的东西用一个词表达就是——“土地”。

“噢，天啊！”当听说一百名罗得岛居民西行，一位远在伦敦的官员大呼，“那些人绝对不能到那里去。那部分属于法国。”

“谁说我们不能！”正在套牛车的人们道。

于是他们走了。

的确，他们有时候会遇到不幸。法国士兵小分队会把他们赶回来，或为了省事，干脆当场干掉他们。

唉，那些法国城堡，看起来坚不可摧，保护着从圣劳伦斯湾延伸到莫比尔湾的疆域。这些城堡之间有很宽的间隔，在这些间隔的空隙，一股稳定而且不可压制的移民潮正源源不断地涌入西部富庶的森林和原野。

大西洋沿岸，这样的移民潮已经在小规模流动了。当荷兰人占有远远超过其自身管理能力的土地时，新英格兰多余的人口很快占领了康涅狄格宜人的河谷。英国农民在荷兰堡垒的防御土墙上种植庄稼，彼此相安无事，因为这些人相互需要，不会为他们在欧洲母国的矫揉造作的效忠对象所干扰。

十八世纪，法国人明白对抗自然规律是没有用的。巴黎的政府开始认识到他们在美洲的领地的重要性。他们派遣了大批部队到魁北克、蒙特利尔、新奥尔良和温森斯堡、底特律堡，那些士兵足以能抵挡住英国人。但是在东部，那些被剥夺了应享权利的群众向西寻找自由农场时，这些法国士兵的勇敢和技能就无用武之地了。1759年，英国人征服了魁北克城，这时，用于保护大湖地区和密西西比流域土地的堡垒链，到此就彻底地断裂了。

无处不在的法语名字，让我们想起，在我们太祖时期，发生在那些遥远地方的悲剧。这，就是一切。

第十八章　近代之始

本章只是一个建议。但它可能有助于我们较好地理解过去二百年的历史。

文艺复兴时期的一位历史学家，将人类的过去划分为三个时期：古代、中世纪和近代。当然，近代是指他自己所处的时代。他遗漏了史前人，因为他从没有听说过。他以罗马灭亡作为古代时期的结束，并断定土耳其人征服君士坦丁堡导致了中世纪的完结和近代的开始。

这个划分办法早就有待予以彻底修正。罗马从没有灭亡，声称它灭亡容易造成一种错误的印象。当土耳其人占领君士坦丁堡时，中世纪可能气数已尽，也可能没有；但是，其他事件在中世纪生活观念中造成的混乱，比苏莱曼大帝对欧洲成功入侵时造成的混乱，要大得多。

在这本书中，我主要关注的是美洲历史。

我想指出的是，在我们的大陆，中世纪是于1769年1月5日结束的。

第十九章　“效率专家”

没落帝国的身后总是散落着许多被废弃的规章制度。是啊，无论是在个人生活或者是在社会生活中，循规蹈矩、墨守成规，没有创新，没有进取，一味地恪守某种严刑峻法或行为规范，必然将导致失败。而且情况通常会是，体制的效率越高，最后的失败就越惨重。

在大英帝国的“形成过程中”，可以说，一切顺利。那些为了抗击西班牙对宗教和经济的垄断，而被派到世界各地的人，没有受到来自母国政府太多的约束。他们被允许充当独立的代理人，做一些切实可行的事情。如果他们有点操之过急，办事不当，或许可能成为国王陛下的替罪羊，也可能会因闯祸被绞死或被砍头。在当时，这种事情司空见惯，不足为奇，并没有影响到人们的热情。

十八世纪中期，缔造帝国的艰苦工作业已完成。集权化、组织管理、分门别类和（作为必然结果的）税收的时候到了。罗利家族功成身退，当大幕再次拉开时，人们看到了扮演“爱国男孩”角色、身穿海军上将制服的乔治·格伦维尔的高贵形象。

现在就让格伦维尔的名字出现，好像这个可怜的乔治要对美洲殖民地的丧失负有责任，这看起来很不公平。但是，格伦维尔是当时那种官方思想——可以在较短时间内比其他任何已知的人类智慧的力量造成更大危害——的典型代表。因此，他必须扮演这个渺小的角色。别认为这将是一场传统的喜剧。这是一场包含在“徒劳”两字中的悲剧。

乔治作为国王一丝不苟的聪明仆从——财政大臣，总是早起晚睡，事必躬亲。

若是在贝斯女王时期，他会像绅士冒险家公司的记账员一样大有用武之地。

而在乔治三世时代，作为受命通知美洲的殖民地居民交纳支撑该帝国份额的人，他做是一个十足的危险人物。

查尔斯·汤森德认为，殖民地居民是“英国抚养的子女，受到母国的宠爱，直到他们长大成人，财大气粗”。但是老上校巴雷却道：“我们抚养的孩子？不，根本不是！是我们的压迫使他们扎根美洲，是我们的麻木不仁使他们长大成人。”美洲人听到这样具有煽动性的言论，会一致起立鼓掌。对此，他又会作何感想呢？

尽管新英格兰人、弗吉尼亚人和卡罗来纳人深受那些古代法律的束缚，这些法律要求对国王绝对地臣服。他们不会幻想建立一个属于自己的国家，但是他们认为自己有正当的理由来抱怨。他们之所以远离故国，就是为了摆脱某些有伤于他们个人自由意识的不公平待遇，为了获取足够的黄油面包以养家糊口。然而，一旦他们自由了，母国又将触角伸过了大西洋。这些开拓者发现自己又一次陷入了令其讨厌的政府罗网，他们当初从英国的布里斯托尔航行到马萨诸塞的波士顿，就是希望永远逃脱这张网。

不论他们愿意与否，他们必须在英国的市场上，并通过英国的中间商，出售他们生产的产品，虽然在荷兰或西班牙市场上的商人可能会给出更好的价钱。除了一些自己可以制造的工具和农具外，他们还必须购买英国产的商品。

进出口贸易中，都必须使用英国船长指挥、配备着英国水手的英国船只。

以往半个世纪，英法战争期间，若要想逃避这样的规定，相对来说还比较容易些。而今和平时期，乔治·格伦维尔受命筹措足够的税收，用来支付英国因举债而产生的数千万英镑的利息。

格伦维尔不乏政治敏锐和务实的本能，如同他本阶层的多数成员一样。他宁愿进行一场相距三千英里的争吵，也不愿让争吵这件事发生在家门口。他断定，增加美洲殖民地居民（他们都是头脑简单的农民，生活在世界的另一端）的税收，比招致自己周围的人不满要好办得多。若是得罪了周围的人，他们会在议会中嘘叫着轰他下台，杀其妻，并阻止他的儿子从事体面有益的工作。为保护自己在新英格兰和弗吉尼亚的子民免受法国人和印第安人残酷无情的侵犯，母国所做出的巨大牺牲，成了他采取一系列措施增加查尔斯顿和费城的财务代理的税收，以最终帮助英国收回所消耗财富的一个借口。

首先，旧《航海法》将得以严格实施，尽管自克伦威尔时期以来它实际上已成为一纸空文。走私者将交海军法庭审判，不再由那些走私者同伙组成的陪审团进行审判，因为他们认为被告受控的罪行是最高的爱国行为。

其次，刚刚从法国人手中夺取的西部大片土地对移民关闭了，以便母国政府能够清查它的新领地，并决定采取什么措施来保护他们刚刚占有的印第安臣民的利益。

最后，一大批生活必需品，如糖蜜和食糖（后来是茶叶），也要征税；甚至所有的官方文件、报纸、扑克牌、契约、合同、抵押等，也都要打上漂亮的印花。国王陛下的财务代理，准备以一个便士到两个英镑的不等价格出售印花。

与现在我们最低微的公民也必须向华盛顿联邦政府交纳的大笔税款相比，从早期移民的钱包中抽出的这几个硬币似乎微不足道。但这不是钱的问题，而是原则性问题。殖民地的职业演说家提到这些大胆的措施就火冒三丈，他们谈到了自由、死亡和令人惊骇的“无代表不纳税”原则。他们忘了，如果他们继续待在国内，他们在议会享受到的“代表权”会和他们移居佐治亚或新泽西后一样少。因为在那些日子里，走近投票箱的英国人不到全部英国人的百分之十。其他百分之九十的是没有发言权的合伙人。他们拿钱填补赤字且闭口不言。美洲反对派领导人深知这一点。当然，他们的意思是，他们根本不愿纳税，之所以强调“无代表不纳税”，是因为这个口号冠冕堂皇，并且还意味着逃税人正在为一个高尚无私的政治公正原则而斗争。

然而，很长一段时间，什么都没有发生。

母国政府继续通过新的法律和规定。

殖民地居民依然不执行。

乔治·格伦维尔彻夜不眠地“研究这个问题”，接着进行了口头汇报。但是，由于汇报太高深、太庄重、太乏味，乔治三世最终解除了他的职务，没有别的原因，只是因为他喋喋不休，令人无法忍受。

第二十章　茶叶与糖蜜

英国在美洲的殖民地居民需要很多东西，只要能够从国外得到。

要购买那些东西，他们必须有钱。

为了弄到钱，他们必须将某些产品销往国外。

这听起来很简单，而实际上也很简单。当然，条件是你能够获得制造产品的原材料，并能按照你的希望，以略高于最终产品成本的价格出口。另一方面，如果你被迫在某个市场上购买原材料，而且必须按照那个市场定的价格购买，那么你就会有破产的风险。

十八世纪的美洲人，与同世纪的其他人一样，消费大量我们祖先所称的“烈性酒”的东西。在新英格兰，他们喝朗姆酒；在纽约，他们爱喝杜松子酒；在加拿大，他们仍然对古老的白兰地情有独钟；不论在哪里，他们都要喝酒。是的，他们喝很多酒。在有些国家，朗姆酒是最重要的出口产品。为了酿造朗姆酒，清教徒酿酒商必须有大量的食糖和糖蜜。这些必需的原料，可以以很便宜的价格从附近的西印度群岛进口。然而，那些岛屿多数属于法国或荷兰。根据当时的英国法律，那些岛屿是“不准进入的”，新英格兰人被迫从母国购买食糖和糖蜜。母国的商人们利用政府授予他们所支配的垄断权，大发横财。

问题：作为乔治国王陛下的顺民，新英格兰人会渡过大西洋到伦敦或布里斯托尔，以一百美元一吨的价格购买食糖吗？

回答：不会。作为乔治国王陛下温顺而聪明的臣民，他们航海到达卢佩或圣欧斯塔修斯，以每吨三十美元的价格购买食糖。

问题：乔治国王陛下的政府喜欢这样吗？

回答：不喜欢。

问题：这会阻止新英格兰的船长们继续走私朗姆酒或食糖这种不法行为吗？

回答：可以肯定地说，不会。

这样，实际上就出现了一个长期争论不休的话题。

一个奇怪的事实是，即使追溯到巴比伦人，也可以发现只要政府不干涉人们的吃喝，他们几乎可以忍受任何形式的虐待。有时，我甚至怀疑，啤酒难道不比神学更能引发流血。当英国政府同某一派异议分子发生争吵时，总有其他一派异议分子站在国王一边，对敌手的不幸感到幸灾乐祸。但是，议会一旦对朗姆酒、茶叶或咖啡征税，就会处于危险境地，因为它触及了对浸礼会执事、贵格会修女以及那些最强硬的不可知论者来说，同等重要的东西。税很轻，每磅仅征三个便士，但却让人讨厌，因为每次一个平和的公民为自己泡上一杯好茶时，就会感到自己在支持一个似乎并不公正的法律。

最终，这些不起眼的茶杯（谚语中所说的很多暴风雨发生的背景）引发了一场风暴，不仅仅是震撼了一个大洋。究其原因，却是由一个预计每年仅能征收二十万美元的税收所引发的。

谁能预料到会出现这种结果呢？

——没有人。

起初，美洲殖民者果断地决定不喝茶了。但是他们一向是喝茶的。这种饮料对他们来说是不可或缺的，他们必须要喝茶。

“很好，”来自楠塔基特和普利茅斯的船长们说，“我们可以走私茶叶，就像走私食糖一样容易。”于是他们向库拉索进发了，回来时满载茶叶，价格便宜，是直接从荷兰东印度公司进口的。这使得人们可以像往常一样喝茶，同时又不感到没有忠于自己的原则。几个月后，新英格兰沿海的仓库堆满了荷兰茶叶。这对英国茶叶交易商来说意味着严重损失，他们非常愤怒。愤怒的英国商人是很危险的。议会决定采取措施。于是，英国东印度公司种植的大量茶叶被倾销到了美洲海岸。由于有政府的补贴，这种茶叶销售给公众的价格大大低于荷兰茶叶。

诚实的走私者（他们属于社会中最有影响的阶层）认为，政府低价倾销的行为，严重践踏了商业道德和规则。他们的宣传机构忙碌起来了，报纸文章谴责所有喝英国茶的人为“叛徒”。

把那些具有清教主义倾向的人们的情绪煽动起来，是一件很容易的事。他们养成了压制自己真实感情的习惯，因此，他们欢迎一切可以引发一场 “正当骚动”的机会。民众群情激昂，烧毁了那些装载英国茶叶的船只。在波士顿，一群年轻人（也是很好的年轻人）假扮成野蛮的印第安人，登上三艘刚刚抵达的来自英国印度公司的商船，不顾船上正暴发天花，勇敢地钻进船舱，为了大批热情的“观众”，他们把所有茶叶都扔进了港口的水中。在马萨诸塞，他们成了受人欢迎的英雄。而在英国，他们则被斥为卑鄙的强盗土匪，应该送交法官，并予以处死。

但是，英国法官什么都没有做。以爱国的名义，采取暴力，且不会受到惩罚，当这一情况习以为常时，就会突然冒出来一大批“职业爱国者”。

时不时地，会有一些不走运的卖印花税票的公务员受到一帮暴徒的袭击，他们的房屋里的财物被抢劫一空，印花税票被付之一炬。那些崇尚遵纪守法的公民，不管是否赞同这种做法，却依然会感到局促不安，因为，事实上，他们已经购买了印花税票并贴到他们的法律文件上，他们冒着遭受严厉惩罚的风险，指望法院向他们提供保护，几乎是不可能的。

当然，母国政府是不可能容忍这种情况继续存在的。丧失“统治”的政府，即容忍那些乌合之众蔑视法律的政府，是不可能存在下去的。要么采取最严厉的措施来推行它的意志，要么彻底放手不管。

但是，如何实施这些法律呢？在那遥远的地方。

美洲的殖民地有法庭。是的，有法庭，而且一应俱全。但是那些法庭跟母国的法庭一样，陪审团决定被告是有罪还是无辜。陪审团是由被告的亲朋好友组成的，他们同情囚犯犯下的所谓罪行，往往会宣布他无罪。不管国王陛下的律师收集到的证据多么有说服力，被告依然可以逍遥法外。

接下来，该怎么办呢？

通过一项紧急法案，宣布将某些案件（后面将列举）送往英国审判？可以做到！但是，这会引起人们很大的反感。因为，英国法律有一个由来已久的原则（以最积极的字眼），即声明，谁都不能在其所在辖区之外的地方受到审判。

假设政府通过了另一项紧急条款，中止生来自由的公民由自己邻居审判的权利，这也能做到，但是要冒很大的风险。这实际上是用一种不公正取代另一种不公正，是一种非常危险的做法，除非爆发革命，否则就不应考虑。

与此同时，必须采取一些行动。因为殖民地居民很关注这个问题，他们忘记了自己内部的小纠纷，派代表前往纽约市的一个国会抗议母国的非法政策。显然事情在迅速转变成危机。在这种情况下，最好的办法是捐弃前嫌，一切重新开始。议会可以体面地抽身，一边坚持说它一直拥有而且打算继续拥有为英国及其殖民地立法的权力，一边可以明确说它无意做非法的事情，且愿意服从理智。

但是，议会没有这样做，它全然不再服从理智，而且开始发出含糊其词的威胁，意欲倾其权力来恢复秩序。现在，“权力”在政府看来意指两种东西：

警察和士兵。这把我们带到了独立战争发展的第二阶段。

大批军队被派往骚乱地区，受命在税官受到攻击的城市和乡村巡逻。然而，巡逻是一项非常枯燥乏味的工作。即使是最守纪律的士兵，在敌视的人群中，也很容易爆发坏脾气。此外，他们带着枪，可以开枪射击。当一群调皮的波士顿小孩子开始向他们投掷雪球时，他们就一阵扫射，排泄积压的愤怒。这一阵扫射杀害的是手无寸铁的公民，这就使得整个城市陷入恐慌之中。

这是一个非常古老的故事。

结果，很多历史学家开始怀疑，过去绝不会教给任何人任何东西，每一代人必须从自己所犯的错误中吸取教训。

“悲观主义。”也许你会这样说。

对不起，朋友，我没有缔造这个世界。

第二十一章　朴素智慧

此刻，我们会听到密集的枪声；看到三五成群、疲惫不堪的农民，穿过雨淞，跋涉在泥泞不堪的乡间小路上；看到牢骚满腹的红衣英国兵，在尘土飞扬、充满危险的乡间小路上，行色匆匆。于是，我们不断听到这样一个问题：这是谁之过？英国人对英国人为何如此残暴？亲人之间互相残杀，血流成河。这一切，原因何在？

我必须再次回答：我不知道。

在人类历史上，有些事情似乎是必然的，美国独立战争就是其中一例。

这场战争如果不在1776年爆发，就会在1777年爆发。如果有某位政治天才能够使战争避免在1777年爆发，那么战争就会降临在1778年。

因为这不仅仅是一场利益冲突。

这是一场理想之冲突。

在这种情况下只有一个结果——战争！

坐在伟大宙斯的宝座上，大言不惭地评判祖先们，“谁谁难辞其咎，其他人并无责任”，这样做总有一点难为情。

但是，我还是认为，英国政府犯了一个严重的判断错误。国王、议会及大臣们仍然认为殖民地居民是英国人。从法律和政治的角度看，他们无疑仍是英国人，但是他们是具有记忆力的英国人。对于自己所出生的救济院，对于埋葬母亲的贫民墓地，他们历历在目；他们绝不会忘记饥饿之苦，不会忘记，父亲被关进债主监狱时所遭受的毒打。他们记住了这些遭遇，连同遭受悲惨境遇的人们的悲愤怨言，而这种悲惨境遇不是他们自己造成的。于是，他们集体逃亡，乘肮脏的移民船漂洋过海，吃着腐烂的食物，不断有尸体被扔进海中。最终，他们到达新大陆海岸，成为宾夕法尼亚某些吝啬的农场主的农奴，某些凶悍的清教徒家庭主妇的苦工，劳作、劳作，不停地劳作，或五六年，或七八年，这样可能会赢得自由、两件衣物以及一桶面粉。

然后，进入荒原，住着肮脏、充斥着寂寞的木屋，忍受着无休止的伐木劳作所造成的腰酸背痛——那些无数的砾石必须收拾整齐，以便种植玉米。这种活计使人胳膊疼痛——缺医少药，导致妻子丧命。孩子嗷嗷待哺，无人照料。害虫毁坏庄稼，黄鼠吃鸡，蚊子肆虐。生活堕入悲惨的地狱——比永不满足的乔纳森·爱德华兹设想的地狱更加悲惨。

接下来，也许生活会稍有起色，再娶新妇；孩子长大成人，可以把犁，可以养猪；建起多间房屋，有几家邻居，万一生病或生孩子，可以有所依靠。这样，成为林中一小块空地的主人，心中美滋滋的，现在不必再对任何活着的人说“是，先生！”了。

一个晴朗的早晨，收到一封信——大信封上盖着官方大印。是一份难以理解的文件，说，国王陛下依据议会某年某月某日之法令，“特命令和指示陛下最忠实的臣民……否则将遭到……”

所有这一切，似乎非常正确、公正与合法，但是，它却让人想起了殖民地居民非常希望忘记的一件事情——过去。

依靠勤劳和节俭谋生的人们，往往对一切权威都不耐烦。那些一向将“权威”视如“压迫”的人，只有一种能使自己被压制的情绪得到补偿的方式，那就是公然反抗。

在沿海城市，控制人们很容易。持有他的邻居的百分之九十钞票的商人，可能会给人们带来无法应付的压力。宣扬政府公务员不可侵犯和私有财产神圣不可侵犯的教堂牧师，却能够控制其余百分之十的人口。

在俄亥俄和密西西比之间广袤无垠的土地上，汇票往往丢失，而那些宣扬教义（不受欢迎的教义）的神职人员可能会被要求重返“文明世界”。因为在那里，个体农民就是商人、布道者、士兵、国王，他可以随心所欲地统治自己的地盘，其他人都必须遵命。

那些英国人（约占总人口的百分之九十七）不明白这种情况。他们在议会上谈到，田纳西某县穷困潦倒的乡巴佬意欲通告国王乔治三世陛下，沃陶加的人们不准备再承认他的最高权威。这时，他们总能得到赞同。

若对那些不屈服的叛变者，实施抓捕并施以绞刑，以便杀一儆百。这件事情，并不那么简单。实际上，不久就表明如此做法是行不通的，那些了解了这一点的叛变者，会很好地利用这种机会。

这些整天挥锹抡斧，日出而作日落而息的人，通常是太劳累了，无暇将其思想诉诸笔端，写在纸上。他们读书不多，从不著书立说。

但是，他们有时也说出自己的心里话，因此，我们对他们的内心深处的想法还是比较了解的。

他们对经世治国的理论，并不感兴趣。他们知道什么更适合他们，知道什么更适合他们在帝国边疆地带建立起来的那些小社区的需要。

他们的日常生活经常与枪支等武器为伴，所以，他们并不喜欢战斗。

但是荒原给了他们机会——他们一生所能遇到的唯一机会。当这唯一的机会来临时，他们拒绝投降。

他们没有像一百年前的清教徒那样把自己看成是上帝的选民。

他们自己没有什么理想。

他们非常清楚地认识到自己有很多不足之处——有亵渎上帝的习惯，有经过长年累月毁灭心灵的苦役后所养成的酗酒习惯，有苦闷的眼泪，有偶尔会表现出来的残酷无情，有无法控制的火暴脾气，还有对所有成文法律的不敬态度。

他们并没有坚持，世界必须爱他们，把他们视为模范公民。他们全部的要求是：不要打扰他们。

而当外部世界不会或不能这样做时，他们说“好吧……”，然后，荷枪实弹地等待着。

他们在与自然界的无休止斗争中，学会了忍耐。

此种情况下，让对方犯错误，再好不过。

第二十二章　实践政治

1775年，假如对美洲殖民地的情况多一些了解，英国政府就能省去很多麻烦。本来，他们可以利用放债的城镇和借债的乡村之间存在的矛盾，以此克彼，获得商人或农民任何一方的好感，建立一个对自己有利的同盟。

然而，英国官员没有这样做，这对美洲的自由事业是件幸运的事。由此，倒使沿海和山区结为同道（至少暂时），忘记了彼此的经济差距，而这种差距曾使扬基银行家在农村几乎像国王陛下钦定委任的“敲竹杠者”和“税收员”一样不受欢迎。

我曾在我的另一本书中说过，革命通常是按照以下模式构成的：

10%的人愿意为自己的原则而献身。

10%的人也能献身，但并非心甘情愿，因此，他们希望了解他们为之奋斗的目标，是否必须采取剧烈的方式才能够达到。

40%的人（他们自称为“务实”者）抱着观望的态度，直到他们看到哪一方必胜无疑，就会加入胜利者的队伍。

以上这些人共占60%。其余40%的人笃信“法律和秩序”。其结局就是，要么他们的前邻居举事失败，被他们处死；要么他们推测失误，自己被吊死。

也许，此章节未免有些血腥。对此，我很遗憾。但是，任何一个读过这一时期（大西洋两岸印刷的）文献的人就会知道，绞刑架不仅存在于反叛者的头脑中，而且浮现在仍忠于英国王室的人们的脑海里。

对那些羞于提起“革命”这两个字眼的人，以及那些议论坐在英国王位上的恶毒的日耳曼统治者闲话的人，据说在1778年的普通英国人眼里，乔治·华盛顿简直就是列宁，对于那些参与战争的人来说，这种说法可能令人更为震惊。然而，让他们感到安慰的是，我可以坦诚地说，就革命而言，这是一场最温文尔雅和最体面的革命——没有巴士底狱受到猛攻，没有冬宫受到洗劫，没有大批平民囚犯被处决、没有秘密法庭负责建立恐怖统治。

相反地，非常善良的人们参加了起义。每当战争的运气，迫使一位将军向另一位将军投降，这种事件就变成了以礼相待、互致友好祝愿的仪式，这会让兴登堡和福熙①热泪盈眶。

究其原因，也可能是在十八世纪，战争是绅士的职业，而且会遵循一套明确的规则。没有人能够预言谁将赢得下一场战斗。因此，胜利者有必要谨慎行事，善待对手，就如同自己一旦败北，希望受到的对待那样。

况且，这里面很少存在个人恩怨。个人恩怨曾使很多场欧洲战争成了灭绝性的斗争。几个英国总督及其下属曾经让人非常恼火，他们头脑迟钝，奸诈挑剔，视殖民地的所有居民为低等人。他们对待其美洲臣民，要么显示出一种伪善的爽朗和友善，诱发我们中最胆小的人去杀人；要么迫使其在阴冷黑暗的前厅站着等好几个小时，直到这些官府老爷喝完第三瓶葡萄酒。

这种人在恐慌时刻也许会很残忍，但他们很少是残酷无情的。在美洲大陆犯下的种种暴行，皆是由于殖民地居民自己的宗教狂热造成的，跟英国官员没

---

① 福熙(1851—1929)，法国陆军统帅。“一战”末期任协约国联军总司令，统一指挥英、法、美等国军队对德军发起总攻，迫使德国求和。

有关系。

因此，英国过去的所作所为并不是什么大问题。这些美洲人之所以会奋起反对母国，是因为他们担心英国将来可能的做法，除非殖民地居民的权利受到充分保护，免受王室和牧师的侵犯。

这一切，反叛的领导者都知道。因此，他们愿意偶尔对那些“乌合之众”放任自流（不打破几个鸡蛋就别指望做煎蛋饼）。但是，这群“乌合之众”（商人以及身为反叛领导人的种植园主是贵族，但对于他们本阶级以外的人几乎无用），这群小人物，这群普通百姓，必须很好地控制在一定的范围内，以便一切按照秩序，根据自由独立的自由民社区悠久而令人尊敬的法律，体面地进行。

本章虽然冠以约翰·亚当斯及其堂兄弟塞缪尔的名字，但是，不要由此就认为，仅此二人引发了导致宣告独立的骚乱。约翰和塞缪尔，虽然在很多方面与众不同，然而他们都是那种挺身而出的典型爱国者，就像我眼下能够想到的任何其他两个人一样，他们将为我们的目标而奋斗。

亚当斯兄弟系英国后裔，其家族在十七世纪三十年代后期，从德文郡迁到了马萨诸塞。他们成了农民，为了生存拼命劳作。哈佛学院一成立，他们就把自己的孩子送去学习，并选择了一种职业。约翰（1755年自哈佛毕业）经过学习成了律师。他不是一个惹人喜爱的邻居。我们会说他是“一个充满信念的人”。但是，在不安定的时期，他仍是一个大有作为的人。他是一个死板、毫无幽默感和离群索居的人，对于王室的不满或大众的赞同，他漠然置之。

他的堂兄弟塞缪尔却大不一样，塞缪尔比他早十五年毕业，他认识小镇中的每一个人，当听说有小小骚乱的机会，就会兴高采烈地锁上酿酒坊的门。他是一个聪明的领导人，不论是在波士顿港的茶会上，还是在马萨诸塞镇政府的正式会议上，他都能谈笑自如。

殖民地的人民，尽管已经读了很多东西，但他们是英国人，而且打算仍然做英国人。他们相信人类理智的力量。他们希望那些在大西洋彼岸的同胞了解，美洲发生了什么，而且一切都会更好的。

与此同时，为了启蒙他们的英国同辈和子侄辈，他们打算撰写传单，起草决议，召开由来自不同的殖民地代表参加的“大陆会议”（定于1774年9月5日在费城召开），成立警戒会（即所谓的通讯委员会，随时向所有爱国者通告官方暴政的举动），提出完善的法律论点，说服英国托利党中的最顽固者，承认美洲的要求是正义的。

这是1775年4月。

第二次行动的舞台已经搭好，帷幕即将拉开。

第二十三章　坏消息

约四十年前，在爱尔兰梅奥郡的一个庄园，总管查尔斯·博伊科特招惹了那里的农民，陷入了麻烦。结果他被宣布“出局”。没有人跟他说话，没有人从他那里买东西，没有人卖给他东西，没有人供养他，没有人给他发信，没有人给他的牛挤奶。总之，对他的爱尔兰邻居来说，他已经不存在了。

自此，这种给某人或某个群体施加压力的特别做法，就被称为“boy-cotting（抵制）”，一旦付诸行动，定会造成很多麻烦。

首先，对于当事人来说，这是极大的羞辱。往往过不多久，就会令其心烦意乱。

其次，抵制行为会激怒那些被抵制者，因为他们没有合理的补救办法。

譬如，如果中国人拒绝吃美国的菜豆，拒绝穿英国的棉布，简言之，如果他们决定抵制美国或英国的产品，那么，英国人和美国人对此就毫无办法，因为这不能强迫任何人。但是，这些被抵制的“受害者”往往会怒不可遏，去干蠢事。他们大声疾呼出动炮舰，并致信报刊，要求其敦促立即开战。

美洲反叛组织的领导人深知这一点。费城的大陆会议通过了所谓的“权利宣言”，列举了殖民地许多的冤情怨言，这在正确方向上迈出了第一步。但是，民众很少阅读到正式的文件。好的情况，就是一些官员有所警惕，他们会说：

"呸！这是煽动闹事。我们必须对此采取行动！"或者，另一种糟糕的情况，就是干脆被忘记了。

这个大陆会议在被驱散前通过了一项决议，可能具有更深远的意义。代表们宣称，从此以后，自由的真正朋友不会再进口英国制造的产品，不会消费这种产品，也不会向英国出口产品。

遗憾的是，这一措施，在殖民地造成了深重苦难。仍然有很多商人打算继续效忠母国，他们认为，在什么地方、以什么方式与谁打交道，是他们的合法权利。这些人现在却交给了私刑法处置。他们的商店被破门而入；他们的商品被捣毁；就连他们自己，也经常被爱国者和暴徒组成的乌合之众，涂上沥青、粘上羽毛驱逐出自己的出生地。

在英国，这些情况也被感觉到了。英国商人和制造商强烈要求，立即采取措施制伏那些叛道的殖民地。

英国报纸充斥着母国人民反殖民地的情绪。当英国报纸运抵美洲时，波士顿、费城和诺福克[1]的反对派领导人开始意识到了局势的严峻性。他们预料，母国政府随时都可能采取报复政策，派军队开赴马萨诸塞，宣布对整个美洲海岸进行封锁。于是，他们未雨绸缪。活跃在各地的通讯委员会（负责进行这次革命的非官方机构），开始到处购买火药，清点可使用的明火枪的数量，寻找隐藏武器的合适地窖。据说，他们乔装出行，到处游走，而人们对他们的存在深信不疑，这是骚乱不断发生的根源。

这一说法，虽然是基于道听途说，但却是千真万确的。在波士顿坐镇指挥的托马斯·盖奇中将的情报部就是干这一行的。这位阁下，不仅知道殖民地居

① 诺福克，美国弗吉尼亚第一城市和港口，位于伊丽莎白河畔，与普茨茅斯、汉普顿、纽波纽斯三城隔河相望。

民在康科德村藏有大量武器，而且知道塞缪尔・亚当斯和约翰・汉考克这两位反对派中最精明的领导人当时正在米德尔塞克斯县煽动闹事。于是，决定派大批军队捣毁敌方的军火，并顺便捉拿遭禁的爱国者，将其押往伦敦受审。

但是，在这种群情激昂的时期，情况错综复杂，有暗中监视间谍的间谍，也有其他间谍在暗中监视监视间谍的间谍，因此保守秘密是不可能的。

在史密斯上校远征军北上的前十二小时，波士顿的安全委员会派出三位年轻的美洲人威廉・道斯、保罗・里维尔和塞缪尔・普雷斯科特飞奔莱克星顿，向米德尔塞克斯的人民报警，以便汉考克和亚当斯能够脱身逃走。

因此，当次日早晨，第十步兵团的分遣队开赴莱克星顿公地时，他们发现自己遇到了一群坚定而激愤的农民。

当时，谁打响的第一枪，永远是个秘密。

但第一枪打出去了。

接着，在和平的绿色田野上，一阵枪响，八位美洲人倒下了。

似乎整个乡村已经在等待着这些致命的枪响。

英国人成功地到达了康科德，但是在回波士顿的途中遭到了伏击，直到盖奇派珀西伯爵带着两门野战炮前去保护他那败北的军队，将其残兵败将和伤员护送回营，战事方休。

如果，殖民地居民拥有比其祖辈的猎枪更加厉害的武器，那么，英国兵恐怕连一个也不会生还。实际上，英国人最终到达查尔斯敦渡口并撤回波士顿的堡垒之前，已经损兵折将，死伤、失踪二百七十三人，占总兵力的三分之一。

这场战斗的消息，如同野火般蔓延开来。通讯委员会的信使们东奔西走，将这一喜讯带给那些在是否投身殖民地事业问题上，仍然犹豫不决的人。瘦骨嶙峋、饥肠辘辘的拓荒者，从西部以及南方最偏僻的角落，正朝着马萨诸塞州进发，他们可能会赶上下一次的遭遇战，为康科德的死难者报仇。

盖奇突然发现，自己与世界其他地区的联系被切断了。原本是想将反叛者从邦克山高原赶尽杀绝，结果自己损兵折将一千五百多人。通过谈判解决问题的努力失败了。

但那并不是最坏的。

1775年5月10日，第二届大陆会议在费城召开。

这次，十三个殖民地的代表全部出席。这意味着在我们的历史上，所有美国人民的冤情怨气，第一次有机会在同一个房间里发泄出来。严峻的局势，让这些相互嫉妒的独立小邦，忘记了相互之间的猜疑和对立。

事成定局，无法挽回。

让殖民地居民大为吃惊的是，他们突然就融进了公开反叛的行列。也许，他们不是特别喜欢他们的长老派、贵格会或荷兰改革派的邻居，但是，如果不“抱成一团”，就会被各个击破，因此，可能被送上绞刑架的危险，驱使那些陌路者结成同盟，成为战友。

所以，一旦有了合作的迫切愿望，海滨的银行家、当铺老板以及放债人等众所周知、遭人厌恶的“贵族”，准备同落后边远地区的不修边幅的劳苦大众携手行动。他们以往通常被称为“民主人士”，大城市衣冠楚楚的公民对他们往往敬而远之。虽然反叛行动始于新英格兰的商人，但是没有波托马克河两岸烟草种植者，以及在俄亥俄河谷地驱赶印第安部落的人们的由衷支持，就不可能取得成功。

1775年6月初，约翰·亚当斯提议，为捍卫美洲事业而招募的所有部队的总司令，应该由他们杰出的代表、弗吉尼亚费尔法克斯县的乔治·华盛顿阁下担任。

这个动议被临时批准了。

这个动议得到了执行。

那天晚上，这位美洲最大的庄园主，给自己做了一支新笔，然后给他的妻子写了如下一段话：

“亲爱的帕齐，我郑重地向你保证，我非但没有谋取这项任命，还尽力避免接受此任命，因为我不愿离开你和家人，而且深感这项重托非我能力所及。对此，你可以相信我。”

他收拾好行装，飞马奔赴纽约。

万人空巷去看华盛顿阁下。

当地一队民兵担任保镖。

几天后，全城以同样的热情出来看刚刚从英国伦敦抵达的新总督。

同一队民兵担任保镖。

1775年7月2日，华盛顿到了坎布里奇。

他口袋里装着官方的委任状。这个小小的羊皮纸文件是美国大革命唯一的有形财产。

第二十四章　将军重装上阵

新指挥官刚一上任，人们议论纷纷。这位弗吉尼亚人住在克雷吉旅馆的底层，说话慢条斯理，不怒自威。那个时候，秩序很是混乱。穿制服的民兵没有枪支，边远蛮荒林区的居民有枪支不穿制服，军火商漫天要价，职业爱国者期望甚大，外来冒险家野心勃勃，委员会委员顾虑重重，英国逃兵怀揣敌人堡垒的详细图纸，赌徒们使用灌铅的骰子，牧师滔滔不绝地布道，忠于王室者心存秘而不宣的期望，随军商贩知道“何地能够获得价廉物美的东西”。他殚精竭虑，试图恢复正常的社会秩序。

他四十四岁，净高六英尺三英寸，体重二百二十磅，但仍是一个好骑手。他生于威斯特摩兰县的布里奇斯-克里克，现住在弗农山庄，这个庄园位于波托马克河畔，以英国海军上将爱德华·弗农命名。乔治得过天花。在他的脸上仍然可以看到天花留下的疤痕。可能正是这个原因，他很少笑，否则他就不会是一个无法理解开玩笑，并且也不热衷于去教堂的人了。

如果有人因自家的鸡场遭到饥肠辘辘的大兵洗劫，去找他主持公道，他会站在你的一边。但是，若你在岗哨上睡着了，或者英国军舰进入你的射程内，你却急着要上厕所，他会马上就地对你大吼，走时，他仍然咒骂不止。这是战争，不是开茶会。有谁听说过没有咒骂的战争？如果他需要自己掏腰包管你吃喝，他就会确保你吃好喝好。他不会为自己的服务拿一分钱报酬。有人说他太富了，不想靠什么挣钱，他仅以此为职责；他不怎么想谋这个工作。他在弗吉尼亚有一个好地方，有地，有奴隶。他很富有是肯定的。而且他因娶妻又得到了十万美元。他的妻子是一个很漂亮的女人，名叫马莎·丹德里奇。她在嫁给他之前是个寡妇，带着两个孩子。这位上校收留了他们，视同己出，现在正供他们上学受教育。总之，这是一个有教养的绅士。如果他决定去某个地方，会想一切办法去那里。他们称之为领导能力。对，他有领导能力。而且在当时，他需要有领导能力。他经历了所有的印第安战争。他被法国人俘虏过。他尽其可能拯救过布雷多克的旧部。但几年后，他得到了补偿。因为是他从老路易那里取得了迪凯纳堡，并称之为皮特堡。于是他们推举他为弗吉尼亚部队司令，当时他年仅二十三岁。他不属于长老派信徒。他去圣公会教堂做礼拜，但是他不狂热。自己活也让别人活是他的信条。只要你尽了自己的职责，他就不会找你麻烦，如果你有要事禀告，你可以说，但要尽量简短，因为他很忙，不喜欢长篇大论。

关于此人就谈这些。

“局势”如何呢?

局势危急，几近荒唐。

首先，没有大炮。

从莱克星顿的撤退就已充分表明，不管多么勇敢，民兵是不能抵御炮火的。只要盖奇有野战炮，他就是波士顿的主宰。

在这个危急关头，反叛者遇到了好运。

纽约北部有两个城堡，泰孔德罗加、克朗波因特。它们曾经抵挡住法国及其印第安盟军从加拿大进犯英国的领地。如今加拿大不再是法国的殖民地，从战略的角度看，它毫无用处了，而且被用作了武器库。看守它的只有两个老兵。

5月10日，一个名叫伊桑·艾伦的佛蒙特人和他的格林山兄弟会的队伍攻占了这两个堡垒，一个名叫贝内迪克特·阿诺德的人将一艘纵帆船改成一艘军舰，航行到了尚普兰湖，夺取了圣约翰堡。突然，反叛者发现自己一下成了四十门大炮的拥有者。这年秋天，当大雪覆盖了伯克希尔山的时候，一个土生土长的波士顿书商成功地将这些珍贵的掠夺品从纽约州的中心运到了马萨诸塞的多切斯特高原，还打着英国供应船“南希”号的标志，最后这个大西洋边的大海港被美洲人控制了。

1776年3月17日，英国人和那些希望效忠国王乔治的美洲人乘船去了新斯科舍的哈利法克斯。

进入被征服城市的军队，跟一年前阿蒂默斯·沃德将军在坎布里奇公地的绿色田野上交给总司令的纪律涣散的乌合之众相比大相径庭。

只要国王陛下的红衣英国兵在街道上巡逻，这些善良的人就不得不自称是英国人。

现在他们可以自由地做出自己的选择。

目前来说，美洲的部队似乎是胜利者，但做出决定前，他们想知道其他事情。

“费城发生了什么事情？”

第二十五章　托马斯·杰斐逊

五六十年前，人们还习惯于把中世纪看作是一场持续了将近十个世纪的传奇戏剧。一个充满了圣徒和行刑架的富有色彩的时期。

在那个过去的，貌似风景如画，但非常危险的废墟中，当代历史学家做了一些非常有用的、充斥着破坏性的工作。那些八世纪、十二世纪和十四世纪的男女，本质上与我们没有什么两样，那些所谓的区别也是人为的印象而已。在他们缝有铠甲的衬衣和他们的天鹅绒外套下面，驱使我们的祖先不断前进的雄心大志，依然是强烈的生存欲望。

而建筑领域就是一个最有说服力的证明。

我们的祖先，若果看到一个中世纪的城镇，他会说："那些巨大的墙和塔非常有趣。修建它们是为了使城市居民不受敌人以及那些跟强盗一样的贵族和国王的进攻。"

今天我们知道，这话只有部分符合事实。中世纪的防御体系有两重目的：把敌人挡在外面，把臣民关在里面。

而从普通人的角度来看，我们非常欣赏的沃尔特·司各特爵士的小说，其中描述的围攻战和后来称之为崇高战斗的场面，其实都是非常乏味的事情。

中世纪的人们，忠于自己的家，但是很少考虑到民族或国家。他们接受皇帝和国王就像我们接受很多机构一样。我们实际上不喜欢这些机构，但是它们存在着，并且还很牢固，在它们面前我们往往会感到无能为力。

当法国国王与西班牙国王开战时，按道理来说，法国国王的军队应当围住西班牙国王的坚固城池，而西班牙国王的军队应当围住法国国王的坚固城池；法国国王属下的守城军队应当竭尽全力，为他们在巴黎的主子确保他们看守的要塞安然无恙。西班牙国王手下的守城部队应当像达蒙那样战斗，使他们的防御工事免遭瓦卢瓦雇佣军的攻占。

而那些心烦意乱的城镇居民，应该默默地忍受痛苦和饥饿，直到战斗决出胜负。他们或者受到取得胜利的敌人的掠夺，或者被要求将他们家当的很大一份送给保护他们的勇敢的同胞。无论怎样，其结果就是，他们在哪种情况下都要遭到蹂躏。

他们不可能喜欢这个样子，这是不言而喻的。一旦他们吃下足量的老鼠，他们就会打开城门，对交战双方说："你们爱干什么就干什么，看在上帝的分上，结束这种愚蠢的砍杀和射击吧，让我们平安生活。"

防止出现这样的背叛，这就是守备部队的责任。因此，正如前面所说，中世纪的防御工事有双重的目的，它们的建造方式可以使守备部队像对着敌人那样对着同胞开枪和射箭。

那些领导美国革命的人，就像中世纪的守备部队一样，不仅要把英国人赶出去，同时还要防止亲英分子与英国人联合起来。

事情已经结束了，已成为过去，我们很容易忘记，有很多人仍然忠于国王。爱找麻烦的公民，总是属于比较富裕的阶层，自古以来，他们就是职业放债人。他们的这种身份，招致小农场主深刻而持久的仇恨。而这些小农场主现在是独立军队的军人，获得了报复的机会，他们在公开宣言中，高声宣布，等待“叛徒”的命运。其后果就是，不管愿意不愿意，亲英分子不得不保持沉默。如果美国人在战争中失败了，很难说他们会干出些什么事来。但是叛乱者从一开始就不退让，而亲英分子也从未侥幸获得过成功。

英国人的问题，解决得不是那么顺利。据来自伦敦的最新报道，为了使殖民地居民屈服，英国政府雇用了欧洲大陆非常能干的雇佣军。但是华盛顿和他的顾问们并没有为此而大费周章。他们太了解英国的职业军官了，因此并不惧怕。他们熟悉国家的环境，知道何种战术更适合旷野作战，而且他们距自己的补给基地很近。是的，一场对付英王陛下雇用的德国土包子农民的战役，没有使他们感到不安。

此刻，他们焦虑的问题是：那种激励着全国人民的美好感觉，能否持续到最后时刻；在共同的敌人被打败之前，他们是否还能和平民一直团结在一起！

尘埃落定，只是一个时间的问题。不仅要决定是英国人还是美国人应该统治大西洋海岸那些土地肥沃的地区，而且还要决定两个相互冲突的派别中的哪个派别应该成为新的美国民族中起主导作用的一方：是贵族派、商人还是边远地区的小店主?

既然敌人就站在大门口，那么合作就成为成功的第一要素。为了促成这样的合作，就有必要制定一个使双方能够团结的共同纲领，哪怕这种团结只是一种短暂的，即使只有几个月或数年。

华盛顿忙着训练新兵，抽不出时间做这件事。约翰·亚当斯缺乏那种个人魅力和深刻的说服力，没有这种说服力，在形形色色的人举行的聚会上将一事无成。这些人现在正在威廉·佩恩的古都开会。这时，一个弗吉尼亚人又赶来了。

托马斯·杰斐逊，和华盛顿一样是个南方人，也出身于有名望的家族，因为他的父亲曾经娶过一个姓伦道夫的女人。这两个男人也就只有这点相似之处。华盛顿无论从出身还是生长的环境来讲，都是个“贵族”，他是拥有低地肥沃土地的一小群种植园主中的一员；而杰斐逊，则是一个在边远地区长大的孩子，在遥远的蓝岭山脉的农场中，他度过了少年时代，在前往威廉斯堡学院读书之前，他极少看到东部那些矫揉造作的文明。

据说，在十六世纪早期，人文主义学者伊拉斯谟喜欢波兰人的生活方式，喜欢马丁·路德的思维方式。用同样的模式来描述杰斐逊，那就是，他喜欢贵族的思维方式，喜欢民主的生活方式。

相比较而言，正在与英王作战的华盛顿很愿意被人称为阁下，喜欢让自己置身于带有皇家礼仪的盛大场面之中。这些礼仪恰是所有优秀的爱国者从内心真正厌恶的。

杰斐逊却与此不同。在阿尔伯马尔县的所有邻居眼里，他从孩提时代就一直是平凡的汤姆。他鄙视那些生活礼节，边远地区能吃苦的男人们把那些礼节看作是弱小民族不必要的装腔作势。但是，当谈到思想独立等话题时——这在那些从来都不用为日常的面包和黄油操心的人当中很常见，杰斐逊就成了贵族中的贵族。

人们似乎有这样一种普遍的认识，只有贫民窟中受压迫的劳苦大众才起来革命。不是这样的！那些吃不饱饭、没有发言权的可怜群众发挥的只是一种次要作用。当需要他们时，就会召集他们充当炮灰。而真正的破旧立新的工作，是由那些不同背景的人完成的。最重要的是，那些为了一种理想而冒着生命危险、牺牲个人舒适生活的人就是那种激进的贵族。杰斐逊是他们当中一位名副其实的卓越代表。

和华盛顿一样，杰斐逊也在那些不理解他的人手中吃了不少苦头；和华盛顿一样，他也受到各种嫉妒、诽谤、污蔑和诋毁，这是我们这些后来的人无法相信的。而且也和华盛顿（和所有真正伟大的人）一样，他将忘恩负义视作日常生活的一部分。他很清楚，也很明白，他为国家提供的服务的实质，是他，以他那精明的头脑，促成了十三个一直争吵的小殖民地达成一致的共同宣言。世界各地的人们都认为，正是他那精明的头脑，使得美国人脱离了纯粹的“叛乱者”阶级，并最先加入为了人权而战斗的人们的行列。

首届大陆会议的成员仍在大谈所谓“忠诚”的问题。几个预见到与宗主国决裂不可避免的激进人物未能说服他们较为保守的邻居。彼时，“城市”与“乡村”的裂痕比以往任何时候都大。在几个州里，发生了内乱或者更为严重的事，出现了爆发无政府状态的可能。

此种情况下，人们认为只有采取诸如推翻旧政体、宣布成立一个独立共和国等非常严厉的措施，才有可能将所有的冲突派别聚集到一起。这样的措施，将导致与宗主国的彻底决裂，无可挽回。它将让三心二意和态度冷漠的人做出选择：是在战场上死去，还是耻辱地死在英王陛下的绞刑架上。

1776年6月7日，在与殖民地的政治领导人进行了漫长的磋商之后，理查德·哈里·李提出如下动议：

首先，“这些联合殖民地是，而且有权应该成为自由和独立的国家，它们解除了对大不列颠王国政府的所有忠诚，它们与大不列颠国之间的政治联系完全结束了，而且应该完全结束”；

其次，“采取非常有效的措施组成政治联盟是有利的”；

最后，“应该准备一个建立邦联的计划，并且将其送达各有关殖民地，供它们考虑和批准”。

马萨诸塞的约翰·亚当斯赞同这项动议。他们指定了一个委员会草拟正式文件。这份文件向国内和全世界明确解释英国国王以何种方式和令人恼怒的途径迫使他过去忠实的臣民采取这样一种严厉的步骤，并且断绝了与宗主国的所有联系。

这个著名的委员会由本杰明·富兰克林、罗杰·谢尔曼、罗伯特·R.利文斯敦、约翰·亚当斯和托马斯·杰斐逊等人组成。

谢尔曼和利文斯敦被挑选出来做争取纽约（一个当时涉嫌有强烈亲英倾向的殖民地）的工作。所以他们在最初的讨论中，没有发挥非常重要的作用。富兰克林和亚当斯提出几条建议，对几个句子的内部结构做了轻微改动。因此，

《独立宣言》是托马斯·杰斐逊的作品，这不仅体现了他的政治信仰，而且也体现了他的全部生命哲学。

与华盛顿截然不同的是，杰斐逊广泛涉猎书籍。作家约翰·洛克对其产生了深远的影响。洛克是斯宾诺莎同时代的人，是英国最早提出人有权选择自己的信仰这一惊人原则的人之一。我们不知道洛克最初从哪里得到的这种见解。但是十七世纪后半期，他被流放到荷兰。就在这之前的一个世纪，那个国家的人民在一份文件中宣布脱离西班牙独立。这份文件说，“君主是上帝指定的，他们可以像牧羊人看护他们的羊群那样统治他们的臣民”，而且“臣民不是为了国王而产生，但国王是为了臣民而产生的”。

杰斐逊在他的《独立宣言》中沿用了此方法。他首先解释他那涉及生命理论和政府理论的一般观点。然后，他列举乔治三世国王陛下（接替了菲利普二世）给他长期遭受痛苦的臣民——美利坚合众国的人民——造成的巨大创伤。接着他又得出结论：前面提到的臣民没有其他任何治愈创伤的方式，只有宣布自己独立。

大陆会议及时宣读并讨论了宣言，提出对几处进行稍微改动的建议。所有这些工作花费了很多时间，直到7月4日晚上，委员会才准备好文件的最后草案。7月5日，印出几个副本，并将它们送给革命军队的指挥官。宣言终于在8日成形，可以向聚集在市政广场等待消息的费城人民宣读这个宣言了。

7月19日，由于纽约代表团的工作进展缓慢，代表们决定将宣言的内容写到一大张羊皮纸上。

8月2日，官方的抄写员完成了他的任务。签名工作开始了。在这个非同寻常的文件上留下名字的人们当中，有八人出生在殖民地以外，十八人有外国血统。其他一半人可以称为英国后裔。此种意义上说，我们的民族自诞生这日起，就真正体现了那种人类都是兄弟的理想。而这种理想，正是萌发自那些被剥夺了合法权利的、饱受艰苦的旷野生活的旧大陆民众。

第二十六章　乔治三世成为英雄

在这同一时间，宗主国的人们是怎样谈论这些骇人听闻的事情？

一开始，他们什么也没说，因为他们正试图从这场长期的战争中恢复过来，无暇顾及，也没有多少心思听“几个殖民地居民”想象中的抱怨。

但是，他们逐渐明白，这是一件比较严重的事情。

而且当他们明白冲突的缘由和彼此的立场时，他们马上义愤填膺。

究竟谁可以从法国人在加拿大的失败中得到最大最多的好处？

是美洲人。

谁来为那些赢得胜利的军队支付费用？

是英国人。

这样公平吗？

当然不公平。聪明的英国人应该也看出了这一点。他们非常明确地表示，新英格兰人和弗吉尼亚人应该主动为战争耗费的数百万英镑分摊一部分。

他们熟悉殖民地的那句口号：“没有代表权就不纳税。”但是他们自己在议会里很少有代表，可是却照样纳税。

无论他们在机构里是否有代表，他们都感到议会是英国人自由的支柱，应该被看作是英帝国管辖权的根源。

他们的父辈经过漫长的浴血奋战，才建立了议会的绝对优势。但是，来了一位杰斐逊先生，加利福尼亚某个地方的一个名不见经传的农场主。他竟然斗胆声称，议会的权力仅限于不列颠群岛。并且认为，在某种程度上，议会并不比殖民地他自己领导的那愚蠢的市民议会重要，而且殖民地将来还要自己管理自己。

这简直就是叛国罪。一旦这样的观点得到容忍，克伦威尔及其铁甲军在内斯比和马斯顿莫尔为之战斗的神圣理想将会变成什么样子？

因此，要尽早让殖民地的居民明白，他们与所有英国人一样，都应该服从议会的意志。

乔治三世国王，借鉴其堂兄，那个著名的普鲁士国王腓特烈的政治才能。他对美国财富所抱的希望与他的臣民的偏见恰巧完全一致。现在，他有机会使王国政府成为议会权力的捍卫者；而同时，在他与可恨的辉格党人的私下争吵中，他获得了国民议会的全力支持。许多君主穷其一生，都难得碰到一次这样的机会，乔治很好地利用了这个机会。在随后的七年里，国王和他的臣民之间出现非常感人的和谐，而且在与美国人叛乱有关的所有事情上，人民与其君主的想法是一致的。

在这期间，几位大臣，其中主要是威廉·皮特，曾对强加于殖民地居民头上的一些法律的可行性提出质疑。一个名叫埃德蒙·伯克的议员还就美国激进分子的权利问题发表了一通辞藻华丽的演说。但是当谈到原则问题时，皮特还是坚持一个观点，即：在涉及帝国政府的所有事情当中，议会按理也应该是最终的裁判机关。就伯克而言，他出生于都柏林，因此他当然是“反政府的”。

此种情形下，对英国人选择什么样的方法来迫使叛乱者就范，几乎无人关注。那个时候，英国军队的生活，或者说生存，非常艰难，因此英国极少有人愿意从军。当被定罪的恶棍、拦路抢劫犯，在蹲监狱还是到英王陛下的军队中服役进行选择时，他们还是会选择后者。但是这些人的数量相对较少，因为需要将足够数量的新兵送到国外。

首先，找到俄国的叶卡捷琳娜商量，向她借两万哥萨克轻骑兵（当然有一笔相当不错的报酬）。在经过一些信件来往之后，女皇陛下最终拒绝了这个请求。数年后，正如我们应该怀着感激之情记住的那样，她甚至赠给这个新的共和国一笔数目虽小但非常受欢迎的金卢布。

德意志北部还有少数几个君主。这些名人，主要是黑森-卡塞尔、不伦瑞克以及安哈尔特-采尔布斯特在位的大公们，他们那时在进行一项可以说是没有什么希望的工作，就是把他们的乡间住宅变成凡尔赛宫样式的建筑。他们急需现金，愿意利用这个意想不到的机会填补他们空荡荡的财宝箱。在随后的七年中，他们将不少于三万的臣民卖给外国军队做奴隶。由于每伤亡一人，他们尊贵的殿下就能获得一笔额外的金钱，因此有各种理由希望参加一场长期的流血冲突。

关于英国的白人联盟就谈到这里。

就印第安人而言，他们被证明没有多大价值。法国人已经发现，在实际战斗中，这些可怜的野蛮人作用极小。如果战事顺利，他们就像狮子那样又杀又抢；但是，只要出现一点混乱的迹象，他们立即就会逃到树林里不见踪影。英国人在大革命时利用过他们，但是很少把他们当作正规军。如果慷慨施舍钱财和威士忌，就有可能利用大量印第安人的热情，使他们实施大屠杀。1778年，发生在纽约州的怀俄明河谷的大屠杀，塞讷卡人杀了三百名居民。直到今天，有些地区尚健在的殖民地居民，对此仍然有着痛苦的记忆。

对于叛乱者来说，幸运的是，1778年，法国、西班牙和荷兰参战。英国人再也无法将所有精力集中到美洲的问题上。宗主国的大多数人民清楚意识到这场斗争的重要性。当遭受一连串失败的消息传到伦敦时，他们迫切希望政府竭尽一切可能，使革命者就范。

英国的失败，有很多原因。首先，英国人是在距离其供给基地三千英里远的地方作战。其次，他们的军人从没有适应对手的作战方法。最后，他们用的是雇佣军，而美国军队是由志愿者组成的。

据说（多多少少有点真实性），上帝总是站在最大的大炮一边。如果双方都得到了火炮，胜利必定属于在争吵中有着切身利益的人。跟随华盛顿经历过特拉华州的雨雪天气，这些佛蒙特州人和罗得岛州人深深明白，如果他们不竭尽全力，他们的农场将被敌人烧毁，他们的牛就会被牵走，他们的妻小则很可能被送到加拿大或新斯科舍。

另一方面，为了七英镑四先令四个半便士的报酬（这些钱都进了他们英明的主人的腰包）而打仗的可怜的黑森人，除了偶尔可以得到一罐麦芽酒以及刚够活命的粮食之外，绝对得不到其他任何东西。

因此，他们扪心自问："我们为什么要卖命呢？"因此他们在战斗时一只眼盯着敌人，另一只眼盯着最近的退路口。

那些黑森人都是非常聪明的人。

第二十七章　警觉的诺思勋爵

弗雷德里克·诺思勋爵来自埃普索姆一个经营着盐业公司的家族。这个家族为英国提供了很多杰出的政治家。作为一个政客，诺思勋爵把宝押在帝国的命运上，结果赌输了，但这丝毫不影响他的亲和力。他从未恼怒过，也没有人与其作对。他能在发生非常激烈的辩论时讲些笑话。当国王陛下最忠实的反对派成员痛骂他时，他将假发盖住双眼，悄然入睡。

在1775年到1783年期间，这位高贵的勋爵几乎没有机会发挥其聪明才智，而且经常在深夜无法入眠，因为在遥远的殖民地，情况很不妙，而这位可怜的人不得不承担责任。

首先，英国人想要从北方重新占领美国的企图失败了。充当占领军主要补给基地的城市波士顿被迫投降。整个新英格兰落入叛乱者手中。经过充分酝酿（而这恰给了华盛顿求之不得的时间，来训练他刚招募的军队），英国人试图再次发动一场战役的计划拟定完毕。这场大胆的咄咄逼人的战役计划，多少带点拿破仑的风格。但是战役的实施远没有拿破仑的风格，因此彻底失败了。它原来的目的是，至少用一条军事警戒线将美国北方领土一分为二。这条线应该是一条从蒙特利尔延伸到纽约的直线。两支军队同时行动。一支军队从加拿大出发向哈得逊河河口挺进，另一支军队从哈得逊河河口出发向加拿大进发。

截止到这里，一切顺利。

没费多大力气，英国人就占领了纽约。但是华盛顿及其大部分军队都跑掉了。这就使得英军西翼直接暴露在叛乱者面前，容易遭到进攻。

与此同时，另一个很有战斗力的师，正沿着尚普兰湖岸的老边界公路向前推进，占领了泰孔德罗加要塞。然而，后来，约翰·伯戈因（很受欢迎的剧作家）指挥战斗，结果在纽约北部的旷野里迷失方向。他与其全部军队和辎重（美国人更欢迎后者而不是前者）在萨拉托加附近被俘。

这样，第二次战役实际上已经算是结束了。因为，尽管英国人在美国其他地方取得了几次胜利，甚至占领了大革命的首都费城，但是，他们的成功未能粉碎殖民地居民的抵抗。相反，它给了大陆会议里那些迄今为止态度冷漠的成员铤而走险的胆量，并鼓起了那个机构的勇气。这就使得“美利坚”作为永久性联盟的一系列条款达成了一致意见，而不再是只有个空名的邦联。在战争的第二年年底，英国人速胜的前景与以往一样渺茫。事实上，华盛顿和他的手下人在距费城二十四英里的瓦利福奇村度过了一个悲惨的冬天。但是不管怎样，他们幸存下来。此时，他们因大陆会议的无能和冷漠遭受了很大痛苦。一些宾夕法尼亚农民麻木不仁，他们将所有农产品直接卖给英国人（他们的口袋里填满了金沙弗林），而让他们的同胞挨饿（因为他们的同胞无法支付现金）。但是，只要战斗一开始，这种麻木不仁立即就只是作为一种不愉快的经历被人忘记。

而对作为领导这场看似毫无希望的事业的总司令华盛顿来说，他在这段难挨的时光里的所作所为是崇高的。当面对连续不断的诽谤，面对那些对主张贵族统治的弗吉尼亚人充满厌恶和怀疑的新英格兰民主党人的影射，面对那些出卖秘密情报的叛徒，或者，面对任何一个通过夸耀他所领导的战役而试图谋取总司令职位的可鄙的投机者，等等，一百个人当中有九十九个人都会选择辞职。

但是，华盛顿从未因此类琐事而烦恼。他知道，他本人应该为丢失费城负责。他也知道，新英格兰人把萨拉托加大捷的英雄、他们自己的盖茨将军看作绝对更能干的战略家。他知道所有这一切，而且他保持心态平静，照常巡视。当他的手下人有了鞋穿能够走到户外时，他就训练他们。当他们没有鞋穿不得不待在屋里时，他就教他们战争理论。他相信，总有一天会出现转机。

果然，次年年初，转机出现了。这是一封信。信中告诉瓦利福奇那位孤独的人，12月22日，他的好朋友、宾夕法尼亚州费城的本杰明·富兰克林博士已经到达巴黎。这位博士在花费并不太高但却宜人的帕西郊区租了一个房间。

第二十八章　本杰明·富兰克林

当今社会，某些阶层中的人有一种倾向，他们怀念共和国过去的好日子。他们认为，那时，上帝在天国俯视着人间；劳动者为挣一块银币，每天埋头工作十个小时；淳朴的生活美德到处盛行；位于查尔斯河和波托马克河沿岸的阿卡迪亚已经收复。

但是，这些人似乎忽视了真正造就美国文明黄金时代的一个细节，那就是独立——普通人不同寻常的独立。

在我们单一化、标准化的神圣文明中，距今仅仅一百五十年前的大革命时期，那些站满历史舞台的高贵人物，如今在哪里？是啊，他们在哪里？

他们是多么了不起的人，具有无与伦比的创造力！

他们不是那种在小说里被描述成的所谓高尚伟岸的英雄人物。他们也到酒馆里寻求温暖、舒适以及一种令人愉快的社交气氛。他们博爱，虽然不见得总是那么明智。他们在每个商业协议中分毫必争。他们经常拿出相当可观的一笔钱押赌在某一匹马上。他们写一手漂亮的花体英语，无须借助词典就能阅读标准拉丁文，而且毫不隐瞒地承认对希腊古典作家的语录有某种偏爱。

他们爱憎分明，恨起来残酷无情，但是他们也会将自己最后的一个便士送给朋友，帮助其搬出破败的房子或走出破产法庭。

他们虽然吝啬、恶毒和残酷无情，但是无论他们做什么，仍然保持自己的本色。

是的，他们的确不是现代意义上的良民。他们根据自己的爱好和品位来决定自己的衣食住行。即使在宗教和政治这样的重要问题上，他们也会跟着感觉走，对有关异端的指责——不太开明的社区成员很快就会交头接耳地这样指责他们——毫不在乎。

就现代社会来说，这是一种危险的生活方式，可能导致商业失败或者无法进行正常的社交活动。

但是，我们国家的缔造者，对此却从不担心，只在乎“事实上的成功”。在过去七十年里我们对于这种“事实上的成功”听得太多了。

他们会说：“珠宝、房子、股票、证券、马匹和马车都是好东西，但是它们的用处还不够大。这是个世俗世界，所有物质的东西都不会经世不朽。今天我们很有钱，明天我们可能就会成为穷光蛋。但是有一种东西，无论是上帝还是凡人都无法从我们身上剥夺掉，那就是我们的人品。这是一种先天和后天特征的奇妙组合，名叫‘个性’。我们每个人都具备了这种难得的品德，世界就会变得非常美好。”

终将会有那么一天，我们将意识到这些严肃认真的建国先辈留给我们的令人惊奇又让人向往的遗产，并依靠幸存下来的一些碎片来重塑它们。如果我们恰好比本杰明·富兰克林的大多数同代人更了解他，应该归功于这样一个事实，即这个天才在他那坦率的“自传”中随意就泄露了他灵魂深处的秘密，给人留下的第一印象，即便后来再多的官方“传记”都不能消除这种印象。

富兰克林不是个贵族。尽管他跟国王见面、与公爵共餐以及给伯爵夫人们讲笑话的次数比大西洋西海岸的任何人都多，但是他的出身非常一般。

他是一个贫穷的英格兰移民的孩子。十七世纪后半期，他的父亲从英格兰的北安普敦郡移民到马萨诸塞州的米德尔塞克斯县。

他刚学说话的时候，就有人教他学文化。还不到十一岁，就到父亲在波士顿开办的肥皂厂干活。

三年后，他在他同父异母兄弟开办的印刷厂得到一份合意的工作。他这位同父异母的兄弟当时担任著名的《新英格兰报》编辑兼出版商。

从那天起直到他漫长而活跃的生命结束之时（他享年八十四岁），他从未远离过排字工作。

然而，波士顿留住这个年轻人的时间不很长。人们认为他是个太激进、太坦率的“自由思想者”，以至无法取悦仍然主宰那个地方的牧师们。因此，十七岁时，他背起行囊，搬到纽约去住，并开始其流浪学徒的生涯。他从纽约到伦敦再到费城。费城后来就成了他的家乡。从那时起，他干了很多种职业。直到大革命吸引了他的全部注意力，并且使他成为一个政治家。

他发明了一种新的铅字；他在印刷他的《宾夕法尼亚报》时试验一种油墨；他自学了拉丁语、西班牙语、法语和意大利语；他帮助创建了美国哲学研究会；他担任过殖民地的邮政总局长，他加速发展邮政业务，直到纽约每周能够收到三批来自费城的邮件；他是第一个成功地反对清教徒安息日的叛逆者；他星期天看书学习，不去听别人贩卖的学问。他研究造成地震的原因，改进了著名的富兰克林壁式取暖炉；他使他的家乡有了一个充足的街道照明系统；他因发明新型的富兰克林棒，并且因这种避雷针普及世界各地而获得了设在伦敦的皇家学会颁发的科普利奖章；他以理查德·桑德斯的笔名每年出版《穷人理查德年鉴》小册子，在十八世纪后半期，圣诞节期间的每个桌子上都会摆放一本这样的小册子；他创办并经营过第一家公共图书馆；他担任宾夕法尼亚州议会议员达十三年之久，他曾是他自己所在的州、佐治亚州、新泽西州和马萨诸塞州驻伦敦的殖民地代理人。在家时，他总是亲自将他的很多印刷品所需的纸张从仓库搬到印刷厂，他只打算做一个印刷工，做个普普通通的老本杰明·富兰克林。

当宗主国和殖民地在征税问题上发生争吵时，一开始，他试图尽自己所能达成某种妥协。但是，当他看到英国政府无法或不愿接受美国定居者的立场时，他就直言不讳地主张适度使用暴力。他用自己的以及所能筹措到的所有资金来支持自己的这种观点。叛乱的领导人默认他为大革命的一位非正式的元老。眼看着如果只是十三个联邦州，而没有别的国家的支持，打赢战争没有什么希望，这时，他们就请求富兰克林出国，看看能否做点什么。

新生的共和国陷入严重的财政困境之中。然而，这里生产的某些东西却是欧洲急需的原材料。受过清教徒和公谊会流派熏陶的本杰明·富兰克林能够达成最好的交易。他已经七十多岁了，但是，他似乎拥有一个永不衰竭的生命。此外，他还是唯一提倡自由的人，享誉国外。他仅凭自己的声望，就不会有被拒绝进入法国、西班牙和荷兰大臣以及银行家会客室的风险。

在两个孙子的陪伴下，这位老人横渡大洋，乘着小小的“报复”号船经历一次可怕的航行之后，于1776年12月抵达法国海岸。

他接受的指示非常含糊。大陆会议甚至没有给他开具一个信用证。但是他运气不错，“报复”号船在途中俘获了两名英国商人，卖掉他们装运的木材和白兰地的所得使这位美国代表有了足够的零花钱，可以度过一两个月的日子。

那时的法兰西王国就像十五世纪前的罗马帝国一样。法国人（单指上层阶级，因为下层阶级无足轻重）的文明程度已经达到很容易给整个民族带来很大不幸的地步。几个世纪以来，他们一直居住在别具慧眼的建筑师们能设计出来的最漂亮的房子里；这些房子周围是最杰出的园林设计师设计的最漂亮的花园；他们的厨师都是世界最有名的；旧大陆所有作家都模仿他们的文学作品；他们的王宫是欧洲西部、中部和北部最优秀的年轻人的礼仪学校；即使在最偏远的小村庄，人们的交谈水准都令外来访问者目瞪口呆，他们的语调就像所有音乐厅的艺术大师演奏出来的那么动听。总之，他们享受最美好东西的时间太长，以至生活失去了味道，过去有过的每一种激情都像寄宿学校的土豆泥那样淡而无味。他们为了获得一种新体验——一种新刺激——几乎愿意付出其拥有的一切。

就在这个时候，富兰克林博士出现在他们中间。这位老印刷工从未研究过心理学，但是他确实了解男人和女人。如果他要得到这个富有强大的民族的善意，他必须求助于他们的戏剧感。因此他变成一位演员，非常出色地扮演了他承担的角色。两年后，法国与叛乱的殖民地结成联盟，宣布向大不列颠开战。

他是如何办成这件事的呢?

那就是，最简单的方法，保持自己的本色。

那些习惯了乏味的繁文缛节的路易国王极其无聊的侍臣，突然发现面前站着一个令人愉快的老者。他戴一顶海狸皮帽，穿一件1730年流行的外套。他与他们谈话的方式就像他们是他的孙子们那样，而且他们要是表现好的话，他似乎会给他们一个“他自己果园里长出来的”山核桃或者苹果。

哦，上帝，终于有了件新鲜的东西。

法兰西为这个来自边远落后地区的哲学家感到疯狂。

不到一个月的时间里，法兰西全国所有的人似乎都亲眼看到过这位老者。从比利牛斯山到默兹河的小贩们带着他的雕像和半身石膏像。为了赶时髦，每个鼻烟盒和盛洗发水的大杯子上都必须有这位“自由使徒”慈祥的面部肖像。可爱的女士们都戴上“富兰克林”手镯或戒指。举国上下都为富兰克林而发狂。幸亏这位老印刷工拥有强壮的体格，才能够在为了他这位最尊贵的客人安排的无数宴会中坚持下来。

但是，几乎同时，这位可怜的老大使也遇到一些麻烦。

当他到达法兰西时，他发现另有两位美国代表已经捷足先登。其中一个名叫西拉斯·迪恩，是来自康涅狄格州的诚实的北方佬。他已经在殖民地和欧洲大陆之间建立起一些非常有利可图的商业关系，并发现博马舍[①]是一个十足的

① 博马舍，法国剧作家，路易十六的宫廷钟表匠，创作了《费加罗的婚礼》和《塞维勒的理发师》的作曲家。

美国迷，并愿意以一切可能的方式帮助殖民地居民。但是这件事必须对法兰西当局保密。因此迪恩和博马舍制订了一系列巧妙的计划。

在巴黎，罗德里格斯·奥塔莱斯商行开张了。它同马德里的迭戈·加尔多基商号有密切的关系。不久，大宗的火药、枪支和军服开始抵达西印度群岛的法属港口。

巧的是，装载这些贵重货物的船只经常同来自纳汉特和普罗维登斯的快速帆船停靠在一起。两周后，谁都搞不清楚，本来要发送瓜德罗普或海地的这些火药，究竟是怎么被华盛顿将军军需部的人卸走的，那些本来要给法属巴斯特尔岛的土著人打鸭子用的枪支，竟然落到了宾夕法尼亚民兵手里。

无论英王陛下的大使如何强烈地谴责这种大肆践踏中立立场的行径，法国外交大臣都无法告诉他到底是怎么回事。

当然，这种非法的交易要获得成功，必须绝对保密，不能记账，不能交换照会。这些走私者只能依靠彼此的诚信。

只要迪恩单独处理这件事，一切就很顺利。但，一旦他被迫同大陆会议秘密通讯委员会派到国外的第二位代表阿瑟·李合作，他的麻烦就来了。阿瑟·李是理查德·亨利·李的兄弟，里查德·亨利·李作为来自弗吉尼亚的代表曾提出了一个著名的决议案，该决议案导致了《独立宣言》的发表。从职业来说，他既是医生，也是律师，但是他绝对缺乏一种平和的心境。他总是疑神疑鬼，所有跟他接触的人都是骗子和小偷。博马舍并不想帮助殖民地，因为他对民众自由这个问题几乎一无所知！不，他就是为了从中赚钱。迪恩不是一个爱国者，他花光了自己的全部个人收入来推动革命事业。不要相信这些。迪恩是一个贪赃枉法者，在巴黎过着奢靡的生活，而他的爱国同胞却在福吉谷[①]的

① 福吉谷，是美国的革命圣地。1777年冬，费城陷落，华盛顿率领残兵败将在这里休整，冻死、开小差的士兵不计其数，是整个美国独立战争中大陆军最艰难的时光。

洞穴中忍饥挨饿。诸如此类的事情，只有李诚实可靠。

大陆会议总是盼着出点丑闻，盼着搞个官方“调查”，这样就会使其代表有机会出头露面，因此非常重视李的指控，要求迪恩做出解释。迪恩多年来同时做着四十件不同的事情，他怎么可能说清楚十个月或十四个月前经手的钱款到哪里去了。

但是这个回答不能让法官满意。迪恩被召回，虽然不久他又恢复了清白（对他的清白，富兰克林从没有怀疑过），他却自愿流亡到英国，最后死在了那里。而李则成了美国宪法的仇敌，受到所有希望国家兴旺发达的人的唾弃。

富兰克林到达巴黎后，不希望自己受到打扰。侠义而慷慨的博马舍听到自己被他曾经为之做出很多牺牲的人们称为无赖和强盗，非常苦恼，不愿再主动提供帮助。但其他人给予了富兰克林帮助。法国广大人民赞赏这位美国使节的人品，坚定地支持他。这时，一个年轻的波士顿青年匆匆从大洋彼岸带来一个消息，说伯芬因全军被美国人俘获，北方领土几乎全部落入革命者手中。

四天后，这个令人兴奋的消息传到了法国首都，法国外交大臣给富兰克林捎话说，愿意在他方便的时候会见他。两个月后，法国承认美利坚合众国独立，英国的回报是对美国宣战。

然而，这并没有使富兰克林在欧洲失去用武之地。在长达七年的岁月中，他仍然待在欧洲大陆，购买必需品，安排贷款，装备民船，解决下属之间的纠纷，促使其他国家结成商业或政治联盟，并通过他的参与给急需得到承认的事业增光添彩。

至于他本人，他已经年迈，几乎无所索求。伟大的伏尔泰曾经当着法国所有名流的面拥抱他。

对于一个真正的哲人来说，这种奖赏，足够了。

第二十九章　卢梭和拉法耶特的一些事情

玛丽·约瑟夫·保罗·伊夫·罗克·吉尔贝·迪莫捷·德拉费耶特十三岁上成了孤儿。他的姓是法国最长和最高贵的姓氏之一。他非常富有，以至不知道该如何处理那么多的资产。

让-雅克·卢梭的身世却大不相同。他从出生以来，就没有得到过父母的关爱。但是他作为一个雕刻匠的徒弟，一个侍者和流浪汉，却从生活本身获取了最初感受。直到五十多岁时，他都不知道下顿饭在哪里。

但是，这两个出身、血统和先前职业截然不同的人的命运，为了一个他们从未见过的国度而连接在一起。

卢梭变成了作家、预言家和哲学家，提倡一种非常新奇有趣的学说：所有现代形式的文明都是邪恶的；真正有价值的东西只能在那些从未受过白种人严重影响的野蛮人中间找到；人类最终获救的唯一希望就在于回归自然。

对于一个因完全沉迷于快乐之中以至生活失去味道的民族，对于愿意拿出四分之三的净收入来换取一种新的感情体验的民族来说，这种学说一定是有吸引力的。

浏览让-雅克的作品像乘着一种新奇的气球飞行一样。

人们看见整个法国社会回归最早的祖先们的简单生活方式：女王给可爱的

小母牛挤奶，国王在他的铁匠铺打铁，伯爵夫人们管理着乳牛场，著名画家们描绘着手牵咩咩叫的小羊羔、脖子上系着粉红丝带的圣洁的小姑娘。

因此，法国最大遗产之一的继承人，心甘情愿为追求善良、美德，而散失其财产，就是一件很自然的事情了。

有关美国人争取自由的战争的最初消息，使得巴黎陷入一种普遍兴奋的状态。对于当时普通法国人来说，任何发生在自己边界以外的事情都是极其遥远的。斯德哥尔摩位于世界的边缘地带，一个黑暗的因纽特人的国度。至于费城，那是到达火星前的最后一站。

现在，出人意料的、让人无法相信的、几乎也是不可能的事情发生了。居住在某个可疑大陆深处的卑微的农民，公然向大不列颠至高无上的君主的军队开战，而且还打败了那些穿着漂亮的武士。

如果那些高贵的英雄从孩提时代起，就不去享受那些导致欧洲的腐败堕落的奢侈和乐趣，这样的事情就永远不可能发生。

受到这突然的冲击之后，法国人意识到那位新哲学家喋喋不休地乞求的天堂确实存在。它位于萨斯奎汉纳河和詹姆斯河沿岸，它就叫美国。那么接下来，就只剩下一件事做，穿美式服装，吃美式饭菜，显露出一副“宾夕法尼亚森林农民”的卑贱的样子。

年轻的拉法耶特，对他所在龙骑兵团的日常生活感到非常厌倦，他的大多数同僚军官都有这种情绪，只是他更明显。最后，他的这种想法变得非常强烈。他不顾国王明令（国王要求他在国内再多待几年），跑到西班牙，又从那里赶往南加利福尼亚。

那时，他的英语说得并不怎么样。在通往费城的路上，他所遇到的大多数人都觉得纳闷，是什么奇特的命运转折把这样一位可爱聪明的法国大男孩带到了他们这个不同寻常的地方。大陆会议也有点困惑不解。西拉斯·迪恩写信详细解释说，德·拉法耶特来自一个可以追溯到恺撒时代的家族，他是个可亲可爱的年轻绅士，他的名字如果列到华盛顿将军的参谋名册上，不仅在法国而且在整个欧洲大陆都具有巨大的宣传价值。

这种解释听起来很不错，但是几乎所有到达美国港口的船只都满载饥饿的欧洲军官，他们讲自己在战斗中如何英勇善战，炫耀接到的来自十几个国家元首的命令。他们凭借过去的声誉，要求任命他们为准将或上将，并且还要得到与其军衔相应的薪水。

起初，大陆会议确实从这些自吹自擂的酒鬼中雇用了几个人，但是他们有点失败，任何携带波多利耶埃米尔赐给的宝剑，或Emperor of Kathay（契丹皇帝，中国皇帝）为换取宝贵服务而硬塞给他金质鼻烟盒的人，都容易成为怀疑对象。

然而，年轻的拉法耶特使他的东道主相信，他的动机最为纯正。他绝对是一个志愿者，他对其服务分文不取。大陆会议开始注意他。1777年7月31日，“考虑到他的热情、杰出的家庭以及关系”，马基·德·拉法耶特被任命为合众国陆军少将。

他被带到华盛顿面前。

一开始这位陆军总司令似乎不知道如何与一位十九岁的少将打交道。他无法要求他那些粗野的山民把这个孩子当回事。但是，没过多久，他开始渐渐赞赏这位年轻法国绅士的优秀品质，开始明白一位为了理想离开妻小和祖国、舍弃数百万年薪的人，不是一个每天都能遇到的常人。

指望这个在欧洲一个小要塞训练出来的龙骑兵少尉，一夜之间变成一位在兵法方面有长期经验，能够在旷野上组织一次战役的伟大战略家，那将是愚蠢可笑的，也没有必要。拉法耶特的巨大价值在于鼓舞士气。他的出现使美国的事业显得符合时尚。在欧洲贵族（仍然是旧大陆各个国家最有价值的人物）看来，革命已经“到来”。

从那时起，其他杰出的外国人，在兵法方面有长期经验的真正的军人，开始认真对待发生在世界另一边的这场奇特的双方力量悬殊的战斗。腓特烈大帝的前将军、普鲁士男爵冯·施托伊本成为美国军队的教官，他将他们训练得不再是一群乌合之众，而是一支军队。

还有一位名叫约翰·卡尔布（更多的人叫他让·德卡尔布男爵）的德国人。他曾经与拉法耶特邂逅，也被任命为少将。他作为一个组织者提供了极其宝贵的服务。他为热情付出了生命。他率领的未经训练的军队惨败后都自顾逃窜而使他落入康华里的正规军的魔掌。

柯斯丘什科和康特·普瓦斯基则给在纽约周围和萨凡纳之前的军事行动增添了一点波兰人的不计后果的勇敢色彩。

当时，有许多宝贵的盟友都赶去支持这项正当事业。卢梭那些自由和平等原则等奇特的新观点，收集在狄德罗及其朋友们编撰的《百科全书》中，从而传遍欧洲各地。在荷兰，它们促成了一个希望将本国政府的寡头统治变成民主制度的政党的建立。当乔治国王要从这个共和国借用两个团（这个曾是反西班牙革命时代就在荷兰服役的苏格兰军队的两个团）时，反对党激烈反对这个计划，结果议会被迫拒绝了英王陛下的请求。

时隔不久，一本名为《常识》的小册子的译本，使得英国驻海牙公使对这种公开表示支持崇美主义的方式感到惊讶。《常识》的原作者是汤姆·潘恩，其本意是要捍卫美国革命的原则。

与此同时，大陆会议的特工与阿姆斯特丹商人建立了联系，就借款和建立商业联盟征询他们的看法。商人们愿意讨论这项计划的可行性，但是因为他们的国家是中立国，他们要求所有谈判都在国外举行，而且对谈判要严格保密。美国人同意这样做。不久，一项初步协议拟定出来并且送往费城批准。不幸的是，当英国人抓获亨利·劳伦斯时，这个双方做了很大让步才拟定的文件落在了他们手里。劳伦斯是前往阿姆斯特丹（准备借一千万美元），他没有采取任何预防措施防止敌人缴获他的外交信件。

面对这一个个不幸事件，伦敦非常生气。更糟糕的是，在“美国革命”号轮船大胆地驶进荷兰的一个港口前不久，曾经是一位英国船长，但当时已是一位非常成功的美国船长的约翰·保罗·琼斯，已经带着他的战利品“塞拉皮斯”号进入泰瑟尔岛港口。荷兰人不仅没有遵照英国驻海牙公使的建议逮捕这位“海盗”，而且把他当成一个民族英雄。无论他和他的那些船员（他率领的二百二十七个水手中只有七十九个水手是美国人）出现在哪里，都受到人们的高声赞扬。

荷兰政府迫于那些美国同情者的压力，拒绝把“塞拉皮斯”号归还其合法主人，而这之前，又发现荷兰的借款计划，于是，这就导致了英国向荷兰宣战。

在这场斗争中，荷兰没有军队跨过大洋加入美国人和法国人当中，但是荷兰舰队把英国海军的几个中队牵制在北海。更为重要的是，为了革命取得成功，当合众国财政陷入绝境时，这个古老共和国的小妹妹可以随意动用它的巨大财富。没有一个强有力的中央政府，没有一套完备的财政基础，导致十三个州中的大部分州都破产了。美元还不如它自身的纸张值钱。由于缺乏最常用的生活必需品，军队常常处于发生哗变的边缘。法国曾经答应要提供大量金钱，但是它的国库空空荡荡，路易国王的大臣们用尽一切办法都无法使收支相抵。富兰克林以及后来的亚当斯设法得到的贷款基本上都是用于在法国领地上购买补给，但是，那是些在任何情况下都不能兑换成现金的汇票。因此，在荷兰共和国筹集的那七百万美元现款，简直就成了上帝所赐的礼物。

促成这笔交易的银行家并非出于对美国革命的无私热爱。他们都是商人，这样的商人相信装模作样而非感情。他们指望一旦恢复和平，他们的国家能够从其过去的慷慨中获得一些好处，并且美国政府将给予荷兰共和国一个优惠的商业条约，以表明其感激之情。在这个问题上，他们深感失望，但是那不是当时任何人能够预料到的事情。从荷兰直接运往乔治·华盛顿将军先生（而不是大陆会议）那里的金子越过大洋，数次防止了那些濒临叛乱的情况出现。这种濒临叛乱的情况在那无视和厌倦大陆会议的最后四年里已经变得再常见不过了，这使得华盛顿常常悲观地担心，也许自己将不得不单枪匹马地打这场独立战争。

第三十章　宗主国妥协

事情似乎陷入一个僵局。英国忙得不可开交，它正与法国、荷兰和西班牙（因为西班牙加盟以期重新得到直布罗陀海峡以及它在地中海的岛屿的所有权）交战。它对中立国在公海上的权利毫不在乎，这样就迫使它的几个较为强大的竞争对手结成一个防御联盟，这就是所谓的“武装中立”，并且使它们成为《国际法》那部笼统的道德法典的提倡者。

经过三年的战争，世人开始明白，美国人正在获得一个盟友的帮助。这个盟友在介入军事冲突时，就在一成不变地传播着灾难。他就是“距离准将”。

以往，似乎只有罗马人，在与这个坚持不懈的敌手对阵时，才有可能毫不退让。

当这个可怕的武士率领着它的冷酷无情的同伙，即著名的英里和公里上尉，出现在现场时，中世纪的军事领导人总是惨遭失败。现在，“距离老人”加入了乔治·华盛顿的参谋班子。从此以后，无论英国人怎样努力，无论他们作战多么勇敢，他们发现，在各个战场上自己的行军速度都被敌人超过，远远地被甩在后面。迄今为止，他们在所有战争中都能依赖其海军。但是舰船在阿勒格尼山脉几乎没有用武之地，没有战士会蛮有把握地希望驶过伊利诺伊州的“沉没地带”。步行将成为这场遭遇战中的决定因素。但是，经过一段时间后，步行逐渐变得令人厌倦，并且破坏了最训练有素的军队的纪律。

即使快乐的诺思勋爵也开始谈论妥协，暗示宗主国和它的有过错的孩子们可能会捐弃前嫌，在一个新的更为坚实的基础上重新开始。

这个信息没有被当作耳旁风，美国人民普遍开始感觉到三年商业停滞的后果。他们的财政处于无望的混乱状态。国会过于软弱和缺乏效率，无法把国家所有的各种力量聚拢到一起，如果做不到这一点，就谈不上取得胜利。

亲英分子（即使在总人口中不占明显比例，他们也是一大部分）一如既往地愿意倾听从伦敦传到他们耳朵里的和平与善意的甜美声音。总而言之，一种确切无疑的“失败主义”浪潮席卷了全国。

一位美国将军甚至走得更远，试图发动一次“突然袭击”，借此来终结叛乱，为乔治国王保住美国。幸运的是，那位负责谈判的英国军官落入一帮随军的杂役手中。他们隐隐约约地感到这位年轻绅士藏在靴子里的神秘文件有问题，就把他们的俘虏交给正规部队的一名军官。

阴谋就这样被发现了。正如在这种情况下经常发生的那样，可怜的中间人，一个安德烈少校，被处以绞刑。而试图将祖国出卖给敌人的阿诺德少将——位置非常重要的西点要塞的一名指挥官，成功地逃走了，后来在英国平静地死去，作为一名英国准将。

那个可怕的令人震惊的事件被证明是美国历史的一个转折点。不久之后，“距离将军”当真开始出现。在整个战线上，走得脚疼的英国军队开始大致朝着大西洋海岸的方向缓慢移动。

然而，他们的进展受到跟随其后望不到尽头的逃兵的阻碍。亲英分子开始明白游戏结束了。他们下错了赌注，或者就像在一场鹰与狮子的竞赛中，他们情愿支持四足动物，而这个可怜的野兽却悄悄地溜回家去了。他们将能够带走的物品都装到马车上运往新斯科舍或新布伦瑞克，但是他们留下的马匹、花园、农场以及祖传遗产现在都落到来自西部偏僻地区那些取胜的小伙子手中。

在几个州里，在1775年到1787年间，似乎不到一半的现成的不动产所有权易手。新主人当中的较大部分人，属于边远地区被剥夺了合法权利的农民阶层。他们的横财大大增强了民主党人的影响，而亲英分子的被迫离去削弱了贵族派的事业。

与此同时，民主党人还用其他方式增强了他们对国家的控制。他们现在获得一个机会，解决该谁拥有西部边远地区广袤旷野的问题。法国人走了，但是他们的要塞落入英国人手中，这同样很糟糕。因为参加革命的新英格兰人、纽约人、弗吉尼亚人和宾夕法尼亚人似乎对生活在边界上的农民的未来漠不关心，他们被要求直接同守卫要塞的英军交涉。他们对那些遥远的同胞的感受就像我们对爱达荷和怀俄明的人们的感受一样。当我们在报纸上看到他们遭遇水灾或地震，我们感到很难过，因此说“必须为此做些事情”。有时我们甚至会送他们一张支票。但是他们生活得距我们自己的小后院太远，因此他们的苦难很少引发比出于礼貌的不打折扣的学术兴趣和一封吊唁信更为认真的东西。

拓荒者们知道这些。

在此之前，他们一直受法国王室专员或耶稣会神父或英王陛下的军队军官们的控制。王室专员和耶稣会教父都走了，乔治国王的军队留下来了。当战争接近尾声时，边远地区那些不重要的官员逐渐被召回，最后，边远地区的人们就获得了自由。

对于这些荒蛮地区的当地居民来说，这是悲哀的一天。受某种尚不明晰的自我保护本能的驱使，他们站到了英国人一边，而且当他们喝饱英国人的朗姆酒后，对无助的美国农民犯下了令人憎恶的暴行。

现在他们要付出代价了。

印第安人开始受到攻击，不同种族一个接一个地被消灭，或被迫向西迁徙。居住在纽约州北部的文明程度较高的印第安人群体——他们建立的一种联邦式的政体曾被富兰克林向他在大陆会议的同僚誉为美国可以效仿的榜样——

试图进行某种类似抵抗的行动。但是他们被新罕布什尔州来的由约翰·沙利文领导的一支庞大的美国军队打得惨败。为了取得彻底胜利，沙利文甚至摧毁了他们所有的果树以及他们的玉米地，使那些幸存者注定要被饿死。很多人对这种判决的野蛮和残酷提出抗议。但是大陆会议像对待英雄那样欢迎沙利文归来，并且对他表示感谢。

这就是具有威胁性的印第安人的结局。从那时起，对美国来说，就再也不存在任何来自后方的进攻的危险。在东部，美国人也获得了成功。在“距离将军”的支持和帮助下，法国军人、德国教官、波兰志愿者以及荷兰的金钱，逐渐耗尽了乔治国王陛下有战斗经验的军团。

1781年，英国人使出最后一招。他们撤出波士顿，在北部的战役以失败而告终。伯戈因在萨拉托加的失败，使得他们试图通过占领哈得逊河谷地分割东西部的努力也付之东流。

现在他们打算把部队集结到南部，然后开辟一条北上的道路。

这次远征的结局是灾难性的。 1781年10月19日，康华里勋爵和他的全部军队在约克敦投降。

消息传到伦敦后，乔治国王说“没关系”，还说在英国没有人会认为即使最严重的灾难能丝毫改变过去指导他的行为准则。但是诺思勋爵很长时间表情严肃，非常沮丧地低声说完了，已经完了。随后他辞去职务，把关于停止敌对行动的谈判工作交给其继任者罗金厄姆侯爵以及几年前被他开除职务的那些辉格党人。

1782年春天，在巴黎开幕的和会几乎持续了两年，它变成了某种地理和经济方面的争论。在争论中，本杰明·富兰克林和约翰·亚当斯表现得远远比他们的对手优秀。

1783年9月3日，大不列颠与美利坚合众国终于经过所有必要的正式手续签署了和约。

两年后，亚当斯被任命为驻英国宫廷公使。在他面见国王之际，新生的共和国代表的举止，带有那种在他那个圈子里叫作“诚实表现的心灵和行为上的粗野”。

陛下发表了一个简短但值得记住的演讲。

他说：“先生，我希望你相信（并且我想让我说的话由你转达给你在美国的同胞），在后来的竞争中，我只是按照我对我的人民的责任做了我认为自己必定要做的事情。我要坦率地告诉你，我最不愿意分开。但是已经分开了，而且分开已成为不可避免的事情。我总是说，就像我现在说的一样，我可能是接受作为一个独立国家的合众国友谊的第一人。”

宗主国最后接受了不可避免的事情。

第三十一章　折中方案

美国自由了。但是，用哲学家鲁布·戈德堡的话说：“既然美利坚合众国的人民已经获得自由，那么他们打算用自由来干什么？”

但是，对期望立即打碎君主制的亚当斯或华盛顿等人来说，这个问题一点都不可笑。

革命是消极的。它可能是必要的，甚至可能是令人向往的。但是，就其最终目的的本质而言，它肯定是消极的东西，就像做一个外科手术或者摧毁一幢已超过使用期的老建筑物一样。

到目前为止，他们一直被一种共同理想团结在一起，而这种理想的内容主要是他们不想做的事情。譬如，他们不想向英国政府交税；他们不想要英国官方的教会给美国指定主教；他们不想要国王告诉他们必须离开应该为印第安人保留的西部某些土地；他们不想让英国议会对他们的茶叶、玻璃以及油漆征税；他们不想做这也不想做那。

但是现在，他们“不想做这不想做那”的时期已经结束。

他们“想做这想做那”的时代开始了。

而且，事情有了某种不同的情况，正如取得胜利的叛乱者几乎立即就要发现的那样。

首先，他们不再是一个外国国王的臣民，他们变成了自己共和国的公民。

但是，它到底是个什么样的共和国？这个共和国应该怎样治理？它怎样为养活一支独立的陆军和海军、外交机构、邮政部门以及卫生部门筹集必要的资金？还有许许多多其他问题。

直到最近，美国人才知道“赤字”这个词是什么意思。英王陛下的政府过去非常体贴地照管着一些细小的事情，诸如打败法国人，不让野蛮人靠近白人的农场，维护治安，支付武装部队的维持费用。那个日子一去不复返了。

这样一来，美国人开始（但是没有任何伟大的热情表现）自问或互相问道：“我们应该要个什么样的政府？”

人们立即感受到了城市与农村、沿海与边远地区之间旧有的观点的区别。

托马斯·潘恩代表民主党人请求建立共和国——一个真正的“民主国家”，一个“全体人类的庇护所”，一个由小的独立主权国家组成的邦联。

贵族派不喜欢这种观点。一个由小的独立主权国家组成的松散邦联在理论上听起来很好。但是如果没有开头大写的“强制力量”，一个民族能在这个最邪恶的星球上有何建树？难道“强制力量”只是意味着一个强有力的全国政府？即使现在，各个不同的殖民地不是因为无力维护自己的正当权利不受世界上其他人的侵犯而蒙受巨大损失吗？

英国人的关税是个问题。自签署巴黎条约以后，宗主国就开始像对待世界其他国家一样地对待它以前的子女。现在它坚持要所有进入其港口的美国货物交付关税。美国人想进行报复。但是他们怎么报复呢？通过制定十三个小国的关税的十三种法案？这显然是很荒唐的。

各个州议会向全国大量抛出的并且已经导致很多地区信用和商业停滞的数以百万计的美元也是问题。是否有任何人希望这些同样的州议会收回这种毫无价值的纸币，重新回到殖民地时期的金银本位制？

当然没有。对很多政客来说，这里面有太大的好处。

还有，某个饥饿的军官或士兵因急需而签署的为军队购买补给的借据，可怜的农民和商人将怎样处理这些纸片？把他们引见给宾夕法尼亚州或特拉华州司库？那些社区已经破产数年，他们的期票被用来裱墙或当作便条纸。

还有许多与州际商业有关的无数困难。纽约是否能对来自新泽西州的所有货物征税，或反之亦然？

于1777年制定的，将各个不同的州绑在一起的邦联条款，使那些欧洲大国承认这个独立国家联盟是个正式国家。但是，战争结束了，外国债权人吵着要现金或者至少给他们的钱加上一些利息。

从出售西部广袤的领土中得到一笔收入。巴黎条约把这些领土置于美国人控制之下，它可能（有人希望这样）最终变成几个新州。

但是由谁来处理那些钱？

等等。

诸如此类的问题。那些渴望一种纯粹的民主制的人开始明白，必须做某件特定的事情，而且必须立即做。

为解决马里兰与弗吉尼亚之间的关税争吵而在安纳波利斯召集的首次大会没有任何结果。这次会议，只有五个州派了代表参加，他们对怎样新建立一个强大的中央政府进行了几次无效讨论后，又都回家了。华盛顿的前助手、对建立一个贵族统治的政府的观点坚信不疑的汉密尔顿就是那些出席会议的代表之一。这位非常聪明的人知道进行激进变革的时候到了，否则就会失去一切。

于是，在几个简陋的客店密室里，一些言行谨慎的绅士举行聚会。他们频繁交换信件，然后宣布第二年五月在费城召集一次正式会议。

开始时，只有七个州派代表到会。除罗得岛州以外，其他州也陆续参加。会议终于在6月1日开始。

值此危急关键时刻（当时国家在差不多十二年里一直没有一个中央政府），各州暂时忘记往日的争吵和对抗，派各自州里最好的公民出席会议，并且没有给他们太多指示去束缚他们。

会议是秘密举行的。但是从1827年刊登的对争论的报道以及后来出版的很多私人传记中，我们现在得知在我们国家的命运无法确定的那四个月中发生了什么事情。极端的民主党人没有出席会议，彻头彻尾的贵族派也缺席。五十五个代表中绝大多数都是持温和观点的人，还有就是律师、商人和军人。这些律师、商人和军人在反叛的艰苦年代里尽了自己那份力量，他们想要一个具有切合实际的政体的切合实际的共和国，但是，他们根本不赞成进行新奇的治国试验。

他们知道，一个委员会将一事无成，除非它由三名委员组成，其中一人恰好生病，另外一人缺席。因此，起草必要文件的绝大部分实际工作都留给弗吉尼亚州乔治王县一个名叫詹姆斯·麦迪逊的人去做。他写过一本名为《美国政治制度的罪恶》的有启迪作用的小册子。这位麦迪逊先生在召集安纳波利斯大会时发挥了显著作用。他是带着制定宪法的计划（即所谓的弗吉尼亚计划）来费城的，这个计划如此合情合理如此切合实际。但是，其结果却是，那些小州的代表，立即骂他是民主的敌人。因为这些小州的代表，把每个集权建议都视为对小国权利的进攻。

他们因此提交了自己的一份计划，即所谓的“新泽西计划”。这份计划遭到了大州代表的斥责，称它是试图奴役更为重要的州而对弱小的州有好处的一种计划。

于是，危机产生了。似乎小州的代表要退出大会。

但是，主持会议的是华盛顿将军阁下。只要是华盛顿将军阁下在主持会议，人们就不会退出会场。不会！人们不会！

还有富兰克林博士，当时他虽年事已高，但是很有智慧。当事情进展顺利时，他就开心地笑；当争论非常激烈时，他就讲些笑话。有时他又把心怀不满的代表们请进自己家的小厅里，直到他们愿意再笑起来以及制宪工作能够继续进行。

不管怎样——这是最重要的一点——大会没有破裂。康涅狄格州代表提出的一个折中方案获得通过。 1787年9月，美利坚合众国宪法准备接受公众审查。

各州批准的速度非常缓慢。大会期间竭力回避了的，过去那些所有的不愉快，这个时候都出现了。

“出身低微”的人感到，“出身高贵”的人欺骗了他们，共和国总统只不过是又一个君主，宪法中规定的国会是另一个试图无视比较小的州的主权的来统治联盟的英国议会。另一方面，“出身高贵”的人坚持认为，所有这些争论只不过是暴民统治精神的廉价表达，国家的新政府得到如此完美的平衡，以至行政机关、立法机关和法院永远都无法篡夺那些实际上不属于它们的权力。他们还发表了一系列文章。这些文章后来编成一个名叫《联邦党人文集》的单行本，结果它几乎成了所有那些希望不带更多不必要的个人偏见去研究宪法的人的一本手册。

在那些民主党人和贵族派之间的冲突总是非常激烈的州里，批准工作导致原有的战斗重新爆发。在有些州，投赞成票的人数只是略多于投反对票的人数（马萨诸塞州是187票对168票）。随着一个又一个州逐渐表示赞成，即使曾经拒绝参加大会的罗得岛州也对它的做法感到后悔，同意继续作为合众国的一部分，不建立自己的国家。

自从那个值得纪念的日子以来，学者们已经就这个主题写了很多也说了很多，因此我感觉自己就像一个要告诉弗里茨·克莱斯勒怎样拉小提琴的孩子一样。一个人，如果不就这个主题说几句，就不能动手出版一本关于美国的书。

在我看来，宪法就像歌德的《浮士德》、但丁的《神曲》或弥尔顿的《失乐园》一样，它受到赞誉的程度与人们没有读过它的程度成比例。

也许，人人都会说：“噢，宪法！”但是那些热情的人当中很少有人用心认真地研究过它。在校儿童当然是个例外。他们被迫去读，结果他们中多数人都不喜欢它，把整个文件视作一篇非常枯燥的文章。那部巨著其中的一部分已经变成受诅咒的对象，因为它是我们的学院和高中的“必读”材料的一部分。

但是，它确实是过去的二百年里最有趣的文献之一。由于它是折中妥协的结果，因此它几乎没有受到神的启示的迹象。一套理论上的治理原则，在过去一百四十年的科学、经济和政治的巨大变革中幸存了下来。它在1927年与它在1787年一样重要。一个有如此顽强生命力的政治“十原则”肯定不是普通的、每天都能看到的国家文献。

当今的宪法既不好也不太重要。除了英国，现在每个国家都有一部或几部宪法。但是我们国家似乎是唯一一个拥有一部将起作用的宪法的国家。

而这种结果首先是因为1787年聚集在费城的男人们有很强的判断力。

这个新建立的政府似乎注定要被抛到党派政治的礁石上去，并且将要悲惨地毁灭在无政府状态的旋涡中。只是在这个时候，麦迪逊和他的同事才赶来救援。他们校正了指南针，给船员们提供了一套极好的地图并下达了航海通知。结果，小船免于毁灭，而且能够有百分之百的成功把握，向着未来茫茫的大海继续航行。

1789年3月4日，根据新规则选举出来的国会代表相聚纽约。三周后，在举国欢腾的气氛中，在联邦大厦的台阶上，宣布乔治·华盛顿将军阁下为美利坚合众国总统。

又过了几周，在凡尔赛宫宴会厅里，法国的路易国王，局促不安地站在死气沉沉的忠实的臣民们中间，告诉法兰西民族的代表们，他多想使他们的祖国免于毁灭。

这是个奇怪的世界，要使轮子转动就需要各种各样的男人。

亚当斯们、拉法耶特们、富兰克林们、华盛顿们、卢梭们、汉密尔顿们、杰斐逊们、琼斯们以及波旁的阿代马尔的长着鹰钩鼻的后裔们，他们初次在公众面前露面。他们匆匆忙忙到场，很少讲话。啪！克里奥女神把他们都收进她所信赖的破箱子里。

然后，这位有耐心的女神，静静地为下一幕搭好了舞台，给我们上演一场喜剧抑或一场悲剧。我们看着演出，被感动得或哭或笑。我们相信，我们目睹了这样一场出色的表演。

第三十二章　汉密尔顿奠定商业基础

精英统治一直是个崇高的理想。正如亚历山大·汉密尔顿用他政界朋友听起来能接受的说法所表达的那样："精英统治意味着由聪明、富有的人以及出色的人组成一个政府。"

事实上，很难提出任何比"最好的统治"更好的建议。只有一个困难。在一个特定社区常常很难发现谁真正是最聪明的人和最出色的人，最富裕的人倒是很容易找到。但是，在非常重要的时期，当情绪失控和慷慨激昂的演说暂时蒙蔽了甚至最明智的人们的理智时，这种口号或相反的口号，容易受到认真对待，并且成为当代伦理道德规范的一部分。

现在的我们，认为民主制是所有政治折中方案中最好的一种方案，我们可以客观地回顾我们历史的那个时期，不带偏见地研究当时的事件。这样就清楚了：我们宪法的制定者竭尽全力设计出一种尽可能像立宪君主制的制度，而且他们采取一切措施以免当代君主的职位落入任何一个不能完全胜任这个显要职位的人手中。

他们小心谨慎，他们尽量避免对行政机构的人们施加任何直接影响，虽然他们在理论上热爱但是实际上并不信任甚至有些憎恨这些人。他们根本就没有大胆宣布任何这样的意图。但是他们把这件事交给各个州议会处理。各个州议会，制定出办法和途径，既能使其公民能够借此选举出少数选举团成员，但是又不赋予较穷的阶级太大的权利。这些非常受尊敬的选举团成员聚集在一起，不受他们选民的任何指示的约束。他们会说："我们认为，那个地方的某某阁下是最适合担任总统职务的人。因此我们请求他在今后四年里担任我们国家的元首。"

1789年的选择当然没有异议。到处都在喊"乔治·华盛顿"的名字。

但是任何人都无法单独处理一个几乎四百万人的政府的所有具体事情。他需要助手。

华盛顿非常谨慎、睿智地挑选他的部长们，并且不让他的个人偏好影响自己。约翰·亚当斯当选副总统，可是他却不愿意干。托马斯·杰斐逊被任命为国务卿。亚历山大·汉密尔顿则负责处理一连串无效的大陆会议——一个彻底枯竭的国家宝库——留下来的使人非常为难的遗物。

汉密尔顿非常称职。他少年时期住在圣克罗伊岛的亲戚家里。当他的雇主暂时外出时，他就被留下来照料一个生意兴隆的商业公司。他干得很好，引起了几个好心人（不是亲戚）的注意。他们给他足够的钱让他离家到纽约的哥伦比亚大学去读书。如果没有这次好运（好运是他自己的能力带来的），很难说他会成为一个什么样的人。他母亲原籍法国，最早嫁给圣克鲁瓦岛上的一个丹麦种植园主。后来她离开了，成为圣克里斯托弗岛上一个名叫雅姆·汉密尔顿的男人事实上的妻子。她和他移居到内维斯岛，亚历山大及其兄弟雅姆就出生在那里。

1768年，母亲去世，父亲破产。这位少年就多少有点任凭自己随意发展了。

当革命爆发时，他在哥伦比亚大学才待了很短一段时间。他主动提出要当志愿者，并在短时间内表现出很强的军事才能。结果，他被任命为华盛顿将军的参谋班子的一名中校。四年后，他当上那位绅士的机要秘书和主要助手。

1780年，他成为纽约州北部一个古老的荷兰家族的女婿，并开始做律师，他开始从事阻止社会陷入地道的民主党人心中非常珍视的那种有组织的无政府状态的工作。他极其适应这样的政策，因为他本人就是移民。因此他对任何一个特定的州或国家都没有那种奇怪的忠诚。这种忠诚是，他的多数在当地出生的同代人首先是个田纳西州人或罗得岛州人，然后才是一个美国人。但他没有这种忠诚，对那个他十五岁时就已经离开，并有各种理由憎恶的西印度群岛的一个小火山岛。其结果就是，他没有受到那种可怕的叫作“地方爱国主义”的烦恼的困扰。而且他很容易把合众国看作是一个国家而不是一个由独立的小公国——它们每一个都认为自己比邻居稍微好点——组成的松散的联合体。

汉密尔顿在某种程度上是见过世面的人。对华盛顿来说，他的重要性体现在，他讲一口流利的英语，并且从事国际商务数年，因此他懂得所有商业关系都牢固地建立在被称作“信贷”的相互信任的基石之上。

各州议会的议员太容易忽略这个使人为难的事实，因为他们很多人都是农民，他们习惯于简单的易货贸易形式。从孩提时代，就有人教他们不信任甚至憎恨大城市里的放债人，这些人随时可能取消抵押权使一个家庭破灭。对于他们来说，金钱、汇票和支票的实际作用一直是个谜，它们是非常可疑的东西，是撒旦发明的。他们当然喜欢有钱，喜欢有很多的钱。钱可以使他们买有用的东西。似乎没有它就无法打仗。但是一旦运往美国的作为国家一部分贷款的法国法郎和荷兰弗罗林安全到达他们手中，并且作为付给陆军和海军的付款支票发挥了它们的作用，那么对它们的兴趣就没有了。对那些外国银行家的兴趣也是这样。外国的银行家们，现在仍然对他们称作“他们的风险”的令人伤心的话题滔滔不绝，当他们想到这些忘恩负义的事情时，依然会流下心酸的眼泪。

如果公道地对待玛门[1]的儿子们，他们就会有各种理由感到担忧，甚至会遭人厌恶。当汉密尔顿就任国库部长时，国家的债务高达大约7700万美元，这在当时是个庞大的数目。大部分债务是美国公民手中持有的票据，欠外国银行和政府1200万。各州自己另外还有2000万债务。

欠美国人的钱造成的困难最大，因为持有此类票据的人经常需要现金，这样他们就想以其实际价值十分之一或十二分之一的价格把他们的索还权卖给投机商。如果政府现在要赎回那些票据（正像有人建议的那样），投机商将赚到数百万，并且最初的所有者（当他们把自己的积蓄交给国会保管时，他们受到非常崇高的爱国主义的激励）将沦为赤贫者。

那么，这样就立即出现两派。一派赞成汉密尔顿的计划，完全继承所有未偿还的债务。追随杰斐逊的另一派，反对这样的政策。最后，在喝着一顿丰盛的晚餐中提供的咖啡时，两派达成了妥协方案，这种妥协我们已经习以为常。杰斐逊先生同意支持汉密尔顿的债务处理计划，而汉密尔顿先生说他将支持杰斐逊先生修建一个新首都的提议。新首都将建在波托马克河边上，远离东部严重的污染。

然而，汉密尔顿对这个初步胜利并不满意。合众国的财政肯定是要建立在一个牢固的基础之上，新国家不能成为一个负债的公司，否则，共和国永远都别指望维持独立。汉密尔顿无法想象一个国家怎么可以没有国家银行。威尼斯因为有了里阿尔托而变得繁荣。英国政府在发生危机时依靠的是英格兰银行。瑞典从十七世纪中叶就设立了瑞典银行。从人们能够记起的时候开始，荷兰就通过阿姆斯特丹银行做生意。但是合众国将成为一个没有自己的银行的国家，只是因为那些不可能明白比一个水果店更复杂的任何一样东西的作用的农民，

① 玛门（Mammon），古迦勒底语，意思是财富。这里指金钱。

或者那些不相信“把所有钱放在一个地方”的想法的农民，反对它。

显然这是荒谬的。

1792年，作为华盛顿内阁智囊，汉密尔顿有了他的银行，它建在费城。银行的原始资本不多，却足以满足当时所有的需求。

但是只有一个银行是不够的。

还必须为联邦政府提供某种固定的收入来源。联邦政府现在有责任提供先前由英王陛下的议会提供的多种服务，因此它经常需要现金。

向外国货物征税的观点并不新鲜。源自阿拉伯语的“tariff”一词（最初的意思是“存货清单”）表明，这种制度早在中世纪早期就出现了。

几乎其他所有国家都有关税。

汉密尔顿建议合众国也应该有关税。

建议再度遭到南部和西部农业地区的强烈反对。农民和种植园主声称，保护性关税只会使沿海地区的制造商受益，并且给农民增加额外的纳税负担。

于是，汉密尔顿自行其是，采取适当措施，向宾夕法尼亚边远地区——那里的人刚刚把过去喝的朗姆酒换成威士忌，他们习惯于蒸馏他们喜欢的任何酒——的威士忌征税。这件事导致很多枪击事件和一起骚乱。华盛顿总统动用了五千民兵才平息了骚乱。

在所有“头脑清醒的人”看来（就像华盛顿总统喜欢称呼他们的那样），合众国现在成了一个独立的有自尊的国家。但是，那些毫不在乎他们是被称作“头脑清醒的人”还是“头脑不清醒的人”的人，很难不严重关注未来，尤其是在看到一个独立国家总联盟转变成一个高度集中的冒牌君主制的时候。

沿海地区与边远地区之间、放债人和借债人之间、城市和农场之间以及贵族派和民主党人之间原来的争吵，再度全面爆发。只是到这个时候，两派才团结在一个明确的计划周围，并且有了新的称呼。那些站在华盛顿、亚当斯和汉密尔顿一边的人——就是说，那些相信一个强有力的由出身高贵、有教养和富裕的人领导的中央政府的人——叫作联邦党人。那些把托马斯·杰斐逊看作其精神领袖的人——即厌恶各州应该将它们的部分传统主权让渡给新成立的联邦政府的观点的人们——那些相信出身低微、地位低下以及被剥夺了合法权利的有优秀道德的人们，叫作反联邦党人。但是，由于联邦党人通常应该赞成恢复一种温和的君主制，反联邦党人更进一步，因此他们用对比法称自己为共和党人。

1795年，杰斐逊退出内阁之后，两派之间出现的争吵使华盛顿任职的剩余几年非常不愉快。

双方在争吵过程中根本不顾及文明社会的礼节。

那些在纽约、费城、波士顿、哈特福德和查尔斯顿等大城市，希望看到合众国变成世界主要制造大国的人，指责杰斐逊是个危险的煽动家、思想自由的人和自由性爱主义者，是个在法国生活时间太长并且变得过于迷恋法国思想因而不是一个热爱美国的彻底的爱国者。

边远地区的人们厌恶东部地区所有这些信以为真的恩惠，因为这些恩惠使他们过多地想到他们终于摆脱了那些欧洲的条件。他们以强大的力量和热情进行了报复，给华盛顿及其顾问们取了大量绰号。那些有插图的日报竟敢以破折号和星号刊登其中最具毁谤性的绰号。

所有这些都非常不幸，但是这仅仅是开始。

在法国，那些仅在几年前远渡重洋让他们的宝剑听候美国叛乱者支配的同一些年轻人，现在面临他们自己的一场革命。他们的国王被斩首。他们的君主制被摧毁。他们的国家被宣布为共和国。他们当中没有被杀的人都在国外流浪，试图找到一份教法语、制作糕点或教人礼仪的工作来谋生。

英国的君主制以勉强赞同的态度看待饥饿和被忽视的人们对那些他们视作折磨他们的人施暴。美国殖民地居民的老朋友埃德蒙·伯克走得更远，他鼓动开展一场彻底的运动，反对胆敢起来反对他们的合法君主的那些人，那些人竟然以他们新的理想主义的全部力量荡涤了世界上带有中世纪和封建主义味道的所有东西。

两国的关系很快就变得非常紧张，战争不可避免。1793年，法国和英国陷入公开冲突。

对于普通法国人来说，当时落到合众国人民头上的义务非常简单。十年之前，法国以一种崇高的姿态，援助处于困境的美利坚民族，并且向它奉献出了可以使殖民地居民获得独立的大量金子和鲜血。

现在法国四面受敌。当然美国人将急于报答法国。但是，天啊！可怜的法国人非常失望。什么事情也没有发生。纽约做出的唯一姿态，就是华盛顿轻轻地抬起右手，签署了一份公告，命令他所有的臣民在法兰西政府和乔治国王目前的冲突中保持“严格和绝对中立”，无论在语言上还是行动上都要不偏不倚。

这样的决定似乎有悖于那个非常正式的条约的所有条款。条约不仅宣布美国是法兰西的盟友，而且还给美国人民规定了一个保护西印度群岛法国人财产的义务，并且向法国武装民船及其战利品开放美国所有港口，同时不让它的敌人进入港口。

普通的法国人会认为，这样的中立宣言似乎有悖于古代所有行为守则。但是，正如法国人很快就从他们新近任命的外交代表发回的报告中知道的那样，它是国内法。

这个和蔼的名叫埃德蒙·夏尔·爱德华·热内的年轻人到达美国时已经做好充分准备，要当类似第二个本杰明·富兰克林的人，在哈得逊河岸上重温那个著名印刷商在塞纳河畔取得的成功。富兰克林获得了自由活动的权利，他想来就来，想走就走。他获准可以借钱，向武装民船提供装备，直接向法国人演讲以便为他在美国的朋友赢得他们的同情。

当然，热内要年轻得多，不能指望那位和蔼可亲的费城老人拥有的个人追随者。但是合众国政府还欠法国数百万美元。因此热内说，这笔钱现在可以交由他领导的法国使节处理，用以针对英国和西班牙的一场小小的秘密战争，而且美国将变成法国在西方的一个补给基地，正如十年前法国变成了那些把战争打到欧洲水域的美国人的补给基地一样。

开始的时候，事事进展顺利。

热内从查尔斯顿上岸。那个地区的人在英国入侵者手下遭受巨大痛苦。他们强烈表明了对法国的忠诚和感激之情。热内的费城之行就像一次胜利游行。但是，他一踏上联邦临时首都的土地，麻烦就开始来了。

中立宣言并没有取消。当他询问他的国家与合众国之间签署的那个神圣条约的情况怎么样了时，他被告知条约是合众国与法国国王签订的，由于法国人民决定杀掉他们的国王，条约也就中止生效。

当他要求得到美国仍然拖欠法国的部分“他可以用到西印度群岛奴隶起义中的受难者身上”（事实上，他可以武装几支未经批准的针对英国和西班牙远征队）的款项时，汉密尔顿先生断然拒绝了他。

当他的武装帆船载着战利品进入美国的一个港口时，英国公使赶紧找律师得到法院禁令，阻止他们入港。在极其绝望之际，他直接致信参议院和众议院议员（在他看来，他们是民意代表），国务卿给他写了一封措辞非常唐突粗鲁的回信，并且给巴黎捎话，要求督政官召回他们的特使。

这还没完。第二年，按照法国人解释的条约义务，应该与英国交战的美国政府派遣最高法院首席法官约翰·杰伊到达伦敦，受命商定合众国与大不列颠签订一个友好、商业和通航条约事宜，并且允许往日的敌人变成忠诚的朋友。

当欧洲报纸报道了此事以后，不仅巴黎咖啡馆里充满对这个见利忘义的无耻的共和国的辱骂声，而且美国也出现自独立战争之初那些让人惊慌的日子以来从未见过的愤怒浪潮。

众议院甚至走得更远。要求得到这个据说几个月前已经在伦敦拟定好的罕见的文件的副本。结果他们被告知，签订条约的权力超出了众议院的管辖范围，而且在那个令人敬畏的机构的成员被提请讨论其执行条款时他们就能看到它，但是提前一天也不行。

汉密尔顿以及总统的其他顾问们徒劳地想使公众相信，签订杰伊条约是件绝对必要的事情，如果没有它，欧洲大战的复杂化和影响可能导致英美之间爆发敌对行动。共和党人绝对不满意，公众的激动情绪一直持续到1796年新的选举到来之时。

有人请求华盛顿连任第三届总统，但是他拒绝了。并非是因为他认为任何公民三次连任总统是不合适的，而是因为他累了。他想回到自己家里，睡到自己的床上，在自己的饭桌上吃饭，享受一下与家人在一起的已经不多的天伦之乐，要不就太晚了。

他已是六十四岁的人了。在过去二十年里，他从没有休息片刻。这二十年里，充满了无休止的战斗、辩论、会议、误解和辱骂。

就在他放弃那著名的四轮大马车以及他担任的四个高级职务之前，他发表了一个公开告别辞，这有点像一种政治声明——为了他非常热爱的以及（力所能及地）为之做出巨大牺牲的那个国家的利益而发表的。

他敦促朋友们少考虑各州自己的利益，多考虑一点共同的国家。

他恳求他们不要让十足的党派偏见影响他们所有的决定。

他接着告诫他们，要警惕那个广袤的欧洲大陆的人们。他从未相信过他们，他也没指望他的国家从他们那里得到任何好处。

“欧洲，”他这样写道，“有一系列与我们没有或者只有非常遥远的关系的基本利益。这样，它必然经常陷入争议之中，争议的原因对我们来说基本上都是陌生的。如果是这样，根据这种人为的关系，我们就会使自己卷入它那日常变化无常的政治或者那些分不清楚的友谊与敌意之中。我们真正的政策是避免与外部世界的任何一部分结成永久联盟。”

1797年3月14日，马萨诸塞州的约翰·亚当斯就任总统。华盛顿出席了就职仪式。仪式结束后，他跟在总统和副总统身后步出大厅，乘马车赶回弗农山庄。

两年后他死了。他死得安宁、平静，几乎与他活着的时候一样从容。

第三十三章　革命并非一种模式

按照《简明牛津词典》的解释，“revolution”一词意为：“一场彻底的变革，倒转，形势的大转变，根本性的重建，尤其指一个新的统治者或政府的臣民强制性取代旧的统治者或政府。”

如果我们接受这种定义，那么美国在1775—1783年间以及法国在1789—1795年间经历的就都是一场正式的革命。这两个国家都发生了彻底变革，形势出现巨大转变，开始一场根本性的重建，一个新的统治者或一个新政府的国民强制取代了一个旧的统治者或一个旧政府。

因此，指望这两个姊妹共和国迅速变成朋友就成为一种很明智的做法。

他们生活在世界上两个不同的地方。

他们并非商业上的对手。

在美国起来反对宗主国的日子里，法国向其提供了非常重要的服务。

但是，出现的情况却截然不同。

大洋两岸的双方领导人必须明白，一场革命可能只是一场革命，但是也可能是某种截然不同的东西。当这样的重大事件发生时，当时的观察家难以明白到底发生了什么事。他们就像战场上的军人，周围一片混乱，到处是烟雾和乱糟糟的声音。如果他们很幸运能够幸存下来，五十年或一百年以后，可能某个称职的历史学家会告诉他们那场战斗的具体情况。

一个半世纪过去了，法美之间的令众多诚实的法国人和美国人迷惑不解的那种敌意的根源，我们已经释然。

在美国，革命意味着统治权发生了变化。这使财产拥有者、贵族派和上层阶级掌握了新国家的权力。

在法国，革命意味着统治权发生了变化。这使被剥夺了应享权利的群众、民主人士、从贫民窟出来的贫苦大众掌握了新国家的政权。

在美国，新政府由诸如华盛顿、亚当斯和汉密尔顿这样令人尊敬和有很强偿付能力的公民组成。

在法国，执掌国事的人中，一个是出生在地中海一个半蛮荒的小岛上、身无分文的人，其父是个破产的公证员；一个是一贫如洗的工程师总管；一个是后来变成投机商的破落贵族；以及其他几个没有特殊社会和经济地位的政治家，这些人都稍微有点精力不足。

在方式上，两场革命之间也存在惊人的差别。

美国人有三千英里长的水域作为屏障，使他们免遭敌人的进攻。法国人则和他们的敌人是邻居。

美国人一旦打赢了头几场战斗，就能放手去干。要么没有武器要么没有军队的保王分子都逃到了很远的地方。他们逃往新斯科舍和英格兰，而且几乎立即就不再被看作是个现实的危险因素。

然而，在法国，国王、贵族、神职人员和农民玩弄的阴谋导致出现一种恐慌状态。在此期间，人们受到一种难以名状的恐惧的袭击，一直对那些可怕的暴行深怀内疚。

两国都吹嘘进行了一场非常彻底的大变革。然而，它们相距如此之远，因此它们不可能指望能够相互理解。

美国新政府搬进了殖民时期一个宏伟大厦的前厅。而法国统治者，有一半人因疲惫和睡眠不足已经死了。他们在一个破旧皇宫的几间地下室和阁楼上处理国事。

上午喝咖啡的时候，约翰·亚当斯先生和他尊贵的妻子——娘家姓阿比盖尔·史密斯，仔细阅读着美国驻巴黎公使古弗尼尔·莫里斯先生的来信，得知那位绅士试图使国王和王后摆脱郊区那些暴徒和流氓的努力是怎样失败的，国王和王后以前的臣民怎样像对待普通罪犯那样对待他们，这些以前的臣民——他们穿着时髦但滑稽可笑的裤子，根本不戴假发，但是他们的枪上佩着长长的闪闪发光的刺刀——现在怎样横行于整个文明的欧洲。他们宣扬那些极端荒谬的“平等”和“博爱”原则，那个不幸的杰斐逊先生一直都在念叨着的“平等”原则。然后他们可能只是摇摇他们那高贵的头，对往日一个令人尊敬的民族目前堕落成几乎与支持那个卑鄙的上尉丹尼尔·谢斯领导的起义的那群人一样卑劣和肮脏而深感遗憾。

不久，亚当斯先生搬进总统大厦，之后他便发现，他的数百万同胞事实上正在为这些现在统治着贫穷和受到蹂躏的法兰西的杀人犯、窃贼喝彩叫好；拥护共和政体的雇佣文人写的关于法国宪法的优点、法国军人的勇敢、法国妇女的忠诚的冗长文章充斥报纸。他因此比以往更加坚信，这个国家濒临内战边缘，按照新闻界的说法，到了该做件事情的时候。

这件事是什么，总统和他的顾问都说不清楚。但是命运给了他们一个彻底的惊喜，他们非常敏捷地抓住了机会。

热内在美国的冒失以及莫里斯对波旁家族的喜爱，使得两国之间相互没有了外交代表。约翰·亚当斯清楚地知道，美国在经历漫长和精疲力竭的独立战争之后，多么需要休息。他断然拒绝卷入战争。为此，他做出一个“好了，过去的就让它过去吧！”的讨人喜欢的姿态，派遣约翰·马歇尔、埃尔布里奇·格里和查尔斯·平克尼组成一个肩负和平与善意使命的普通使团出使巴黎。他不指望他们能够满载而归，但是一种表面上的亲密关系比目前半敌对和非正式的争吵对两国都更有好处。

这三个美国人到达了巴黎。此时，法国因丧失海军力量深感痛心，而且对传说中的美国港口官员允许载有法国战利品的英国战舰入港感到非常愤怒。更有甚者，正如法国人没有忘记给他们大西洋彼岸的访问者指出的那样，美国似乎对英国人使用一种原则，而对法国人则使用另一种原则。因为只要法国人一接触开往英国或英国一个殖民地的美国船，他们肯定就会接二连三地收到来自华盛顿的愤怒的信件。但是无论英国抓获多少美国商人，美国政府甚至都从不提抗议。美国驻伦敦公使反而继续与英国外交大臣保持着非常亲密的关系，而且，人们还会经常看到他与那位傲慢的显贵友好地在一起喝茶。

美国使节本来可以对此做出各种各样的回答。他们本来可以回答说，没有海军的美国政府会更直接地受到英国人而不是法国人的摆布；美国驻伦敦公使一直都在抗议英国海军在公海采取的非法行动，即使他偶尔与外交大臣共进晚餐时也是这样；等等，诸如此类的话。但是由于他们是作为和平先驱来的，他们聪明地避免开始一场可能不会带来任何实际结果的争论，并且带着某些可能解决所有悬而未决的难题的计划去找各个局长。

假如在这个不恰当的时刻，他们能够不去关注被法国人称为“巨额融资”的东西，那么他们可能就已经成功了。

“巨额融资”是与普通银行业和典当业不同的某种东西。它几乎是依赖于战争而兴盛起来的。各国政府突然发现，自己急需大笔资金。一大批一大批的国际骗子赶到他们的首都，带着荒谬的援助提议，缠住他们的部长们，用这样一个阴谋网包围这些可怜的官员。只有那些非常坚强和机智的官员，才有可能躲过这个阴谋网而不会受到牵连或其名誉不受损害。

美国的三位代表发现，自己被四个非常顽固的“巨额融资者”缠上了。这四个人向他们保证说，他们有内幕消息，能向美国人提供重要服务——当然要给报酬。这非常符合十八世纪后半期人们玩弄的外交游戏规则。偶尔给外国公使送点小费是习惯性做法。几乎任何人都可以用饰有花边的袖套和花手帕包一个当时的鼻烟盒送人。如果盒子里碰巧塞满金币——那很好，因为那时受礼者可以给自己买些上等的“哥本哈根鼻烟”，甚至还能余下点钱付车费。

按说，他们早就应该给巴拉斯几个美元。巴拉斯是个很有影响的人，据说他花钱大手大脚。但是除了这份私人贿赂，督政官们还暗示，美国应该向法国提供一笔数百万美元的贷款，他们断然拒绝。这样一笔交易本来意味着破坏中立，这可能导致英美之间发生战争。而且，一个没有自尊的政府可能会使自己受到非常粗鲁的讹诈。

迄今为止，人们仍不知道整个阴谋的细节。但是，当美国特使与法国中间人之间的信函到达费城后，联邦党的领导人认识到，督政官们免费提供给他们一种绝好的政治武器。他们出版了所有信件，去掉了写信人的真实姓名，用X、Y、Z来代替法国官员的签名。然后他们找到共和党人说：“看看，你们那里的朋友就是这种人！这些就是你们深为赞赏的人！”

他们并没有到此为止。他们在这个令人兴奋的时刻通过了很多避免共和党人对这个国家产生进一步不满的法律。这些措施中的第一个措施，即所谓的《外侨法》，延长了一个人要成为美国公民必须在美国居住的年限，并且将这段时间由五年延长到十四年。它赋予总统逮捕或驱逐他认为不合适的外国人的权力，而且它允许联邦当局逮捕或流放任何一个属于美国正在与之交战的国家的人。

第二个法律，即著名的《煽动罪法》，将那些出版虚假、诽谤或恶意地反对合众国政府、总统或众议院的书面材料的行为，或者那些煽动反对国会或总统的任何合法行为的行为，或者那些帮助任何外国势力反对合众国的行为，统统定为犯罪，将受到囚禁或罚款处罚。

这些法律给很多爱尔兰流亡者在美国报纸上责骂大不列颠政府提供了借口，但是这些责骂过于极端，使很多人产生了失望的情绪。七年里，摧毁中央政府独裁权力的全部工作似乎都是联邦党人大笔一挥来完成的。新的法庭颁布的法令上的签字是“约翰·亚当斯总统”而不是“乔治国王”。除此以外，显然什么都没有改变。与宪法条款规定相反，共和国公民现在被剥夺了言论自由权，新闻界将失去它所大力吹嘘的自由。

好管闲事的联邦法官开始在很多地方将激烈批评政府的无辜公民判刑；以出版批评总统某个法令的社论为由，判处编辑监禁。此时，由于这个国家的比较民主的部分人的愤怒，国家感到了一种威胁，一种骚动的威胁。

反对派的核心人物是托马斯·杰斐逊。自从退出华盛顿内阁后，他一直平静地生活在他位于弗吉尼亚州夏洛茨维尔附近的庄园里。他那几乎基督教徒的苦行生活，使他远离他所喜欢的政治游戏。

这位精明的老先生酷爱写信。他写信时带有十八世纪很多哲学家和科学家的风格。他每天都与共和党内所有的杰出人物写信。他影响着每一个行动。他授意在共和党人的报纸上发表社论。每当他的党的领导人不知道奉行什么政策时，他们周末就聚到蒙蒂塞洛，一边喝着波尔图葡萄酒，一边讨论迫使他们的贵族派对手就范的种种办法和途径。

因此，当弗吉尼亚州和肯塔基州的州议员通过正式决议，宣布《煽动罪法》因直接违背宪法条款而无效时，人人都认出那些语言流畅但非常危险的“拒绝执行”文件中有杰斐逊那一手漂亮的字体。很多人说，这是共和党人为消除这个国家日益增强的集权趋势而进行的拼死努力，而这种集权恰是联邦党人极为珍视的。

很难说清楚，这两个法律和有关拒绝执行的分歧，对未来的选举产生了多大的影响。

政治领域似乎也像自然界和时装界那样存在季节变化。冬天过后是春天，短裙子穿罢就时兴长裙子，一届富人政府之后就是一届由穷人组成的政府。无论农民、裁缝或政客们如何努力，他们都永远无法改变这种事态发展的正常进程。

在1800年的选举中，联邦党人被击败，共和党人取得了胜利。

有产阶级预言，一个无政府时代即将到来。

边远地区的居民燃起篝火来庆祝“富豪恐怖统治”的结束。

亚当斯先生回到了波士顿，而杰斐逊先生打好旅行包，给位于华盛顿市著名的康拉德寄宿饭馆的经理写了一张便条，请求他们在第二年3月初给他保留一个房间。

第三十四章　领土协议

有句老话说:“热饭从来不能出锅就吃。”

没有一个激进的政党，一旦大权在握，还会像在大选之前允诺的那样激进。

在野的杰斐逊曾经反对采取一切形式干预各州和个人的权利。上台后，杰斐逊马上意识到，一个政府，除非它真正实行“管理”，不然就没有生存下去的希望。

去国会山发表演说，是乘着四轮马车，还是乘着汽车，抑或步行，这些毕竟都是些微不足道的小事。一个人是喜欢别人称他“阁下”，还是喜欢较不正规地称他“喂，汤姆”，这在很大程度上还是个人喜好的问题。

但是，当美国的总统，说得权威一点，当一个具有总统品质的总统说：“同胞们，这是国家的法律，你们选举的立法机构正式制定了这种法律，我同样庄严地签署了这种法律。”此刻，他要么看到他的意愿得到了实施，要么就成了一个无人理睬的孤家寡人。

杰斐逊总统碰巧是我们国家的总统中受过最好教育的总统之一，一个通晓历史的人、一个博览群书的人、一个具有幽默感的哲学家，他了解美国的普通百姓，一如他了解他自己家的奴隶。他知道——自汉谟拉比以来的每个政治家都知道——制定一些明确的法律，然后全面地加以实施，这远胜于一大堆不切实际的法令和规则——它们自签署之日起便成了一纸空文，因此受到不法之徒和法庭的公开藐视。杰斐逊上台之后，首先做的事就是，他在不会导致国家的全部政治和商业生活混乱的情况下，尽可能地废除联邦主义法律，解雇主张联邦主义政策的官员。

《煽动罪法》理所当然地遭到废止。海军一减再减，最后差不多化为乌有。大凡不是必不可少的公务员，政府鼓励他们另谋职业。尽一切努力减轻这个国家的债务。

总统严格地把自己的活动限制在宾夕法尼亚大道的范围之内，如果他需要同国会进行联系，他就派信差为他送信。

不过，所有这些措施几乎都同塞缪尔·蔡斯法官的弹劾案一样，最后出现毁灭性的结果。蔡斯是《独立宣言》签署人之一，他患有高血压，在暴怒之中利用《叛国和煽动反叛罪法》，把他的法庭变成了一个“星空法庭”。

这些事情产生了毁灭性的后果，杰斐逊是一个积极有为的人物，他不会在失败面前一蹶不振。

然而，当他开始他的重建政策时，有一种现象引起了这个来自阿尔伯马尔县的生活朴素、出身蛮荒、不修边幅、彬彬有礼的农场主的深思。他掌握了这样一个事实，这个事实不知出于何种原因总是未能引起其他试图统治这个世界的政治家的注意，这个事实让他明白没有相应的经济改观，政治改善就没有一点价值，也不值得为之伤神。

就拿法国来说吧。

在大革命之前，贵族乘坐漂亮的四轮四座大马车，农民则安步当车。他们都没有不平之感。这名贵族在他还是个孩子的时候，他的祖母和他的教堂就已经告诉过他，乘坐四轮四座大马车是他生命中注定的事情，而农民在他还睡在摇篮里的时候，他的曾祖母（农民往往活得时间很长）和他的教堂则已经告诉过他，他们这种人从生到死都得步行。

到了十八世纪，人们对曾祖母和乡村牧师们的智慧产生了怀疑。

伏尔泰们、狄德罗们、卢梭们开始发问：“为什么一个社会的阶层总是乘坐四轮四座马车，而其他阶层总是在泥路上跋涉？”

贵族本来可以避免随后发生的危机，如果他们愿意做出妥协，时不时地让农民搭乘他们的马车，让他有足够的钱买一辆属于他自己的小马车。但是，贵族在他们祖母和精神顾问们的学校里学得时间太长，他们无法学习新的东西。他们的阶层中一些比较聪明的先知先觉者警告其他一些人，可他们却因此被称为“令人生厌的激进分子”，而且还被扫地出门。因此，不可避免的事情发生了。一场革命爆发了。立法机构颁布法令，农民获得了与贵族平等的地位。

但是，这样就可以乘坐四轮马车了吗？

不，不是的。

法令告诉他，如果他愿意，他可以乘坐四轮马车，这块土地上没有一部法律说谁应该乘坐马车，谁不应该乘坐马车。但是，一个人为了乘坐马车，他首先必须能够买得起马车。贫穷的农民尽管在理论上拥有这种权利，但是，他缺乏购买和养护一个小小的马车所需的实力。

现在，不是一个社会阶层步行，另外一个阶层乘坐马车，而是两者跋涉在被人遗忘的泥泞的大路上。一个阶层失去了一切，另外一个阶层什么都没有得到。

杰斐逊知道，只有一种途径可以让政治上获得自由的人享受新近得到的尊严带来的真正好处，那就是通过提高“产量”，直到有足够的产品可以提供给那些愿意购买的人。

当然，生产意味着努力工作。但是，它也意味着一个普通的人会得到比以前更多的生活必需品和奢侈品。

杰斐逊不是一个喜欢机械装置的人，他担心制造体制会导致出现一种反常的、危险的城市优势。他认为，这个国家的前途寄托在农民身上，这块土地的真正力量是在边疆。

只要无人打扰，只要没有战争的威胁，他比联邦党人更希望建立一个强大的中央集权政府，他会兑现他的承诺，集中共和党人的全部力量支持他的改善农业状况的计划。

他似乎一直是好运当头。在这个问题上，他得到了外部环境的大力帮助。如果他是一个固执己见的基督教徒，他可能已经在命运的问题上接受了加尔文博士的观点。实际情况却是，他默默地接受了命运给他带来的一切好的东西，在马克·奥勒利乌斯和堂吉诃德那里寻求慰藉。

追根溯源，需要讲讲1100年发生的事情。当时，古老的波拿巴家族离开佛罗伦萨，开始了一次奇特的旅行。在此次旅行中，这个家族中的一员经由萨尔扎纳和阿雅克肖来到塞纳河的两岸，继承了恺撒和查理曼传统的衣钵。这段历史太长，人们对法国革命战争的情况了如指掌，对1803年欧洲的局势非常熟悉，因此略过不提。

三年前，拿破仑与西班牙国王达成一项秘密协议，重新得到了那个叫作路易斯安那的广袤的法国殖民地。十八世纪，帝国和皇家在争夺土地的过程中钩心斗角，这块土地在1762年割让给了西班牙。虽然拿破仑对于他移居的那个国家的语言说得还不怎么利落，可他已经成为一个典型的法国人。

他的阅读军事地图方面的素养告诉他，新奥尔良这个城镇具有重要价值，如果控制了密西西比河，就可以切断西部腹地的农产品运输。但是，路易斯安那这个名字并没有让他狂喜不已，一如加拿大当初没有引起路易十四那代人的重视一样。过了十八个月之后，他才想到秣马厉兵，准备占领这块新的土地。就是这样一个人，在早餐之前推翻了一个千秋帝国，在午餐和晚餐之间，三次彻底改变了欧洲的版图。

与此同时，巴黎和马德里之间的交易走漏了风声，圣詹姆斯宫的贵客鲁费斯国王在伦敦听说了这个消息，把这个传言报告给了杰斐逊的国务卿麦迪逊。

麦迪逊又把这个消息转告给了杰斐逊，总统深感不安。阿勒格尼山以西数百万英亩的广袤土地上生活着他深爱的拓荒者。他们全靠密西西比河向外出口他们生产的粮食和毛皮。如果是西班牙这样一个弱小国家控制新奥尔良，问题倒不大。如果到了山穷水尽的时候，那些开疆拓土的边民会进攻那个被人遗忘的堡垒，将西班牙的贵族扫地出门。但是，假如是那个可怕的拿破仑——他可是所向披靡——控制了这个宝贵的港口，整个西部就会永远受到抑制。这实在是一个非常严重的问题。而这样的话，又无法向联邦主义者伸出同情之手。他们不相信西部。他们的真正兴趣是在大洋的彼岸。每当他们的同僚辩论这个问题时，“兹决议美国购买更多的西部领土是一种愚蠢的行径”，最后的裁决注定是“赞成”。

作为一个真正的民主党人，一个质朴、单纯和正直的人，杰斐逊并不赞成秘密外交。但是，这个问题非常棘手，他认为还是小心谨慎为好。他请求他的朋友詹姆斯·门罗——也是出生在弗吉尼亚州的威斯特摩兰县——前往巴黎，看看可以采取什么措施，看看是否可以拿大把的黄金说服法国人把他们在美国的利益卖给他们的华盛顿的朋友。与一切好战的国家一样，法国人永远觉得钱不够用。门罗接受这一使命，乘船出发。

但是，在他到达巴黎之前，这笔买卖已经做成。

这一次，一个合适的人碰巧用到了合适的地方。

美国驻法国使节罗伯特·利文斯顿是一个天生的推销商。他早就鼓动把新奥尔良和周围的地区卖给美国，然后通过广泛的密谈活动（如果可以用“密谈”这个词来说明法国沙龙里那种轻率谈话的话），指出了法国和英国之间爆发战争的可能性，一旦发生冲突，法国殖民地注定会遭受损失。

一份措辞聪明的宣传材料这样问道：“现在把几平方英里的蛮荒之地卖掉，换一点钱用，与到后来失掉它们，什么都得不到相比，前者不是更好吗？”

美国人对占有新奥尔良非常重视，他们中许多人愿意为得到这座城市而战斗，这本来也是他可以利用的一点。但是，他对法国人了如指掌，这是一个非常高傲的民族，因此，重点突出这个问题的商业方面，而军事方面则没有提及。非常幸运的是，拿破仑的财政部长是前任宾夕法尼亚州州长的儿子，他在美国生活了很长时间。这个大名鼎鼎的人名叫马尔布瓦，他当时正遇到一个棘手的问题，即筹集足够的资金用于下一场战争。当他听说门罗的船只已经进入人们的视野，并且听说这位美国的全权代表还带着整船的美钞，他匆匆忙忙跑到他的主人拿破仑的面前，陈述了他的种种计划。两人见面之后，拿破仑第二天便派他的外交部部长——此人不是别人，正是我们的老朋友塔列朗，亚当斯总统发现的×先生——来找利文斯顿，开始就出售路易斯安那问题进行谈判。

利文斯顿问塔列朗先生，新奥尔良索价多少。

塔列朗反问道，利文斯顿愿意出多少钱买下整个路易斯安那。

这个提议多少让人有点吃惊，甚至对像利文斯顿这样一个非常精明的商人来说也是如此。他要求让他仔细想想。与此同时，门罗带着华盛顿的最新消息到了巴黎。这两个美国代表花了一整天的时间，讨论下一步该怎么办。然后他们出去吃晚饭，可巧的是，马尔布瓦当时正在那里喝咖啡。他非常高兴地结识了名闻遐迩的门罗，并且暗示说，如果这两个美国人那天晚上去他的办公地点，他可能会告诉他们一个对他们有利的消息。

他们如约而至，马尔布瓦告诉他们，前一天他和波拿巴将军在圣克拉德宫进行了磋商，他说，美国拿出1亿法郎就能买下整个路易斯安那。利文斯顿回答说，要价太高，于是往回杀价。经过一番讨价还价，路易斯安那以6000万法郎即1500万美元的价格被美国买了下来。

杰斐逊总统交了一次好运。他以每英亩4美分的价格让美国的面积增加了一倍。甚至对北方佬来说也是一笔不错的买卖。但是，北方佬那些根深蒂固的联邦主义者还是对整个交易多方指责。马萨诸塞州塞勒姆的蒂莫西·皮克林阁下是美国参议院的一名议员，他甚至谈到了脱离出去的问题，建议成立一个由新英格兰各州组成的新的邦联，免受南方民主党的腐败影响，他建议时任美国副总统的阿伦·伯尔任命他为这个新的国家的行政首脑。

不过，这种鼓噪最后还是不了了之。共和党人从他们的联邦党人朋友那里学会了如何采取强制手段迫使国会通过不得人心的法案，与此同时，汉密尔顿对伯尔的品德进行了批评。伯尔的确是一个十足的恶棍，一个不可救药的无赖，这件事情导致两人发生决斗，在这场决斗中，伯尔开枪击中了汉密尔顿的心脏，他自己余下的政治生命也就此结束。

1803年12月20日，在新奥尔良，法国的三色旗从旗杆上缓缓落下。

第二年的春天，弗吉尼亚州夏洛茨维尔的梅里韦瑟·刘易斯和住在同一个城镇的威廉·克拉克——两人具有丰富的野外知识——开始启程考察这片不管是在哥伦布时代还是今天都无人涉足的蛮荒之地。他们考察了密西西比河，越过落基山脉，沿着哥伦比亚河乘船而下，过了两年多，他们到达太平洋。这是有史以来最令人震惊的航行之一。伤亡的比例——在危险重重的三年里，二十三个人中仅一人丧生——表明这些淳朴的弗吉尼亚男孩是多么胜任他们干的这一行。国家意识到他们服务的价值，刘易斯被任命为负责路易斯安那领土北部地区的州长。他现在坐在一间办公室里，像往常一样满怀工作激情，签署各种文件。直到有一天他再也无法忍受这种生活，于是，他重操旧业，与他的印第安纳朋友一道过起了无忧无虑的打猎生活。

在刘易斯和克拉克徒步考察美国北部的同时，另外一名战士、新泽西州的泽布伦·蒙哥马利·派克正在调查密西西比河的源头，对一块广袤的地区进行首次勘测，这块地区当时还属于西班牙，仍被认为是一片没有任何价值的土地。

杰斐逊时代开疆拓土的边民并不十分爱读童话故事。

他们也不需要。

他们的生活本身就是一部故事书。

第三十五章　母国最后的拜访

波拿巴将军立即开始享用他发的这笔美国横财，一副十足的意大利做派。他纵酒宴乐，大肆铺张，公开宣称自己是查理大帝理所当然的继承人，教皇庇护七世勉强表示合作。加冕的那天，身佩绶带、镶着金边、穿着绸服、头戴羽饰的人摩肩接踵，盛况空前，任何一座教堂的景象都无法望其项背。波拿巴就在这种场面下把法国皇帝的皇冠戴到了自己的头上。

当其他欧洲国家听到这个讯息之后，都备感恐惧。这个奇特的小个子，地位每一次提升都会伴随着大规模的杀戮。北方和南方的皇家贵族决定做好准备，组成一个联盟。这位法国皇帝表示震惊，于是，战斗开始了。

美国政府明智地置身于这一战争之外，杰斐逊总统敦促他的国民安分守己，不要惹火烧身。但是不久，这个新的国家开始认识到我们生活的这个地球只是一个末流行星，方圆并不很大，影响一个国家的事情注定会影响所有其他国家。因模仿鸵鸟而出名的中立办法，只有在冲突局限在卡拉哈里沙漠中几个丛林部族之间的时候才能安全地运用。一场法国、俄罗斯、奥地利、瑞典、英国和四十多个小国积极参加的战争，其余波注定会影响到从新西兰到哈默菲斯特，从巴劳湾到开普敦的广大地区。

至于中立宣言和其他诸如此类的正式文件，它们就像发生火灾时的保险单一样有用，欧洲两个对立的阵营打得不可开交，愿老天帮助那些可怜的中立国家的水手。

英国在特拉法尔加角击沉了法国海军的军舰，局面因此而变得更加复杂。但是，拿破仑在奥斯特利茨附近粉碎了盟国军队。

狮子和大象的寓言成了事实。英国称雄海上，法国成了陆上的霸主。从布伦的高山上，法国的水手对着遥远的多佛海岸晃着他们的拳头；从他们主将的旗舰上，英国的水手冲着在巴夫勒尔海滩上烘烤泥饼的小孩做着鬼脸。但是，双方谁也奈何不了谁。拿破仑无法离开干燥的陆地，英国不能弃船上岸。在这种情况下，他们被迫改变相互毁灭的战略，采取了所有大国传统上屡试不爽的做法：牺牲小国的利益，以此来达到自己的目的。

于是，1806年5月，英国宣布对整个欧洲西部进行封锁。拿破仑也做出回应，他在同年的11月签署一项命令，宣布对英伦三岛实行封锁。因此，中立国家只好在法国这个陆地魔鬼和英国这个海上霸王之间进行选择。如果不是处于完全无助的状态，它们说话可能会底气更足，胆子更大。

还有一件事情，使得那些饥饿的水手面临更加困难的境况，即法国和英国都在极力争夺美国的石油产品，并且愿意出高价购买粮食和军火。美国的船长很有商业人情味，他们争取独立的战争教会了他们笑对封锁。但是，这种双管齐下的封锁他们还是平生第一次遇到，因此他们非常小心谨慎。后来，英国——没有国外的援助就无法养活其人口——提出和解，并且答应，允许美国的船只向法国运送所谓的禁运物资，条件是这些船只必须首先停靠到英国的港口，交纳税款，然后方可得到同敌国交易的许可。

拿破仑回答道：“很好。这样的话，我就只好把持有这种执照的船只看成是敌船。”

抓捕和没收仍在继续，让人感到很不舒服。诚实的美国商人损失了数以百万计的钱财，那些不老实的商人也损失了差不多的数目。因此有人说：“现在对英国宣战的时候到了。”另外一些人认为：“我们必须跟法国人打一仗。”接着他们都来到华盛顿，向杰斐逊总统请求道：“请采取行动吧。”

杰斐逊竭力避免这种事情发生。他是一个爱好和平的人，在他看来，战争是一件荒诞不经的事情。不错，迫不得已的时候，可以偶尔利用炮舰的火力，袭击黎波里塔尼亚海域内试图勒索美国政府的海盗船只。但是，对文明的国家来说，为了某种利益和荣誉诸如此类荒诞不经的目的，而让他们的孩子流血牺牲，死了心吧。总统没有悄悄备战，而是让陆军和海军的余部处于一种不引人注意的状态，法国和英国不再把美国放在心上，他们肆无忌惮地洗劫他们的美国朋友，好像他们是斯堪的纳维亚半岛上一个小国的公民一样。

但是，如果他们认为这不会引起大洋彼岸的怨恨，他们就错了。托马斯·杰斐逊是一名哲学家，但不是一名和平主义者。虽然他拒绝打仗，但是，他灵敏的大脑正在酝酿一个非常新颖的计划，以此对付这些专横跋扈的做法。如果他的这个计划得到真正的实施，就会让他的两个敌人俯首称臣。

截至目前，所有的冲突都来自英国和法国方面。1807年，美国突然对自己实施封锁。杰斐逊和他的部长们知道，法国和英国急需美国的粮食。因此，1807年12月，他们命令所有的美国船只停在国内，什么时候出航，另行通知。同时还递话给巴黎和伦敦，在这两个国家答应规规矩矩，不再招惹美国商人之前，不再向欧洲运送一粒粮食、一包棉花。

遗憾的是，杰斐逊的禁运设想未能奏效。诚实正派的商人不久遭到了毁灭性的打击。其他一些人（绝大多数）干起了走私的营生，积聚了万贯家财。这些钱财大部分落进了中立的中间人的腰包；与此同时，西部的农民和伐木工人，还有沿海地区诚实守信的水手，生活艰辛，这是他们从前没有过的经历。

这是一个人数众多、影响很大的群体。他们看到自己正一步步走向破产法庭，他们大声抗议，百折不挠，最后，《禁运法案》被取消，取而代之的是《中止法案》，这项法案禁止同英国和法国的一切贸易活动，但是允许美国同

“中立”的欧洲国家进行贸易往来。但是，由于缺乏对欧洲真正形势的了解，杰斐逊又走错了一步。这些所谓的“中立”国家仅有主权国家之名，早就没有了主权国家之实。所以，美国的商务活动继续受到干扰和破坏，美国的船只和以往一样不是被拖进这个港口，就是被扣押在另外一个港口。在国内的人们看来，情况越来越明显，商务活动将会导致一场战争。虽然海上仍然太平无事，但是，已经有好几次，美国一艘帆船的船员拿起武器同法国或英国的军舰进行战斗。美国进行了大量的外交努力，解决了这些波折。

如果不是人们熟知的那个古老而又臭名昭著的“抓壮丁队”的英国制度，三国之间本来可以通过外交活动，友好地解决这个问题。人人都知道，强征入伍也就是随意抓壮丁，这在欧洲大陆是家常便饭，直到我们这个来自科西嘉岛的朋友让每个人都成为士兵或水手，把整个国家变成了一座兵营。

根据中世纪的法律概念，君主有权进行战争。因此，君主有权给自己提供进行一场成功的战争所必需的工具，即军队。一个神志清醒的人绝对不会愿意成为他人的刀下之鬼，他会拒绝自己接触真正的暴力，鉴于此，征募所需数量的兵力绝对不是一件容易办到的事情。因此，陛下手下的法警便找到了一种省力的办法：征募监狱人犯，洗劫沙龙和体面的露天啤酒店，把抓到的人拉到最近的战舰上，让他们成为“快乐的水手”，直到重建和平。

可以想象，这些扒手和强盗（更别提那些出门透口气并且顺便喝上一杯的爱和平的裁缝和店员）不会成为理想的水手。等到他们明白拉索和顶索之间的区别的时候，他们已经成了敌人的刀下之鬼，或者因染上这种或那种疾病而丧生，这些疾病是那些囚犯带到船上来的，许多船只因此变成了水上医院。因此，找到一些真正的海员，成为一种迫切的需要，而这样的人只能在商人中间找到，于是，便出现了这样一种做法：专候返航的商船，抢走他们的大部分船员。当英国商船队的人力被洗劫一空之后（直到一些船只连升一根中桅帆的力量都没有了），陛下的军官开始登上外国的货船，坚持认为所有面貌相像的年轻人实际上都是逃亡的英国人，并且在铁链的帮助下把他们送去当兵，同专制主义和独裁统治的罪恶权力进行斗争。

这种习惯（它居然成了一种习惯），在美国的船东看来是一件令人恼火的事情。如果是一个丹麦或者荷兰的船长，他把船员召集在一起，轻而易举便能说出谁是英国人，谁是当地人，但是，查尔斯顿的一名船长怎能知道一个来向他找饭碗的人是出生在马萨诸塞州的塞勒姆，还是出生在牙买加的塞勒姆？

他不是有身份的证明文件吗？

但是，有谁听说过当一名水手还要为诸如出生证或护照之类的小事操心？没有。当英国的炮弹把他的船首斜桁打得碎片横飞的时候，一般的美国船长别无良策，只有碰碰运气了，如果他的船只速度快，那就逃；否则，只好接受搜查。

当海上运输处在这样一种非常困难的境地之时，杰斐逊总统打点行囊，离开国家首都的这一天到了。和他的前任华盛顿一样，这位第三任美国总统非常愿意余生能够纵情犬马。他已经六十六岁了，为国家服务了四十年。很少有人像这位敏锐的弗吉尼亚老人那样给这个新生的国家做出了如此巨大的贡献，很少有人（也许华盛顿是个例外）像他那样受到恶意中伤、捕风捉影的辱骂。杰斐逊的朋友们提出让他干上三任，但他谢绝了。他回到蒙蒂塞洛，全身心地投入弗吉尼亚大学的建设之中，默默地鼓吹他崇尚的生活常识和个人独立的信条，而把国家事务留给了他的好友詹姆斯·麦迪逊，后者在他手下干了八年的国务卿，因此，人们认为他比其他任何人更懂外交事务。

与历届前任相比，我们的第四任总统麦迪逊的理想主义色彩较淡，多年的国务卿生涯让他失去了对于人类慈爱的许多幻想。他曾被迫忍受过欺软怕硬的英国大臣的侮辱（英国派往这个新的共和国的第一支外交代表团是通过罕与其匹的外交手腕从美国亲英家庭的子弟中挑选出来的），事过之后又听他们信誓旦旦大谈友谊。他发现拿破仑的外交官员刁猾狡诈，曾经听过不少他们对富兰克林倾慕不已的话，他知道，两者丝毫都不关心美国的商业权利，也不会改变他们的恐怖政策。美国非拥有足够数量的大型快船不足以迫使它们改弦易辙。

因此，仅仅靠纸上的最后通牒不会有任何作用，他明白这一点是在那个灾难性的日子里。当时，装备五十门大炮的英国船只“美洲豹”拦截住美国的快速帆船“切萨皮克”号，这艘船当时刚刚离开码头，船上的大炮还没有准备就绪。打死打伤二十一名船员，逮捕了据称是开小差的军人，然后同英国的中队会合一处。令人气愤的是，这支中队刚刚在诺福克加满了淡水。这件事情当然当即通报给了伦敦，伦敦外交部再三道歉。英国对中立立场的破坏感到非常抱歉，但是，向美国人民转达他们的英国朋友歉意的工作交给了一名态度傲慢的使者。自我们的国家独立以来，人们一直认为这位特使能力很强，足以在华盛顿担任职务。他在两国之间造成的恶果，超过了所有煤船和油船，可是人们常常把两个伟大的民主国家之间存在的对抗归咎在后二者的身上。

谈判持续了四年。由于印第安人发生叛乱（据说这是英国特工煽动的结果），英国的“抓壮丁队”和美国商船的船长之间激战不止，加之国内出现重大政治动荡，一个新的咄咄逼人的党派，所谓的共和党人，应运而生。麦迪逊政府的时代，并没有这个共和国的开国元勋们所梦想的那种和平与友善。

在母国和它的前殖民地之间最终爆发的那场战争，也给那些还依稀记得萨拉托加和约克镇幸福岁月的人造成了许多的不快。

各州之间出现了可怕的意见分歧。乔治·华盛顿刚刚担任军队总司令时，他们就抱怨不迭，说新英格兰人“唯利是图”“缺乏爱国主义精神”，现在他们再次表明，他们认为自己与众不同。

禁运和中止法案并没有成为他们的约束。自早期的普茨茅斯殖民地以来，他们一直从事走私活动，他们不费吹灰之力就避开了国会禁止同英国人和法国人通商的那些法案。不过，宣战之后．他们被迫停止了他们的非法活动，开始考虑他们的国家。他们现在强烈指责南方和西部的邻居，说是他们没有任何正当的理由引发了一场战争。他们的报纸要求拒绝执行联邦的命令。在哈特福特举行的一次会议上，来自新英格兰州的五个代表制订了一项完整的计划，决定成立一个独立的新英格兰联邦。

在这种情况之下，期待取得重大军事胜利，比如类似于攻占魁北克的要塞、类似于让蒙特利尔大吃一惊，简直就是一件愚不可及的事情。

在海上，美国商船的水手们进行了将近十二年艰苦卓绝的战斗。美国尚有几次在交战中获胜。

但是，在陆地上，灾难一个接着一个。

肯塔基州年轻的亨利·克莱宣称，仅仅肯塔基州的民兵用不了一个月的时间就能攻入加拿大。对所有虔诚的爱国者来说，这无疑是值得骄傲和期待的。但是，当人们发现，肯塔基州的民兵，或者根本不愿打仗，或者拒绝离开他们自己的领土去追赶敌人，或者坚决要求兵役期一满马上回家的时候（所有这一切的确发生过），年轻的“好战分子”的热情开始减退。

此外，当美国的一些重要防御工事未放一枪就拱手让人（1812年8月底特律就出现过此类事情），当美国的首都听凭入侵的英国军队任意摆布的时候（英军放火烧了这座城市、白宫和其他的官方建筑，借口“平民向士兵开枪”），当英国海军获准在马里兰州的中心地带恣意地烧杀抢掠的时候，人们对这个时乖运蹇、诸事不顺的总统的不满就演变成了一场风暴。眼看着没有任何事情，甚至连佩里大肆吹嘘的在大湖地区取得的胜利，也可能无法阻止他的政党垮台。

然而，又是欧洲神不知鬼不觉地拯救了美国这个新生的共和国，使其免于遭受更大的屈辱。事情的经过是这样的。无休止的拿破仑战争已经弄得各方筋疲力尽，这个国家到了快要崩溃的边缘。最后，1813年10月，拿破仑在莱比锡战败，被迫自我流放到厄尔巴岛。英国政府终于腾出手来，在蒙特利尔和魁北克纠集了一支由老兵组成的队伍，准备夺回桀骜不驯的美国各州。但是，当一切准备就绪，就要大干一场的时候，这个科西嘉岛上的妖魔逃到了欧洲大陆，再次要求英国提供军队参加盟军。在滑铁卢胜利和巴黎和会之后，当时，每七个英国人中就有一个因持续几十年的战争而沦为乞丐，在这种情况之下，再继续进行没人感兴趣的战争似乎是一件荒谬可笑、伤天害理的事情。此外，既然拿破仑已经流放到圣赫勒拿岛，英国海军大量过剩，再也没有必要强迫外国水手到国王陛下的军队中服役。

争执的焦点没有了，两国间希望停火。

当时，佛兰德的根特城是外交活动的中心。这里靠近英吉利海峡，离法国边境也不是太远，非常方便。这样一来，波旁王朝的子孙，不管哪边可能出现危险，都可以找到藏身之所。费力最小，又可以得到最大的人身安全。美国的代表团于是前往根特。在这里，在经过一番正常的拖延和考虑之后，他们签署了一项条约，这项条约什么也没有改变，一切事情，四年前是什么样子，现在还是什么样子。此事发生在1814年12月24日。两个星期之后，在和平协议达成的消息漂洋过海传到国内之前，前往攻占新奥尔良的英国军队被一个名叫“老山核桃”杰克逊的粗野“老将”打得落花流水，溃不成军。英国军队的残余被赶出南部各州。

这次交锋没有影响根特全权代表的最后决定。但是，在将近四年一连串的失败之后，此次交锋还是给了这个国家急需的把握和希望。

在这个激动人心的时刻，人们把那些曾经引导这个国家战胜欧洲强国、度过严峻危机的人抛在了脑后。从田纳西山上下来的那个出人意料的人物一时成为英雄。这是一种变化的象征，在战争的最后几年里，美国人民的心头开始出现这种变化。

老一辈的人生长在欧洲强国的殖民时代，他们一直没丢弃从母国的角度看问题想事情的习惯。现在，他们不由自主地变成了独立的美国人，他们走到这一步，完全是环境使然，而这种环境他们永远也无法充分理解。

但是，那些声名鹊起的人对这种微妙的双重忠诚却是一无所知。

他们生在美国，在美国的学校接受教育，从来没有去过欧洲，对欧洲人根本不感兴趣。

后来，在他们事业的开始阶段，他们吃尽千辛万苦，出现了严重的物资匮乏，因为一些欧洲国家和法国的一名将军（也许是一个意大利人，且不管他是哪国人）在那个特别的时刻，在欧洲领导地位的问题上进行了一场荒谬的争吵。

通过这件事情，美国的年轻人开始认识到，这些英国人、法国人、俄罗斯人，以及他们所有的国王、皇帝和那些自认为了不起的走狗几乎是无可救药。虽然这些统治者的影响可以波及三千英里大洋以外的地区，但是，与此同时，人们表现出了一种显而易见的轻蔑，同时夹杂着内心的恐惧。正是由于交织着这种奇怪的感情，一种反抗精神出现了，这种精神具体表现在不再与欧洲大陆进行任何交往的坚定的决心之中——一种早期的美国法西斯主义，新芬党[①]精神的一种表现：

直到1814年，美国的平民百姓靠着一种习惯的力量成为解放了的殖民地居民。在母国最后一次灾难性的拜访之后，他成了一个真正独立的人。

当他所有的问题出现的时候，他不慌不忙地背对着东方；他怀着坚定的勇气，面对着西部这些充满希望的山峦和平原。这些山峦和平原带来一种新生活的前景，它的发展前途他可能永远不会明白。

① 新芬党，爱尔兰资产阶级民主主义政党。新芬(Sinn Fin)原意为“我们自己”或“自助”，该党成立于1905年，反对与英国妥协，主张依靠自己的力量，谋求独立。

第三十六章　西蒙·玻利瓦尔建立新世界

1809年，杰斐逊总统卸任数周之后，一个有着悦耳名字的年轻人访问了美国，他就是西蒙·玻利瓦尔。他生长在委内瑞拉的加拉加斯，是一个富家子弟，在他二十六岁那年，他成了鳏夫。更为重要的是，他这个人好奇心很重。

西蒙·玻利瓦尔在巴黎求学期间，曾目睹了大革命中许多光荣和可耻的事情。现在，他希望亲眼看看美国叛乱分子制定的政治制度运行的情况。回国之后，看看能为自己国家的人民做点什么。据传言，在他的殖民地国家，人们心怀不满。在当时那种情况下，自路易国王走上断头台那个重大的时日起，世界的每个地方都流传着人们心怀不满的流言蜚语。独立和政府自治的高谈阔论中到底包含哪些东西，还有待亲自去发现。

我们都是这个小小地球上的过客，不能设想，我们一生中不受邻人命运的影响。

在十八世纪里，南美洲绝大多数国家的宗主国——西班牙与法国，它们结成紧密联盟，间接地为促进美国的自由事业尽了最大的努力。

这种政策引起了英国对它们的仇恨。后来在特拉法尔加，西班牙和法国的船队在纳尔逊的手中几乎全军覆没。英国报了一箭之仇。

此后，西班牙发现它与其在美洲殖民地的直接联系已经完全中断，除了不时地还有邮船的往来之外。如果英国希望殖民地居民会利用这一契机宣布独立，那么它会感到失望。新的西班牙不是新英格兰，人们对它无限忠诚。当拿破仑逼迫愚蠢的斐迪南七世退位，打发他到瓦朗赛去织毛裙的时候（国王陛下是这方面的好手），殖民地居民团结得像一个人，拒绝承认他们新的统帅，此人是拿破仑的弟弟；他们不肯服从新的皇家总督，因为，在他们的眼里，总督是篡夺王位的约瑟夫·波拿巴的代表；他们建立了一系列自己的政府，等待着他们的国王陛下结束流亡生活重返国内的那一天，他们可能还会再次骄傲地宣称他们自己是他最谦恭的忠诚臣民。

在他们中间出现了葡萄牙的一位合法统治者。他在1809年逃出欧洲的控制，在里约热内卢建立了自己的王朝，把巴西从一个殖民地提高到王国的地位，然后又由王国提高到帝国，所有这一切让南美人民有了一种重要的感觉，这是他们在原来总督那浑浑噩噩的统治时期从来没有经历过的。

在拿破仑战争刚刚结束之后，如果西班牙由一个略具头脑的人来统治，它的殖民地可能都不会丢掉，办法很简单，就是让它们成为领地，让一些级别较低的皇亲国戚作为它们的总督。

但是，如果所有的统治者都是这样明智，我们也就没有什么历史可写了。

西班牙王国政府在同南美洲的属地恢复接触之后，也曾想努力恢复十七世纪那些美好的旧时光。但是，毕竟时过境迁，人们慢慢注意到，一种新的社会影响开始在世界的一部分地区出现。这种影响似乎代代相传，就像南卡罗来纳州的查尔斯顿。

我指的是克里奥耳人的问题。

克里奥耳人是白人的后裔，他们的祖先许多年前，甚至是许多世纪之前，就在殖民地定居下来。他们自己是白人，然而，他们出生在殖民地，这个事实给他们带来了永远摆脱不掉的社会耻辱。他们是白人，在法律面前，他们和来自卡斯蒂利亚和加泰罗尼亚的西班牙人享有平等的权利。但是，一旦涉及实际政治，他们就发现，他们完全无权参加当地各省的政治事务。简而言之，他们是纳税人，但没有投票权，只能受邀站在一旁，而一个又一个总督通过剥夺他们的劳动成果富了起来。

显而易见，他们对此是不满的。但是，他们没有受过政治训练，没有政治组织。他们分裂成不同的宗派，彼此之间极度地仇视。因此，没有任何办法来改善他们的处境，他们仍然是我们的英国朋友所称的那种“殖民地居民”。

年轻的玻利瓦尔就出生在这样一个家庭之中。他集中了这许许多多的缺点和美德于一身。他勇敢、慷慨，他能够忍受肉体上巨大的痛苦，他刚刚遭受毒打，一天之后，他又准备进行另外一场战斗。但是，他缺乏成功地进行一种极其复杂的反抗活动所必需的那些品质；此外，早年间，他受到的是省内的贵族似的训练，习惯于在混血儿和驯服的印第安人庞大的军队面前摆官架子。所有这一切都影响到他的人生观。因此，他不是一个在战场上指挥千军万马的理想人物。

在北美，弗吉尼亚州拥有土地的绅士们和波士顿商业阶层的利益，至少在一定的程度上，与绝大多数农民和手工业者的利益不谋而合。其结果就是，乔治·华盛顿和约翰·亚当斯（他们各自阶层的典型代表）能够有一个为之奋斗的共同事业。然而在南美，西班牙官员、克里奥耳人、混血儿和土著居民，他们彼此是不共戴天的敌人，实现自由、博爱和平等理想的机会，就像在格陵兰岛上让荠菜生根发芽一样。

尽管有着如此之多且非常可怕的障碍，玻利瓦尔在北部，圣马丁在南部，成功地发起了一场争取政治独立的运动。这场运动席卷了整个南美大陆，政府的权力落到了长期定居的世家的手中。

这场争取独立的运动，开始于1811年，委内瑞拉人发动起义，结束于1823年，当时墨西哥摆脱了西班牙的殖民统治。

这段时间的跨度很长。当然，西班牙政府也没有无所事事地坐在一边，等着误入歧途的孩子重回祖国的怀抱；相反，波旁王朝尽其所能收复丢掉的省份。但是，他们在拿破仑战争中损失了大部分船只，在这个家族的金库里一个比索也没有剩下。法国和西班牙之间可怕的游击战，造成了法国人力资源的耗竭。

就在这个时候，当一切似乎都已失去的时候（包括荣誉），一个意想不到的朋友伸出了援助之手。

经过三十年不间断的战争，欧洲已经对战争产生了厌倦情绪，疲惫不堪。

“不惜一切代价建立和平与秩序”成为滑铁卢战役后幸存下来的一代人的口号。建立和平与秩序总是需要付出代价。一般说来，这种代价包括自治政府的丧失以及一位专业警察取代选举产生的议会的权力。不过，当情况变得极其混乱，一切事务完全停滞不前的时候，人们就会发现，大多数社会阶层不约而同地愿意做出牺牲。这就是发生在1815年的情形。

他们的帝国，皇家和尊贵的殿下仍然掌握政府的大权，不受任何干扰。那些以前的激进分子，会努力忘记他们曾在会客室的墙上悬挂过罗伯斯庇尔的画像。他们表现出榜样般的忠诚，成功地让自己成为极其高雅、令人尊敬、彻头彻尾的保守主义社会中有用的和装饰性的成员。

诸如此类，无不带有一点幽默的味道。在拿破仑倒台之后发生的规模宏大的反抗运动中，俄罗斯提供了必不可少的喜剧性的宽慰。

那个曾经给莫斯科的帝位增光添彩的，是亚历山大·保罗的儿子。自他父亲不幸遭到暗杀的那天起，这个年轻人就成了这个粗俗世界新生的“罪恶良心”的牺牲品。此刻，他迷倒在一个感伤的男爵夫人的魔力之下，善于接受“新思想”。然后，这位全体俄罗斯人的专制君主，宣称自己是上帝意愿的奴仆。他还以救世主自居，成为神圣同盟这个奇特的政治主张的精神之父。

根据这项动听、严肃的协议条款的规定，俄罗斯沙皇、奥地利皇帝和普鲁士国王，感到了他们唯一信任并寄予厚望的上帝对这些国家赐予的大量祝福。

他们不仅依靠圣教的规诫，即正义、基督教的博爱与和平的规诫——来指导他们对各自国家的统治，他们还提供彼此之间的互惠服务。他们宣称自己是他们的臣民和军队的父亲。于是，他们邀请所有其他的君主同他们一道享受真正生活的伟大荣耀。

当中学生的联谊会或三K党隐蔽的秘密回忆沉溺于这种胡说八道之中的时候，造成的危害并不是很大。但是，当全体俄罗斯人的沙皇，三百万骑兵卫队、近卫军、卫兵和哥萨克人的总司令开始甜蜜地谈论兄弟之爱的时候，正派的人拿起枪杆的时候到了。

当时，唯一一个对这种帝国贸易联盟可能出现的危险持怀疑态度的政府是英国。由于英国不受成文宪法的限制（因为他们没有），因此他们做的许多事情其他国家无法做到，这些国家处处受到清规戒律的限制。比如，他们让一些特定的家庭把持对外事务的管理，因为这些家庭在这种领域内受过长期的训练，与其他国家中渴望从事这种工作的外行相比，这些人更加适合担任这种职务。

我并不是想说，所有英国的外交大臣都是杰出的政治家和外交家。但是，不管他们的口才多么不尽如人意，他们的地理知识多么有限，他们几乎无一例外地了解许多对外和国内政策的真正性质。在过去的五年中，这些政策一直是大不列颠在商业上取得成功的基础。也许除了克里米亚战争以外，他们从来没有让感情上的考虑影响他们对英镑、先令和便士的追求，这一点尽人皆知。

因此，神圣同盟美妙动听的愚蠢言行，不会对那些居住在唐宁街上的聪明人产生什么影响。当有人极力要求他们加入其中的时候，他们便口授一封礼貌但又婉辞的书信，这封信由摄政王正式签字。信中告诉亚历山大皇帝，大不列颠虽然完全赞同陛下神圣的行为准则，但是，更愿自己能够超然事外。

至于美国，当初沙皇是否考虑过给华盛顿寄送一份文件的抄件，现在已经不得而知。有一点必须记住的是，美国人不是叛逆者，就是叛逆者的后代，像亚历山大这样一个非常自尊的统治人物，会直截了当地拒绝认可他们是人类平等的成员。

这种态度是相互的。也许有些人隐隐约约地听人说起过神圣同盟，但是，它除了引起一点转瞬即逝的好奇之外，没有产生任何作用。在人们看来，这仅仅是欧洲愚昧无知的又一种表达形式。

接下来的情势非常糟糕。西班牙国王的军队失去了在南美洲内陆的立足之地，被迫躲在沿海的十多个堡垒之中。屋漏偏逢连阴雨，天主教国王陛下本人也被他的长期遭受苦难的臣民赶出了首都。对于这些干预天道正常习惯的行为，神圣同盟不能采取视而不见的态度。法国国王受邀越过比利牛斯山，重新登上他先辈的宝座。据说，大功告成之后，有人竭力主张法国国王陛下张帆远航，漂洋过海，重新征服南美、中美和北美桀骜不驯的殖民地。

这个小小的计划本身足以引起人们的不安。

但是，它仅仅是个开始。

早在十九世纪就已经在阿拉斯加建立起殖民地的俄罗斯人，开始逐渐向太平洋的西海岸踏足。他们在旧金山附近海域的费拉隆群岛上安顿下来，在距离金门桥几英里的地方修建了一座小城堡，当时，这块地区还是一个荒无人烟的地方。因此，严格说来，莫斯科人在殖民地运动方面的经历并没有让华盛顿感到担心，但是，当沙皇突然禁止所有外国船只——包括所有美国船只——驶进他在美国殖民地的一百英里领海之内的时候，纽约和费城许许多多的人开始觉得这个玩笑可能开得太大了，他们觉得，这样的一件事情，要么一笑了之，要么奋起力争——后者更加可取。

时隔不久，报纸报道说，英国人也对这种局势持有相同的观点。在智利和秘鲁的敌对斗争爆发之后，英国取代西班牙，承包了人们日常生活所需的一切物品。如果这些现在悬挂黄、绿、紫三色旗的桀骜不驯的各州再次受到母国征服，那么，英国商人就会遭受非常严重的损失。因此，如果有个人能够直截了当地告诉神圣同盟的创建人，叫他断了这个念头，这样明显符合大不列颠的利益。不过，由于国家的原因，这种警告似乎最好不是由伦敦直接发出。美国国务卿乔治·坎宁越过大洋窃窃私语（他是大声地窃窃私语，到处都可以听到），他说:“你们放手去干，采取一切可以采取的手段阻止西班牙人再次征服他们以前的领地，我们和你们站在一起，我们将尽我们的最大努力支持你们。”

美国总统门罗，在同他的内阁同僚进行充分的研究之后，于1823年12月的第二天写给国会的一封“正式”信件中警告所有欧洲国家，搜捕心怀不满的美国臣民的时期已经结束；同时还警告说，只要在美国的权力之内，这个时期就将永远保持下去。

这是一个大胆的举措。

美国没有能力实施这个严厉的“禁止”标志。

如果俄罗斯或法国当真希望借着大炮的威力挑战这项决定的合法性，结果怎样，不得而知。

与担任华盛顿最受信赖的中尉以及担任杰斐逊政府特命全权大使的资格相比，门罗总统还有其他方面的资格。

很早之前，他就懂得不动声色的好处。

第三十七章　新的信仰

作为一个忠实、有条理的编年史家，我本应该盛赞发生在十九世纪最初十二年的诸多重要事件，而我却似乎给忽略了。

我本应该向你讲述那个极为出色的联邦党的悲惨结局。它曾经将资不抵债的革命遗产变成一个健全而自尊的国家，从而挽救了美利坚合众国，然而在最后一场对英战争的兵荒马乱的岁月里，它开始鼓吹美国各州拒绝执行联邦法令和脱离联邦的权利，随即也就毁掉了自身存在的价值。

我本应该提到弗吉尼亚的约翰·马歇尔。他作为美国的首席法官使法庭的尊严达到了一个近乎神圣的地步，时常准备着将那些有可能同宪法神圣的规定相抵触的国会法案变成一纸空文。我还应该回顾一下那一群年轻的共和党人的冒险经历，他们成了托马斯·杰斐逊及其追随者的接班人，其支持建立一个强大联邦中央集权的全国政府的热情超过了联邦党人。但是，无论如何，从华盛顿将军当政到杰克逊[1]将军统治的二十四年间，这个国家生活方式和思维方式

① 杰克逊（1767—1845），美国第七任总统（1829—1837），也是美国历史上第一位平民出身的总统。

发生了根本变化，与之相比，所有这些事件似乎都无足轻重，微不足道。

这些变化在东部的影响不是很大，仅局限于这个国家的西部和南部地区，或用当代历史学家的话说，它们是边疆的产物。

说到这里，接下来，通常就会大加称赞开拓者的冒险创业精神，他们独立思考和行动的精神，他们粗犷、爽快但谦恭有礼的举止，他们的平等意识，他们桀骜不驯的性格，他们信守言论自由的原则，他们乐于帮助朋友和邻居的精神。

毋庸置疑，这些品质在一定程度上都是真实可信的。这些移民具有冒险开拓精神。他们热情好客。他们勤劳能干。他们坚持己见，不在乎别人对他们的意见怎么想。但是，这些品质也是其他移民荒原的人的特征，然而，世界其他地方的移民却没有创造出我们所称的“美国人的”明确的生活哲学。

那么区别何在?

我冒昧做一个猜测，或许不对。

进入西伯利亚、印度、婆罗洲和非洲未知的荒原野地的英国、俄罗斯、法国和荷兰移民基本上仍然是英国人、俄罗斯人、法国人和荷兰人。他们是生活在黑人、黄种人或有色人毗邻而居社区中的仅有的白人。他们同母国息息相关的主线是使之避免淹没于孤独和失望海洋中的生命线，他们不惜牺牲一切来确保这个生命线安然无恙。因为他们明白，一旦撒手，他们就会迷失，从而沦为海滨流浪者。

美国的开拓者经历了社会和经济发展的不同形式。阿姆斯特丹或费城的快乐市民可能会对可怜的边疆开拓者及其孤立无助抱有同情之心。但是边疆开拓者丝毫没有意识到自己命运多艰。可以肯定地说，日子过得不容易。困难难以克服——蚊子比狼群还危险；绊脚石随处可见，多不胜数；牛羊动辄就会染上不治之症。但说到寂寞，没有。原来意义上的寂寞，他不知道，因为他的群体存在之基础是以前所没有过的。我暂且将其称为“集体孤立”。

西部开拓者无疑是“孤立的”。但是鉴于成千上万志同道合的人在同一个时间做着同样一件事，同样“与世隔绝”，并且一道翻越阿巴拉契亚山脉，沙漠不再寂寞，森林因神秘的肃静而引起的恐怖感也烟消云散了。

结果，这些开拓者不再为原来的无数恐惧所困扰，他们认定，即使没有继续将其同他们年轻时的文明连接起来的文化生命线，他们照样能行。他们拿起斧头，将这一生命线一劈两半，说：“谢天谢地，总算摆脱了！”接着他们开始制定生活的规划，一个足以尽善尽美地表达他们的精神需求和经济抱负的生活规划，最后这个原始的共同规划成了那些广大地区的不成文法律，这一文明的先锋队的能量和耐力已经服从于人的意志。

如果你同意对边疆精神（最终成为美国精神）发展的这一解释，你就会开始理解，一种以很多美德为基础的哲学为什么仍然被那些千奇百怪、令人无法容忍的偏见所玷污。当开拓者们重新将其纳入他们的思想和行为方式时，这种偏见在世界其他地区正在迅速消失。

这是一种自愿流亡生活所必然遭遇的危险。

如果，仅仅是针对一部手稿——那些来自草原上某一偏远村庄的乏味的著作，那似乎是一生潜心研究的结果；对此，每一位出版商和图书馆学家都很熟悉，也许还发现其中有些内容可以从过去二三百年间的出版物中查到。那么，这种情况下，实际危害并不很大。出版商可以修书一封，如同其秘书一般圆通乖巧。于是，在距大城市有三四天路程的某一穷乡僻壤，一个穷困潦倒、急于名利双收的作者就得开始为自己筹备葬礼。

但是，那些占有全部粮食、木材和铜，以及那些大部分煤炭和石油的所有者，他们自封为新时代的预言家，并开始坚称，在其孤立的社区里，那些切实可行、令人信服的行为和思想规范，应该当作一个完全不同的发展阶段的世界的基本法律，并为人们所广泛接受。于是，问题变得严重了。

边疆人民曾经同华盛顿并肩战斗，曾经是杰斐逊志同道合的战友，曾经帮助他们将十三个小殖民地统一为一个强大国家，他们仍然认为自己是整个世界的文化典型的一个组成部分。

二三十年代的新的开拓者，对自己的看法又有不同。他们也迫切希望成为忠实的好公民。但是，他们坚持，要按照仍盛行该国某一地区的“善”和“忠”的理想，来成为忠诚的好公民；然而，这个地区已经自愿断绝了同世界其他地区的联系，他们仍然坚持，宁肯用蜡烛，也不用油灯。

他们对自己信仰的优越性深信不疑，希望有朝一日将这种福音传播给北方和东部的邻居们。

然而，没有传教士就不会有新消息传播开来。

于是，对新信仰的宣传就交给了几个无名的底层小先知。一个真正的民主的耶利米的时代已经到来。

他在1824年出头露面。

他作为边疆地区的候选人竞选美国总统。他不是别人，正是我们的老朋友，新奥尔良的英雄安德鲁·杰克逊。

第三十八章　独裁

第一次向权力冲刺，杰克逊失败了。由于是仅以很少的票数差距失败的，因此，这位新的救世主的追随者们发出了骇人听闻的叛国呼声。

既然他们的候选人是“人民的选择”，既然人民是通过投票过半数来表达自己的意志，借耶和华之口发表意见，所以，有悖于其决定的任何法案，都被视为公然侮辱万能的上帝。

更有甚者，在安德鲁·杰克逊1824年落选之后，辱骂声和谴责声随即汹涌而来，因为在过去二十五年间，政治几近成为一个令人尊敬的职业。

美国前六位总统，都是高贵的绅士、名牌大学的毕业生，彬彬有礼，学识渊博，擅长交际，创建了共和国，缔造了宪法，是功勋卓著的元老。

他们中不曾有人因生活所迫而不得已去躬耕陇亩、使锹抡斧。

因其个人风格或者经济背景，他们中的一些人曾经寻求过农民的政治支持，另外一些人也曾同沿海的商人、银行家和制造商结成同盟。不管他们是否曾是贵族生活或民主生活理想的代表，一种提供高效而忠诚的服务的愿望都曾给他们以激励。他们认为应召出任最高职务是一种颇为庄严的回报，之所以天降大任于斯人，谦虚地说，是因为他们的同胞们认为他们最适合担任其临时统治者。

他们中一些人力求奢华，讲究排场，另一些人则不修边幅，但是，这既是个人喜好的一种表现，也是政治上的一种计策。那么这位推崇杰斐逊总统先生而且吵吵嚷嚷、志在必得的年轻人会怎么样，我不愿去做猜测。

之所以绕了个弯子，谈及礼仪这个问题，是因为，如果不确切理解我们共和国初期的官场做法，就不可能理解约翰·昆西·亚当斯总统（著名革命家约翰·亚当斯的儿子）为何诚惶诚恐地期待他的继任者走马上任。

对于那些有着政治听觉和社会视觉的人来说，杰克逊当选似乎是绝对必然的。就当时来说，不仅经济利益的中心从东部转移到了西部，而且杰克逊本人对当时将要掌权的党来说也是一个理想的候选人。他是一个威严的人（当然无疑也是我们最谦恭有礼的总统），然而从出身和所受的训练来说，他都是边民的孩子，即使在受命出任国家的行政首脑时也依然如此。

杰克逊的父母于1765年自爱尔兰移居北卡罗来纳。两年后他们的儿子安德鲁出生。十四年后，这个孩子就已长得人高马大，参加了革命，并参与了几次小型战斗，还曾身陷英国监狱营。杰克逊经常回忆起这段经历，直到他最后的日子，他到死都是大不列颠的不共戴天的仇敌。

后来，这个年轻人决定逃离田纳西的一个农场，摆脱那里的苦役。对每一个孩子的潜力都深信不疑，是新兴的西部时尚。在那里，年轻的安德鲁利用闲暇学习了法律，为将来从政做了准备。

1788年，安德鲁接到了第一项任命，受命出任北卡罗来纳西区的检察官。不久后他荣升为联邦众议员和美国参议员。在这段生涯中，他并不为人所注目。令人侧目的是，他痛恨一切似乎会使他想起过去君主制的那些事情，这从他激烈反对华盛顿将军的一切政策、支持一个不可靠的人物——副总统阿伦·伯尔等事情上，可见一斑。

但是，一旦离开华盛顿和其他文明的地方，他就会忙忙碌碌过自己的日子。他帮助起草了所在州的宪法——他曾担任田纳西州最高法院法官达数年之久——而且被认为是共和国未来的领导人之一。

虽然从事着法学和行政领导这样的工作，但这并没有阻止他成为一个非常急躁易怒的公民，也没有制止他进行多次决斗。这些危险的决斗是因何而起，在什么地方进行的，我们不得而知。在一个酒气熏天的社会里，一句话就可能引发争吵，在1800年，一次争吵之后，随之而来的必然是“拔枪相见”。

在这些决斗中，杰克逊有时会杀死对手，有时也并非那么走运。1806年决斗中受的伤就一直折磨着他，到死方休。

再后来，爆发了最后一次对英国的战争，亚拉巴马及佐治亚的印第安人起义。杰克逊作为一个民兵小分队的总指挥，追击克里克人进入了荒原。在霍斯舒本德的战斗中，他打得他们落花流水，此后他们就再也没有威胁到南部诸州的安全。

这场战役的胜利，使得他在正规军中获得了一席之地。他留在了南方，由于熟悉那里的地形，他占领了英国企图用作反攻美国的供应基地的佛罗里达地区，打败了帕克南率领的英国远征军，拯救了新奥尔良。

接下来，作为新奥尔良的军事指挥官，他无视一切民法，赶走了反对他的一位联邦法官，自己还卷入了一场蔑视法庭的案子，这个案子引起了一场拖了近三十年的官司。接着，又发生了一场印第安人的运动。佛罗里达半岛，名义上受西班牙管辖，但是波旁王朝对其管理不善，也没有将其放在心上，实际上那儿被一大帮土著人和混血儿强盗占据，成为匪穴。1818年，西米诺尔人（旧克里克联盟的残余）同佐治亚南部的移民爆发了一场常规战争。他们撤出了美国的辖区，越境逃到了西班牙的领地。对杰克逊来说，纸面上的边界线不过是旧大陆外交的一个不必要且令人厌恶的提示符。他越过西班牙边境追赶西米诺尔人，占领了佛罗里达（尽管美国和西班牙当时和平相处），绞死了两个他认为鼓动西米诺尔人叛乱的英国商人。随后，接到通知说，他的华盛顿老板对他这次入侵友好国家的领地表示不满；而且，东部有几个名人想要以所谓的

“谋杀”阿巴思诺特和安布里斯特一案，把他送上军事法庭。对此，他大发雷霆。

最后，这件事不了了之。西班牙以五百万美元的价格将佛罗里达卖给了美国，并放弃了对杰克逊的指控，也许是遗忘了。杰克逊被任命为这块新领土的军事州长，这个位子（就像他在新奥尔良的时候）再次使他同联邦法官以及他的有时计较个人得失的部下发生了激烈争执。

1822年，正是这个脾气暴躁的老头，被田纳西的州议会提名为总统候选人。他得到了大批忠心耿耿的民主党人的支持，在总统选举团中获得了最多的票数，以九十九票独占鳌头；而约翰·昆西·亚当斯获八十四票，威廉·哈里斯·克劳福德获四十一票，亨利·克莱仅得三十七票。

多数人拥有统治、支配权，甚至拥有可以虐待少数人的权利，对于笃信这种权利的人来说，仅仅因为一纸文件中的一段话就不让他当总统，似乎是不可理解的。但是，由于没有一个候选人获得了绝对多数，最后的决定要由众议院做出。

当时，亨利·克莱要求其追随者转而支持他的朋友亚当斯先生，结果亚当斯先生入主白宫。杰克逊将军认输了，但是他离开华盛顿时坚信自己被蒙蔽了，东部的贵族老爷们又一次欺骗了平民百姓，剥夺了他们的代表出任总统的机会；如果不严格照搬过时的法律条文，而且从数量优势的道义上来说，这个机会本来是属于他的。

现在，杰克逊回到了他“隐居的地方”，在东部几个精明政客的帮助和支持下，准备1828年卷土重来。这些政客利用这位老先生的先人之见，致使他确信那些与之意见不合的人腐败邪恶，全非好人。

在那次选举中，他席卷了马里兰以南和阿帕拉契亚山脉以西诸州的选票。此外，通过他在当地党徒的精心安排，他获得了宾夕法尼亚州的全部选票以及纽约州选举团选票的多数。其结果就是，他获得的选票是亚当斯的两倍，可能会以唯一真正适合他脾气的角色——独裁者的角色到华盛顿赴任。

1829年3月4日，获胜的民主体制的追随者来到了国家的首都。 一万五千多人来听他们的领导人做宣誓就职演说，之后，还有可能很多人拥入白宫各个窄小的房间，热情地与他握手，向这位人民的英雄表达他们对他全心全意的支持和始终不渝的爱戴。

杰克逊按照他一贯的作风担当起新角色。他向朴实无华的朋友们微笑着，耐心倾听他们的发言，容忍他们踏踩他的地毯和家具。但是，当嚣声散尽，乱局重整，一切都尘埃落定之后，他大权在握，之后的八年时间里，他按照自己的意志，按照最典型的传统和现代专制主义统治着这个国家。

实际上他是一个保守派，不是新英格兰意义上的保守，而是那些与世隔绝的边疆人眼中的保守。他们将不能立竿见影满足其需要的一切东西斥之为无用的东西，视其为一种古老而娇气的文明的可鄙残余；他们希望以一种新的未经考验的民主的偏狭标准，取代非常成熟的贵族体制的固定之规。

如果有人希望杰克逊的胜利意味着重返各州凌驾于国家之上的快乐旧时光，他们很快就会大失所望，因为在安德鲁·杰克逊统治时期，华盛顿变得比过去任何时候都更像一个帝国之都。

杰克逊本人不信任合众国银行，并重创了那个有用的机构。如果有人因此预言资本主义将毁灭，那么他们必将幡然醒悟，因为关税虽然略有调整，但并没有废除。那些旨在摆脱这一不受欢迎的负担，曾经通过在其孤立的辖区内宣布关税无效的农业州，立即受到了联邦出兵镇压的威胁，它们很快被迫对杰克逊言听计从。

如果还有人头脑简单，认为一个真正的民主国家从此可以将治国大权赋予那些最适合担当此任的人选，那么，当整个联邦任命权体制变成了一个对政治服务的奖赏制度，当“战利品属于胜利者”的说法成为国家行政长官的正式行为准则时，他们定会震惊不已。

然而，跟杰克逊的独裁对整个美洲大陆做出的伟大而持久的贡献相比，这些不足之处微不足道。

当然，杰克逊将军同时代的人，非常刻薄地将其新统治者的武断粗野的方式同上一代统治者威严的风度做了对比。他们倾向于同意托马斯·杰斐逊的判断：这位名声远扬的新奥尔良英雄既粗鲁恶毒又头脑糊涂。他们还谴责其追随者，其用词如同当今政客评价来自遥远的莫斯科的朋友。

而且，令他们感到非常失望的是，这些自命不凡的家伙根本不懂社交礼仪，他们在白宫随处抽烟——一个非常惊人的创举；还听任围绕一个女人过去的荒唐争执沦为一场激烈的斗殴。结果就是内阁中半数人辞职，致使总统和副总统之间出现无法弥补的裂痕。

黑人的解放，由于伴随着代价高昂充满血腥的战争，在历史上引起了人们的广泛关注。然而，白人的解放往往被人忽视，因为它没有受到行刑人和绞刑架的干扰。但是，在使白人摆脱古老的农奴制的最后枷锁获得自由的运动中，新独裁者发挥了显而易见的作用——或许不是有意为之，但其作用仍很重要。

边民们可能不在乎他们曾否听说过欧洲，但是欧洲开始听到有关他们的消息。美洲在民选政府方面进行的伟大试验，并且获得成功，激励欧洲自己努力挣脱已经变得无法忍受的枷锁。

首先在封建制度依然牢牢占据统治地位的英国，接着在波旁王朝恢复了令人深恶痛绝的中世纪专制政体特点的法国，再就是奥地利和德国，甚至在遥远的俄国，都进行了以代议制政府取代目前的贵族统治制度的尝试。这种尝试在法国和英国取得了成功，在俄国却失败了，而在奥地利和德国则获得了部分成功。无论在哪个地方，这些尝试都带来了民主力量的复兴。它们的成功，在某种程度上无疑应归功于美洲存在着一种欧洲领导人梦寐以求达百年之久的政府形式。

这并不意味着新的统治者将是尽善尽美的完人。老天不容！这种民主之理想国，一旦为坏人所操纵，其危害在更短的时间内超过善良而聪明的人创立的其他形式的政府。最为糟糕的是，它曾有（而且仍有）一种鼓励平庸、甘于无知和低效的倾向。

另一方面，它往往会释放出某些能量和热情，这些能量和热情在贵族或富豪统治的国家注定会永远受到压制，更不用提在神权国家了。

杰克逊的行为和判断曾铸成大错。当他怒气冲冲或猜疑重重的时候，他可能会采取最终会给本国繁荣和福祉造成灾难性后果的政策。但同时，他在务实政治上不仅给美洲而且给全世界都上了一课。

他使新旧大陆的人们看到，一个民选政府能够像一个组织严密的贵族统治的政体那样成功地治理一个帝国。虽不那么一帆风顺，或许也不那么庄严郑重、效率很高，但它可以使政府运转正常，而且可以保证普通人在自尊和独立上的投资能够获得比当时实行的其他制度更大的幸福回报。

对于这些问题，根据无可辩驳的统计数据和原型计划，当然不可能得出确切的结论。但是当代参观者的看法则给人以启发。

“绝对不可能。”特罗洛普夫人说，她痛苦地回忆起了被迫向辛辛那提的乡下人出售高筒橡皮套鞋和发夹的痛苦岁月，绝对看不出在西方的这个伟大民主国家有什么好的。

但是阿历克西·托克维尔伯爵则有不同看法，他不是从债主的监牢不好受的角度，而是从布鲁日的一个难闻的寄居宿舍看待这个大陆的。

“这场奇特的政治实验具有某种意义。”他告诉朋友说。

他说对了。

第三十九章　无用的艺术

可怜的杂耍演员！

他们并非过着很幸福的生活，说实话，他们也并非很逗乐。

同代人对他们不够尊重，那些后来者看到其乏味的作品，耸耸肩说："作为我们国家知识发展中的一个篇章很有意义，但是太枯燥乏味了！太乏味了！"

为了对新联邦的艺术和文学状况做到彻底公正，我们必须回到三百多年前的时期。

在另外一本书中，我曾经将社会和宗教的巨变比作上帝投到人类波澜不兴的水池中的石子。这些投掷物掀起了涟漪，涟漪扩散到池子的角角落落，而且随着越来越远离中心，涟漪变得越来越弱，但从没有完全消失。它们可能不会掀起轩然大波，但是一定在某种程度上改变了水面的平静，尽管是微不足道的。

文艺复兴运动就是这样一次骚动，它有了这样的一种可能性，就是使人类的目光从令人生疑的天堂欢乐转向寻求有形的世俗欢乐。

文艺复兴起源于意大利，接着越过阿尔卑斯山，扩大影响范围，直到旧大陆的几乎每个国家都感到了"人类至上"这一新的福音的影响。

由于北海和英吉利海峡将其同大陆其他地区隔开，英国是最后一个受其影响的国度。正值一切顺利进行之际，正当贝斯女王手下的诗人、音乐家、戏剧家、演员和画家将其拥挤不堪的小岛变成一块伟大乐土的时候，马丁·路德博士和约翰·加尔文博士出现了，将一吨有争议的砖块扔进了新人类这个快乐的池塘里，掀起了轩然大波，这场风波时至今日还在继续。

总之，在文艺复兴运动得以彻底征服英伦三岛之前，宗教改革溅起的巨大水花吞没了文艺复兴运动，而且再次以疑窦丛生的死后快乐取代了更为积极的生前满足。

由于历史上的一个怪异的转折，对光荣人类的新理想不为所动，后来完全处于宗教改革影响之下的那个阶层，恰是移居新大陆并得以将其自己的道德规范、喜好以及行为标准强加于北美整个殖民地社会的那个阶层。

你可能还记得法国大革命时期的一件小事。恐怖主义分子捉住了著名的化学家拉瓦锡，将他拖上了断头台。他的朋友们表现出难得的勇气，请求法庭的庭长免他一死，因为他是当时最伟大的化学家。

“呸，”庭长大人回答道，“共和国不需要科学家。砍掉他的头！”

用铁棒统治清教徒社会的加尔文派神职人员，也是以同样的态度对待那些投身于无用的艺术追求，以及那些不像所有敬畏上帝的良民那样靠在工厂或办公室上班度日的人。

他们没有将画家、雕塑家和作家斩首。他们不必那么做。

这些可怜的人脱离了自己的自由意志。在艺术领域，新英格兰仍然像朱迪亚古老的不毛之地一样毫无收获，那里曾经作为马萨诸塞理想国创立者的理想，使他们充满了满腔热情，这种热情没有被视为是精神轻浮和心灵邪恶的表现。

对某些工匠应该另眼相看。谦逊的木匠和石匠仍在建造一流的房屋。但是，那时的建筑总是带有加尔文派的偏见。所罗门不是已经建造了一个庙宇，名声远播至遥远的阿比西尼亚？不是有一本名叫《出埃及记》的书，其中记载了关于柱子、木板、门和门闩的规格？

结果，伐木工获得了自由，而为数不多的铜匠和银匠的狡猾丝毫没有丧失，这种狡猾使他们的行业在旧大陆显得与众不同。但并不止于此。在一个认为《圣经》就是最高的文学表现形式的民族中，广泛意义上的文学已经变得肤浅如纸。

另一方面，音乐跟剧院和舞厅的世俗享乐密不可分，令人一刻也无法忍受下去。

绘画艺术从没有深入普通家庭，而多数移民出身于普通家庭。他们在低地国家长期逗留期间听到的关于画室生活的故事使他们相信，画笔和调色板是魔鬼的特别发明，应该尽力避开它，如同对扑克牌和圣诞礼物那样。

舞台仍然保留着。对于那些希望保持心灵纯洁的人来说，舞台一向是仇恨的对象。一提到莎士比亚这个名字，他们就不寒而栗，至于伊丽莎白时期的其他伟大戏剧家，根本就无人提及。辛苦劳作的日子，由于缺乏对一般意义上美的追求，显得非常乏味。但是，安息日早晨令人毛骨悚然的告诫性布道，对死后情况的人为描述，这些都让女人孩子大哭小叫，从而为普通人发泄被压抑的感情提供了一个出口。而在搜捕行巫者的盛大仪式上，参加者狂热的举动和施虐的幻觉，使那些坚持认为存在某种东西比关于所多玛和蛾摩拉[①]的传闻更强大一些的社区成员得到了放松。

除了一些简单的赞美诗选集、单词拼写课本和照例必有的令人厌恶的老一

① 所多玛和蛾摩拉：据《圣经·创世记》记载，所多玛和蛾摩拉是摩押平原五城中的两个，罪恶深重。耶和华派了两位天使去毁灭二城。所多玛、蛾摩拉后来也就象征神对罪恶的愤怒和刑罚，警诫后人。

套布道选集外，美洲对十七世纪和十八世纪的艺术毫无贡献。

这样一种状况不能永远保持下去。

处死贵格会会士，将戏剧演员关进乡村牢房，清剿圣徒教会的一切异议分子，这样做相对容易得多。但是，如果一旦本国的年轻人开始离经叛道，那就完了。人类心灵的前独裁者将会被拉进无望取胜的殊死搏斗之中。这种搏斗尚未结束。

然而不幸的是，正当心灵获得解放之际，我们文明的中心从东方转移到了西方。边疆的开拓者们，虽然是自愿撤离不能满足他们的自由和独立要求的文明社会的，但他们不能将艺术视为从游手好闲者、漂亮女人、圣徒和织锦在世界盛行时期流传下来的无用之物。多年后，有话要说的人们才敢于以书籍和报刊的形式来发表他们的思想，而且早期的多数作家深知自己在社会上地位低贱，因此不会形成自己的风格。他们满足于作为移植过来的英国人，他们有时将美国的一些东西引入自己的小说，但是他们写作时就像跟他们仍视为“母国”的国家没有分离一样。他们不停地呼吁一种纯粹的爱国主义，比起不修边幅的边疆人，他们很少意识到美国的传统，虽然他们在诗中赞美边疆人高尚的品质，但是边疆人出现在他们的城市和议会却让他们感到前途不妙。

早期，的确有一些精美的散文问世。《独立宣言》无疑是这样的杰作，其作者深知遣词造句的真谛，而《联邦党人文集》的作者则证明他们的语言并不仅仅是从《新英格兰识字课本》中学来的。

这些文件与其说是对文学宝库做出的新贡献，不如说是政治睿智的表现，直到一代人以后，欧文、霍桑、库珀、洛威尔和朗费罗才给悉尼·史密斯贬低人的嘲美——“谁读过美国人的书？”——一个满意的回答。

当时，对一个没有独立财产的人来说，仅仅靠当作家来谋生是不可能的。人们对洛威尔、欧文和库珀表现出的尊重，不仅因为非常赞赏他们付出的劳动，而且同样也是因为他们有着优越的社会和经济地位。这时，一个一流艺术家终于出现了，他的独创性及其精雕细琢的艺术功力是独一无二的。但是，爱伦·坡是一个桀骜不驯的人，是一个放荡不羁、反复无常的家伙，这就注定他要过着悲惨孤苦的生活，在格拉布街那些令人失望的记录中也难以找到可与之相比的事例。

一个人拥有如此的才华，难免不展示其多余的聪明才智和艺术热情。很多人在西部的巨大冒险行动中找到了表现自己的机会。另外的人则把全部心思投入铁路建设或进一步发扬光大前辈的事业。但是，如果这些令人仰慕的逃避方法失败的话，他们往往会沦落为从事一种唯一具有文学性质的职业，这种职业对那个时期血气方刚、双拳紧握的男子汉来说并不是绝对关闭的。

我指的是新闻圈子。

自从恺撒的《每日纪事》首次面世以来，世界就对报纸这个行业寄予厚望——平民百姓如何变得知书达理；如何通过使每个男女老幼都成为一个泱泱大国的公民来扩疆拓土；民主如何能够战胜愚昧和偏见等一切黑暗势力！当然这些美丽的梦想结果很少得以实现。最后，一些单张报纸仅仅发展成为对群众进行集体知识麻醉的工具，成为一切客观公正讨论和争论的大敌。

在这种情况发生之前（上述的题外话登载于1927年的通俗小报上，请你记住），报纸为那些有话要说或从没有机会让邻居注意其意见的人提供了一些非常有益的服务，为他们提供了一个发表意见的地方。

既然纯文学不能提供谋生的机会，终于有了另外一种方式，可使年轻人不用进会计室和工厂，但却感到自己投身于某种创造性的生活。

这就是教师职业。

普通学校仍然相当简陋，学院仍然带有母国的印记，那也是神学培训学校的印记。

因而，那些有着自己思想的可怜的人不是学府想要的那种老师，正如尊敬的爱默生博士及其几个最杰出的同代人的痛苦经历所告诉你的那样。

殖民地和共和国早期盛行的艺术和文学，其状况并不乐观。有些人料想到世界上有些东西用金钱是买不到的：有些思想比明天的面包和果酱更宝贵。对他们来说，生活是残酷而艰难的，但是，这些不舒适的条件最后被证明是一种潜在的福分。

那些能够乞讨、借到或偷窃足够的钱远渡重洋的人，几乎都逃到了世界其他地方。在那些地方，他们接触了某些其他形式的文明，那些文明从未受到过加尔文主义的影响。

那些自愿的逃亡者多数又回来了，因为对家乡的发自内心的强烈热爱。一旦回来，他们就继续进行正义的战斗，争取思想、言论和写作自由的权利，蔑视教会搜捕行巫者的暴行，试图尽其所能将其欣欣向荣的土地变成适合真正的文明人安居乐业的国家。不出所料，那些优秀的男男女女大多没有因其无私的劳动而受人感激，而且，他们一生中大部分时间精神寂寞，这种寂寞致使他们中的很多人酗酒无度，神志不清或自杀身亡。一些较为坚强的人生存下来了，他们不在我们很多开拓者中的最无用的人之列。

是的，他们从没有砍倒过一棵树或开垦出一亩土地。

但是，他们使一些不起眼的思想在贫瘠的土地上成长壮大起来。迄今为止，这些思想仍然被神学的偏见和教义的傲慢这些寸草不生的石头所掩盖。

就其本身而言，那绝不是毫无价值的成就。

第四十章　真空地带

有一个简单的小问题：如果甲国有五千万英亩无用的土地，而其邻国乙却需要再增加五千万英亩土地，而且甲弱乙强，那么乙国得到甲国五千万英亩土地需要多长时间？

如果想知道答案，那就去读一读墨西哥战争故事。

那可是我们国家发展中的一个奇怪的插曲。

北方人对战争非常恼怒，他们再次威胁说要退出联盟。

南方人却声称这是一场伟大的战争。

至于墨西哥人，我很怀疑他们多数人是否听说过这件事。他们或许只注意到有一帮武装分子擦身而过。而且多少会伴有枪声，但这不是什么新鲜事，在那个不幸的国家，这是司空见惯的。在形形色色、千奇百怪的国家中，如果有什么国家与众不同的话，非墨西哥莫属。其他欧洲殖民地已经先后宣布独立，因为他们不满宗主国的专制统治。而墨西哥尚没有这样做。尽管在玻利瓦尔和圣马丁进攻南美洲西班牙最高领主的同时，墨西哥的克里奥耳人在争取自由方面已经进行了一些无效的尝试。墨西哥的那些反叛从未形成气候，而且轻而易举就被镇压下去了。

1814年，蠢笨弱智的国王斐迪南七世在遭到怒不可遏的臣民的反抗后，被迫恢复了自由宪法。七年前，他取消了自由宪法，他从法国回来后的第一件事就是重新设立宗教法庭，然后大批屠杀曾经反对过他的人。对于国王陛下手下的那些墨西哥城的官员们和拥有大部分墨西哥庄园的神职绅士们来说，恢复宪法的这个消息真是一个非常令人不快的意外。自由主义一向意味着反教权主义，是对国家政府机关和教会的信仰不容异说的公然敌视。由于希望维持这一反动的压迫制度，而这种制度当时在母国大获成功，墨西哥统治阶级同教会领袖一道宣布国家独立，经过对新的政府形式一番讨论后，他们将王冠授予了年轻的克里奥耳人奥古斯丁·德伊图尔维德，他于1822年成为墨西哥皇帝，两年后被枪杀，落到了同墨西哥所有统治者一样的下场。

然而，这些跟我们自己的历史并不相干。墨西哥在经过反动的革命之后仍然是一个独立国家，而且继承了西班牙在北美洲的某些领地，从加勒比海附近的一个地方开始，到远西的平原和山脉中间结束，没有人知道确切在哪里结束。至于居民人数，也是猜测出来的。

无论如何，那里是一片广阔的沃土，完全处于野蛮的印第安人和凶猛的丛林狼的控制之下，雷德河的彼岸，是新共和国动荡不安的地区，那里的人们坚信拥有一块自己的土地是宪法赋予每个公民的权利。

即使墨西哥政府想制止美国人进入其领土，也不可能做到，因为它的边界绵延不绝，而边防军人数却很少。但是墨西哥人并不想奉行这种政策。相反，他们衷心欢迎那些饱经磨难的移民，欢迎将大量土地无偿赠给所有答应带来一定数量白人移民的投机者。

十年多的时间，一切相安无事。突然，墨西哥政府发现自己面临一个国中之国的问题。这种情况很容易导致微妙而长期的谈判，圣安纳将军根本不善于处理这种危机。他心中恐慌起来，草草通过了一系列旨在遏制浪潮一样的美国人拥入的措施，但没有结束猜忌。过去的所有赠地被取消了，不许新移民过境，奴隶制被废除。这在移民中引起了恐慌。对农具禁运以及取消赠地，伤害了未来的移民，因为他们的同胞摩西·奥斯汀说服他们卖掉了过去在东部的农场，准备到遥远的西南去。而废奴法令让南方人大为震惊，因为他们希望这片土地最终并入美国，从而加强蓄奴者在众议院和参议院的势力。

由于不知道到底该怎么办，这些农民采取了美国人在同样情况下一向的做法，他们组织起来了。

他们组织起来，通过了一套正式决议，发表了自己的独立宣言，并开始招募志愿者。

上万张焦急的面孔正朝着边境对面眺望，想知道他们何时能够跟萨宾河对岸的朋友们会合。另有十万人希望将来有朝一日他们也可以到得克萨斯去建立美丽的家园，一千万左右的种植烟草和棉花的和平公民正在仔细阅读报纸，就吉姆·鲍伊和戴维·克罗克特打赌。

几个月后，这两个英雄死了，他们的胸膛被刺刀扎了十多处。他们被谋杀了，和他们同时遇害的还有一百个美国人。在圣安纳的部队夺取圣安东尼奥后不久，他们就被残酷杀害了，那场面很是惨烈。国内人民对这一事件刻骨铭心，复仇的呼声很高。

官方采取行动前，边民已经自己解决了这一问题。在田纳西前州长和彻罗基部落的杰出一员萨姆·休斯敦的指挥下，他们打败了墨西哥军队，活捉了圣安纳，宣布成立主权国家得克萨斯共和国。随之他们要求成为美利坚合众国的一部分。

南方张开双臂欢迎他们，北方由于担心它可能会变成另一个蓄奴州，坚决反对这一主意，新英格兰诸州坚决拒绝批准这个条约，直到1845年，泰勒总统签署了允许得克萨斯成为美国一部分的决议。

那当然也意味着美国政府现在继承了墨西哥共和国同前得克萨斯共和国之间的所有悬而未决的纠纷，而且是多如牛毛的纠纷。

这种令人不安的状况在某种程度上是由于一些奇怪的距离观念造成的，

这在远西的人们中间很常见。当他们宣布占有什么的时候，不会提出要微不足道的五十英亩或五百英亩。不，至少五万英亩他们才会考虑。由于里奥格兰德周围的土地大部分尚未被勘探者的三脚架触及过，因此很难说哪一块土地属于谁。但是杰克逊获得成功的独裁，在范布伦总统统治下，杰克逊原则继续执行，这使我们西部诸州的居民感到强有力和独立。对于那些胆敢干涉美国人履行神圣职责、将其有益的规则和原则传播到该大陆更偏僻的地方或干脆说想带到哪里就带到哪里的人，他们随时可以与之做斗争。

那些不同意这个观点的人（在东部有很多这样的人）宣称，鼓动扩张得克萨斯的一切言论不过是政治骗局，鹰派正被人利用，他们为蓄奴者，为众议院和参议院的支持者的更大利益而鼓噪。但是在边民看来，这些土地对其他任何人都毫无用处，它是美国人首先开垦出来的，当那还是一片荒原的时候，只有美国人有勇气到那里去生活，因此从常识来说，为什么不该属于美国人呢?

这的确是一个天衣无缝而且合情合理的论据。

鉴于争执双方的激烈争执和冲突，美国兼并得克萨斯导致了同墨西哥的战争。最后美国取得了这场战争的胜利，虽然战争时间因民兵不愿再报名参军而大大延长了。其结局是墨西哥得到了数百万美元作为回报，让出了一块土地，大小相当于整个路易斯安那州的面积，一直从里奥格兰德延伸到太平洋。

在和平收购了人所共知的俄勒冈那些偏远的西部地区后，我们对远西的控制进一步加强了。因此在签订了《瓜达卢佩-伊达尔戈和平条约》后，美国的版图看起来是1845年的两倍，而且人们不得不承认美国就其领土来说，已经跻身世界上最重要的国家之列。

四十年代的演说家不断提到“证明美国种族的命运”，影响了他们的大批同代人。几年前德国人“阳光下的地方”也是如此。

但是，在这方面，美国人比普鲁士人要幸运得多。当还有很大的地理真空等待填补的时候，我们的祖先就开始寻找新的家园了。条顿人开始扩张时，美洲、亚洲、非洲和澳大利亚每一小块可用的土地早已经被大国占领了，什么都没有留给后来者。

于是美国胜利了，德国失败了。

因为在政治的世界里，做什么不如何时做更重要。

在这方面，我们一向非常走运，因为我们国家遵循一个直截了当的简单原则——“现在就做。”

第四十一章　蒸汽时代

距离总是与帝国为敌。

一百年前，远方只能通过道路和运河来征服。因此，当国家体制一旦建立起来，有一个坚实的基础，且多少有些偿付能力时，政府就会把主要的精力转移到解决交通问题上，并且在财力允许的情况下，修筑道路，开凿运河。

多年来，这些官方的公路多数像安布罗斯·比尔斯小说中的著名广场，开始时是一条宽敞的大街，尽头是一条通往乡村的羊肠小道。到了羊肠小道后，漫游者就要靠自己了，他可以随心所欲地继续其旅程了。

即使现在有了炸药和那些一口可以吞下一车岩石的钢铁机械，道路工程的建设也仍是一件十分昂贵和复杂的事情。至于一个世纪以前是怎么筑路的，就留给那些驾驶廉价小汽车从公路干线一直开到自家门口的人去想象。

长期以来，到西部自由农场去的移民们都是紧沿着河流和河谷行路，尽可能避开远处像山一样的地方。但是，当旅客人数日增，当穿过哈得孙和莫霍克河谷的路线太遥远也太曲折的时候，就需要再开辟出一条道路，并开始利用印第安人自古以来从东到西和从西向东转战各个猎场时穿越的那些峡谷。

一旦越过阿勒格尼山，身上仍有两个美元的移民就一身轻松了。他搭上了一艘向下游运货的平底船，可以顺流而下平安抵达他的新家。当然，如果他要逆流而上，就不走运了，因为他必须步行。

而在东部地区，问题就简单多了，因为沿海各州热衷于开凿运河，耗资数百万美元来开辟新的水道。但是普通移民不愿去东部，试图在尽可能短的时间里到阿巴拉契亚山以西的地区，但是困难重重，无法解决，直到詹姆斯・瓦特盯着祖母的茶壶，说："我有主意了。"

咬文嚼字地谈论希罗、托马斯・萨弗里、德拉・波尔塔以及德尼・帕潘的发明创造，也许更科学。但是，首先，我对机器所知甚少；其次，詹姆斯・瓦特改进完善了蒸汽机，直到它具有某些直接的商业实用价值。我们不过是照例对所有的著名前辈表示敬意，并宣布詹姆斯对我们国家最终的发展所做出的贡献超过了十八世纪上半叶和十九世纪下半叶所有政治家、将军、银行家和政客所做贡献的总和。

起初，瓦特专门为英国的某些矿业主工作，这些矿主急需一个操作便捷的动力机械。这种机械既要能够带动水泵，同时又要比畜力更便宜。十八世纪是一个伟大的发明时代，瓦特的蒸汽机一经问世，几乎所有的国家都开始尝试把它装到原来依靠人力或畜力的车或船上。这样就可以做原来由男人、女人或其他负重牲畜承担的工作。有人说不可能做到，但也有很多人愿意倾其所有打赌，认为过不了多久人们就会坐在"铁马"后面，或者，在"突突"叫的船上到处走。有些人的研究进展并不顺利，如康涅狄格州的约翰・菲斯克。他们很不熟练，在船和发动机上投入了很多时间，直到他们鼓捣出了能漂浮在水面上而且确实能够在特拉华河口逆流而上的东西。但是他们发现航运业反对他们，而且由于使用帆船的商人在东部有很大势力，银行不会贷款给这些危险的狂热分子用于制造这些荒唐的"汽船"，这些未来的发明家要么改弦更张，要么像可怜的老菲斯克那样一蹶不振，一死了之。

其他人，如罗伯特・利文斯顿（因参与起草《独立宣言》而出名）认定，最好不要将马车放在马（或发动机）的前面，而且他们争取到了在某些河流或湖泊中行驶汽船的独家特权，与此同时他们耐心地等待着这项事业可获得商业利润的那一天的到来。

1802年，当苏格兰的一条拖船“夏洛特·邓达斯”号拖着第一批运煤驳船穿过苏格兰一条运河时，期待已久的这一天似乎已经到来。但是大大出乎“夏洛特·邓达斯”号制造商意料的是，什么事也没有发生，这件事没有引起什么轰动。

很难将这种漠然归咎于推销商和公众，或许是因为那次“气球事件”使人们普遍大失所望。

当约瑟夫·蒙戈尔费埃和雅克·蒙戈尔费埃送羊、公鸡和鸭子首次航空旅行时，祖父祖母庄严地对孙子们说：“这是一个庄严的时刻。我们正处在伟大事件发生的前夜。”几年后（即1785年6月），当法国人布朗夏尔和美国医生约翰·杰弗里斯乘坐一艘新型的“飞艇”飞越英国海峡时，欧洲人民满怀希望地预言，战争将告结束，四海皆兄弟的时代即将到来。

因此他们天真地推断：“目前，我们应该互相睦邻友好；边疆将消失，战舰和军队将被淘汰。”

对这一祈祷的回应是以整整二十年无休无止的流血的形式出现的。气球曾作为美国独立战争时期军队的流动瞭望哨，之后不久沦为了度假者的娱乐玩具。

在这一经历后，公众基本上对各种各样的科学新发明深为怀疑，仅靠克莱德运河上的笨重的拖船不行，还需要更多的证明才能使人们相信安装了发动机和桨轮的船只不借助风帆就能行进。

然而，有一个人把“夏洛特·邓达斯”号放在了心上。他的名字叫罗伯特·富尔顿，是一个贫穷的爱尔兰人，住在纽约。富尔顿最初是一个珠宝推销商，后来成为一位肖像画家，一个相当蹩脚的画家。1787年他怀揣积蓄前往伦敦，向本杰明·韦斯特学习。韦斯特是为数不多的从事艺术的宾夕法尼亚的贵格会会士之一。

在英国，富尔顿涉猎了工程学，他最后到了巴黎，准备为这个饱经战乱的城市描绘一幅全景图。他还随身携带了一些制造潜艇的方案，希望能够帮助法国夺得海洋的控制权。

对富尔顿来说不幸的是（对英国来说却是幸运的），拿破仑本质上不过是中世纪的雇佣军首领，他跟已故的基钦纳勋爵一样运用了大量的现代战争策略。陆地作战使他获得了多项桂冠，富尔顿在布雷斯特港口炸毁一艘小船所用的潜艇鱼雷就像他不久之后在塞纳河上展出的蒸汽驱动的平底驳船一样未能引起这位皇帝的注意。

皇帝没有能“看到”这两项发明。他退回了富尔顿先生的蓝图和设想，并婉转地劝他回哈得孙老家。

回国之后，富尔顿起初是重复在欧洲大陆的实验。他所投靠的美国政府对他的设想不感兴趣，于是他寻求民间的支持，同罗伯特·利文斯顿建立了联系，并开始全力以赴地工作。

他在美国制造了船身。并装备上了在英国定制的发动机。那是一个小巧的发动机，运转良好，结果“克莱蒙特”号（在哈得孙河上航行的第一艘汽船的名字）获得成功，大发其财，在不到一年的时间里，对于想从纽约乘船在令人难以置信的三十六小时内到奥尔巴尼的乘客来说，这艘汽船就显得太小了。

在推出“克莱蒙特”号及其姊妹船“凤凰”号之后不久，英国和美国就发生了摩擦，这种旷日持久的摩擦严重干扰了汽船的进一步发展。但在1811年，在匹兹堡制造的“新奥尔良”号在密西西比河上亮相首航，1818年，“水中行”号骄傲地航行在伊利湖的水面上。

1815年后，如果以蒸汽驱动的船只获得在新开发的地区的大河上航行的机会的话，西行就会大大方便了。因为它们不仅在向下游航行时能够超越平底船，而且逆流而上的速度实际上也能达到每小时四英里，这是平底船一直无法做到的。

汽船的普及用了很长时间。因为在起步阶段，大汽船公司更热衷于玩弄政治，获得“专有权”和“水道垄断权”，而非热衷于开展贸易。直到十九世纪中期，汽船交通才得到正常发展，成为西方经济发展中的最重要因素之一。

与此同时，人们还发现了另一种克服距离的办法。

那就是蒸汽机车。

这个新生事物几乎是与汽轮船同时产生的。事实上，它的历史还略早，因为在1801年的圣诞节前夕，理查德·特里维西克制造的发动机在康沃尔的道路上拖运了第一批乘客，三年后，同样的机器，但装上了轮子，在威尔士的佩尼达兰拖拉了一列车沉重的煤炭。接着在1813年，另一位英国工程师威廉·赫德利发明了他的“冒烟比利”，世界为之振奋。一年后，乔治·斯蒂芬森在“冒烟比利”的基础上稍作改进，制造出一个铁怪物，但起了一个更加高贵的名字——“我主上帝”。

1825年，蒸汽机车最终在英国所有产煤区得到普及，斯蒂芬森说服一条有轨线路的管理委员会相信，蒸汽机干活比马匹又好又便宜，并推出了世界上第一条真正的铁路。

利用“旅行发动机”缩短城市间距离的这些做法在新大陆也得到了某些响应。到处都建设了一小段一小段的铁路。但是这些铁路只能在阳光普照的情况下使用，因为一旦铁轨潮湿，当时的机车就会脱轨。董事们宁愿重新使用马匹，也不愿冒此风险，他们卖掉了蒸汽机车，重新使用原来的工具。

1828年，建设正规铁路的工作一丝不苟地开始了。那年7月4日，卡罗尔顿的查尔斯·卡罗尔，作为《独立宣言》最后一位健在的签字人，为巴尔的摩和俄亥俄铁路的建设铺设了第一块基石。十年后，这个国家拥有铁路两千多英里，二十年后东部和西部的交通运输问题得到了彻底解决。

詹姆斯·瓦特大获全胜，现在，即使最贫穷的移民也能够舒适体面地旅游了，许多过去宁愿待在家里的胆小懦弱的人也重新鼓起了勇气，变卖了在新英格兰的不稳定的农场，加入较能吃苦的亲戚中，这些亲戚的上一代就为了森林和草原的自由，背上行李，肩挎枪支，离开了家乡。

虽然对人和牲畜来说，便宜快捷的交通运输问题解决了，然而，仍然存在另一个同样重要的问题，那就是如何在最短的时间内把信息从一个地方传递到另一个地方。

让人感到惊奇的是，又是一位画家，这次是一个出色的画家，承担起了解决这个问题的重任，而且解决了这个难题。

塞缪尔·莫尔斯是耶鲁大学毕业生，在大学期间曾经对电学有所涉猎。虽然是一个公理会牧师的儿子，但是他的艺术冲动非常强烈，于是逃到了欧洲游学英国和法国。但是当他学有所成，就回到了美国，帮助建立了国家设计院。接着在1832年，他第二次出访欧洲归来时，在轮船吸烟室的一次偶然谈话使他萌发了探索“借助电同步传递信息”的可能性的想法。他实际上发明了一种可以做到这一点的装置，但是十二年后他的“电报机”才引起人们的注意。甚至到了那时他仍然接连遇到一次又一次失望。他竭力要引起国会的注意。国会实际上也任命了一个委员会调查这件事情，接着却悄无声息地中止了活动。此后，他跟银行家们谈起了电报机，他们告诉他，他们受人委托管理别人的资金，责任重大，一个子也不能用于投资。之后，他决定到伦敦碰碰运气，但是他又一次为此受到人们的嘲笑。他到了巴黎，申请专利，遭到了拒绝，而等他一离开，却发现法国政府剽窃他的构想，连一个子也不打算付给他。

经过数年的愁苦和贫困，他最终赢得了一个名叫韦尔的新泽西电线制造商和一个名叫康奈尔（他给世界留下了电话线杆和一所大学）的纽约贵格会会士的好心帮助，1837年9月2日，他在纽约大学成功地将一条信息从一个房间通过一条长一千七百英尺的铜电线传递到了另一个房间。

之后的事情顺理成章。

国会以非同寻常的速度批准了莫尔斯建设从华盛顿到巴尔的摩的电报线路所必需的资金，1843年（就在他申请资金的五年后）莫尔斯就主持建设了第一个电磁记录电报，不久之后就使得费城和旧金山如同隔壁邻居，使伦敦如同纽约的郊区。

关于我们年轻的国家征服距离的故事就先讲到这里吧。

除了距离之外，人类还有另外一个如影随形的敌人，就是“饥饿”。

有人认为历史不过是人类寻找每日的面包、黄油和果酱的记录，经常哀叹说，《独立宣言》和《宪法》几乎没有体现支配人们日常生活各方面的经济精神。他们宣称这是因为美国的反叛在很多情况下是富人的革命，开国先驱们几乎全部属于有闲阶级，他们把剥夺大多数同胞的权利视为是理所当然的，这样他们就可以牢牢控制“财产”，使共和国政府掌握在“善良和精明的人”手中。

显然，这种看法有失偏颇，对引导十三个州进行伟大的独立战争的人们来说是很不公正的。的确，在很多州只有有些钱的人才能够谋取公职，而且只有纳税人才能投票，但人们不能要求社会一个阶级为了另一个阶级的利益而自我牺牲，自尼布甲尼撒二世以来，财产就统治着这个世界，因此期望来自弗吉尼亚的几个种植园主和来自新英格兰的几个商人具有连我们的道德法鼻祖摩西都有所欠缺的美德是不理智的。

华盛顿、汉密尔顿、亚当斯和杰斐逊们都是十八世纪下半叶盛行的经济学派的代表。他们在成长过程中形成了这样一种信念：如果那些无可失去的人获得跟那些有钱参与游戏的人同等的权利和特权，那么政府就不可能稳定。他们就是根据自己的认识行事的。

除了在学校学到的功课外，我们不要忘了他们那一代人不必像我们今天这样从赢利和亏损的角度思考问题。1780年的生活相对是简朴的，还没有受到1880年诸多问题的困扰（更不用说1927年了）。每个家庭都是一个独立的经济单位。人们自给自足，既是屠户，又是面包师，也是蜡烛制造商。他们的需求很少，实际上不知奢华和行乐为何物。

西部的农民通常欠着东部银行家的钱，因为他们最初购买家园，购置他们告别文明进入荒原时随身携带的牛马和车辆。从我们殖民初期开始，债权阶层和债务阶层就有着明显的裂痕，而且两者经常互相辱骂。当时这个国家仍然非常富庶，有足够的粮食养活田野、森林、公海上的所有人，用托马斯·杰斐逊的话说（这是红色工厂和绿色农庄的理论的组成部分之一），迫不得已靠变幻无常的贸易谋生的年轻人为数寥寥。

慢慢地，这个国家开始人满为患，多余的人口被迫到那些富裕邻居家去做工，因为他们能够买得起蒸汽机推动的新时代的昂贵工具。这些东西有个名字叫“工厂”，在普通大众中很受欢迎，就如同手榴弹在新建的掩体中备受欢迎一样。

这就是奇怪的恶性循环的开始，这种循环很快就席卷了全世界，令过去数百年的哲学家们也大惑不解。

这些复杂的新工具（通常称为工厂）的产量是巨大的。迄今为止一直生活在接近史前简陋条件下（带石头烟囱的木房子，几件衣服，充足的粮食和一两件粗糙原始的家具）的各色人等开始享用过去只有帝王家才享用的各种东西。他们很快接受了他们过去不习惯的奢侈品，认为这是他们应该享受的，而且要求得到更多。但是他们得到的越多，就必须更卖力地工作，满足他们日益增长的需求所需的工厂的数量就越多。

那些拥有现代工具，即工厂的少数富人，为了使工人一年到头忙个不停来确保自己财源滚滚，必须不断地寻找新的市场，在非洲和亚洲寻找有利的开放港口，必须利用每个政治机会来防止自己的产业免遭一时的亏损。

中世纪简单的农业制度一直沿用到共和国成立十年后，接着高度复杂的国际经济制度迅速席卷了全球，使许多国家在行为习惯和方式上都发生了变化。在美国北部和西部，人口大多是白人，大部分都从事农业劳动，这场革命并没有引起过多的注意。它被视作一种必然而慢慢地为人们所接受。当然有很多摩擦，但是除个别情况下，没有引起流血，也没有危及文明，而摩擦也已经成为文明不可缺少的一部分。

南方的情况就截然不同了。那里的领导人将所有的技术进步拒之门外，竭尽全力要避开他们害怕的工厂制度的恶果。南方仍然是农业社会。在弗吉尼亚、田纳西、肯塔基和南北卡罗来纳等州议会占垄断地位的地主乡绅认为，应该保持原样。让扬基人用他们冒烟的发动机的烟灰污染他们自己的空气吧。

至于他们，将继续过着绅士的日子，而且除了个别的轧棉厂，他们不会容忍任何不合时宜的工业侵入十七世纪以来就属于他们的庄园。

然而，绅士的生活是需要金钱来维持的。由于世界其他地方的所有东西正变得越来越昂贵（原因是罢工、工资增加和原料价格上涨），南方的地主乡绅现在需要比以前更多的现金。这意味着他们必须比以前种植更多的棉花和烟草，意味着他们需要更多的人手在棉花地和烟草地里劳动，意味着他们需要更多的奴隶。

那种不知如何摆脱的恶性循环，将再次决定国家的命运。在这种情况下，恶性循环往往别具特色。这次恶性循环部分是白色的，部分是黑色的，还有部分是咖啡色的。

我以前曾说过，历史学家不应变成道德家，除非万不得已。但是让生为北方人的我们不要再非常厌恶地为蓄奴的可恶南方人而苦恼，因为世界上一直就存在着奴隶。只是被冠以许多不同的名称，自从人类第一次学会用后腿走路，他们就已经存在了。

《十诫》中那个甜美的女仆实际上就是女奴。希腊人围攻特洛伊实际上是为占有某个求之不得的美貌奴隶而赌博。恺撒曾经一次将不下六万三千名条顿犯人卖身为奴。圣保罗认为奴隶制是一种必不可少的制度。《大宪章》承认农奴的存在。总之，随时随地都有人在蓄奴。在欧洲西部和美洲东部，这种制度慢慢地被废除了，一方面是因为世界对神学家的观点兴趣下降，更相信耶稣的理想；另一方面是因为它不再有利可图了。不幸的是，这种铁家伙同黑人从未有过成功的合作，而且在汤姆叔叔的土地上，冒烟比利一向被认为是最不受欢迎的入侵者，被视为社会的弃儿。

一种在世界其他地方很快变得落伍的经济制度，仍然在梅森-狄克森以南的各州存在，而且坚决拒绝被废除。

“但是，”你可能会争辩说，“难道南方的统治者不明白这种顽固不化的政策所带来的危险吗？难道他们不知道奴隶制已经被一切正直的人谴责唾弃几百年，而且从长远来说奴隶制将会使他们的繁荣化为乌有？”

他们当然知道。

一些受教育不高的南方人，如安德鲁·杰克逊，可能会认为奴隶制是一种近乎神圣的制度，但是南方思想领域的真正领导人则极力反对奴隶制。只是他们认为这样说毫无用处。他们可能坚持要求不要将“奴隶”和“奴隶制”这些字眼写入宪法，因为他们不希望被他们的北方邻居说他们是奴隶主。但是至于其他，他们就一意孤行了，而且忽视了这个问题，因为这个问题非常复杂，同他们日常生活的整个社会体制交织在一起，不可救药，一旦触及它似乎不可能不引起文明的崩溃，而从他们内心来说，这种文明是非常重要的。如果跟某些经济法律不相抵触，他们就继续保持这种漠然、疏远、不闻不管的态度，他们对经济法律可能并不怀疑，但是这种法律在南部各州同在佛蒙特一样深入人心。

正当他们的北方工业邻居们被迫不惜一切代价维持工厂运转以战胜其竞争对手，为他们的工人找到活干，否则将破产的时候，种植园主们也的确感到他们不断有义务种植尽可能多的庄稼，以便在尽可能多的日子里为他们的奴隶找到合适的活干。

那意味着他们必须种植棉花和烟草，而且还要种更多的棉花和烟草，接着还要种植更多的棉花和烟草。

直到最后，他们种植了太多的棉花和烟草，于是面临着生产过剩的问题。

接下来，他们开始想着种植其他作物——稻谷、粮食、甜菜，无所不有，而且他们到有钱的银行家那里讨论改种和贷款问题，因为钱对于资助他们春天种植很必要。

但是银行家们却说："不行。"

如果他们不能向其客户保证绝对安全，他们将无法维护存款客户对他们的信心。为了向顾客保证这种安全，他们必须知道他们收到贷款请求的后果。他们对棉花和烟草了如指掌。他们知道棉花和烟草的平均亩产量在二千包以内。但是稻米、粮食和甜菜是试种——全靠运气，或许颗粒无收。就这样种植园主不得不继续种植棉花和烟草，并要种植足够多以使他们不幸的奴隶有活干，一定不能让他们闲着——因为闲散的奴隶仍然还得吃、穿、住。

这实在是一种非常令人困惑不解且爱莫能助的状况，使情况更糟的是北方完全不了解南方的情况。弗吉尼亚和卡罗来纳的富豪习惯于送自己的儿子到哈佛、耶鲁和普林斯顿接受教育。但是很少有新英格兰人穿过那条分界线，英国天文学家查尔斯·梅森和杰里迈亚·狄克逊画出这条线，作为佩恩家族和巴尔的摩家族之间的边界线，现在被认为是蓄奴州和自由州之间的边界线。

他们得到的这些信息往往有失偏颇，而且经常是不正确的。接着在查尔顿和斯普林菲尔兹的报纸和杂志上出现了暗示性的文章，之后有一天，整个问题被全部拖入了令人愉悦的文学领域，一个善意但持有偏见的女清教徒描绘了一副据认为在蓄奴州随处可见的惨状，以至于整个北方地区似乎都进入了备战状态，随时准备去解放那些受苦的奴隶。

我没有为奴隶制辩护的意图，我想证明的是另一个问题。

北方指责南方使用奴隶，但是他们却忽略了一个非常重要的事实，即南方的蓄奴者本身就是这种制度的奴隶，这种制度迫使他们使用奴隶。

情况已然一塌糊涂，谁也不知道该去往何处，似乎只有一个解决的办法了，那就是战争。

第四十二章　烦恼的契约

美国历史跟其他国家历史的不同之处是听任雄辩术对国家的政治和社会发展产生影响。

当美国人决定要建立自己的共和国时，共和国已不是什么新鲜事物。我们的开国先驱们倾向于建立一个纯粹的民主国家，他们决定建立的代议政体就像罗马的山峦一样古老。而有据可查的联邦共和国可以追溯到大约一千年前，当时来自十三个独立小国的代表最终决定成立自己的防守联盟。

除了短命的希腊共和国外，还没有其他民族对雄辩术给予一点关注。相反，他们抱有像哈姆雷特那样的众所周知的偏见，对试图通过“侃侃而谈、滔滔不绝”的雄辩术来解决世界上难题深表怀疑。

美国文化兴趣的这一片面发展是有历史渊源的。古代犹太人在两千年前以著书立说而名噪一时，因为文学是他们唯一能够表达自己思想的艺术形式。耶路撒冷当时是一个排在第十流的小城，无法与东西方堂皇的大城市相提并论。所罗门辉煌的神殿很不引人注目，就连古代文献的著名作者也没有听说过它。在《旧约》中找到的关于神殿内部流光溢彩装饰的描写，不厌其烦、准确无误地向我们表明，那个圣殿内部的一切是如何受追求华丽和光彩夺目的欲望所影响的，而且这也清楚表明有着高度和谐意识和坚持淳朴简洁的希腊人，为什么总是避开这个远近闻名的殿堂，而到孟菲斯和底比斯去寻求灵感。

大卫过去曾是一个音乐家，演奏过竖琴。但是那种叮叮咚咚的三弦乐器并不能吸引具有真正创造力的男人，而由于古训第二条戒律禁止他们作画，那么就只有一个艺术领域仍然向犹太人开放，那就是文字创作。

垄断了美洲早期文明的清教徒强调自己是古代希伯来人的精神继承者，而且大获成功。他们严格按照《申命记》和《士师记》中的典型范例生活着，吃喝拉撒、爱憎喜怒、耕种收获、管妻教子、对待土著邻居莫不如此。

他们从心底蔑视那些更加文明地表达自己心灵的方式，那被视为异端邪说。因此对画家、演员、音乐家和那些试图增添当代人外在欢乐和内心之美的无用之人很不信任，觉得他们让人不堪忍受。

对于这一苛刻的清规戒律来说，雄辩术是唯一例外。首先，无可厚非，雄辩术确实源于希伯来人。其次，雄辩术是神职人员维持对普通百姓统治的最强有力的武器之一。

剥夺民众从巴赫和亨德尔的音乐作品中获得安慰，那么他们饥渴的心灵就会从关于地狱和罪孽的长篇演说中找到一种截然不同的解脱，他们年轻时在各种合适和不合适的场合经常听到这样的演说。因此雄辩术是而且一直就是美国移民最喜好的感情表达方式，当他们向西迁移时，雄辩术随之进入了荒原，当他们获得独立时，神学的演说家被政治的布道者所取代。而当其他较老的共和国轻而易举就得到治理之际，当威尼斯、冰岛、荷兰和瑞士在没有爱国的豪言壮语的情况下就取得成功自治之时，新的美洲联邦每出现新的事件（尽管并不重要）都要口若悬河地加以炫耀，以示庆贺。

跟所有贵族一样，开国之父们对这些豪言壮语并非深信不疑。他们耐心地听着（因为耐心听取来自边疆地区慷慨激昂的同事们的讲话是上策良计），但是当他们感到彼此意见一致时（例如就像他们致力于起草《独立宣言》或《宪法》或其他真正重要的文件那样），他们就会中断雄辩，只谈事实。

当田野和森林战胜城市，当美国的政府形式从代议制共和国转变为纯粹的民主国家（这是先驱们最为担心的一个灾难，而且为此他们尽可能地都给予提醒），接着，最初如同滔滔急流的激烈长篇演说变成了名副其实的瀑布和暴雨，而且他们经常威胁要以暴力来掀翻华盛顿、杰斐逊和亚当斯劳心费力好不容易打入汹涌澎湃的国际政治海洋中的一艘小船。

这时候出现了一个奇怪的错觉，这在杰克逊独裁统治时期非常盛行，达到了危险的地步，数以百万计的人们认为，只要具有能言善辩、巧舌如簧的天赋就能够治理国家。

这个时期，参加独立战争的老人们正在迅速消失。他们的子女受到良好教育，接受过严格训练，很有哲学头脑，试图继续维持父辈制定的行为规范。但是共和国不再需要老成持重、性格严肃的管理者。明显适合干某项工作而且终身为之做准备，开始被视为一种很不受人欢迎的现象，即此人有“自以为博学”的怪品质，这样的候选人是注定要失败的。

前三十年统治共和国的贵族体制有很多弊病。倔强固执的绅士们绝对无视那些出身卑微但靠奋斗上来的人可能拥有的美德，由于害怕民主，他们通过了很多高压专制措施，这符合他们本阶级的利益，然而却很少顾及普通大众的福祉。

他们多数人拥有高度责任感。他们的诚实正直（个别例外）是无可非议的。他们在成长中远离当今宗教舆论的专横。与其说他们喜欢得到多数公民的尊敬，不如说他们赞成更大程度的宽宏大量，而且他们对花言巧语很不信任，疑心重重，他们喜欢少说多做。

新的政治领导阶层来自不同的社会阶层和地域。他们很快发现，通过极力迎合那些骄傲地自称为“平民百姓”的人的虚荣心，他们就能够将政治变成有利可图的生意，同时有可能赢得国家救世主的名声，因为对那些人来说奉承话和新鲜空气同样必不可少，甚至有过之而无不及。

所有这些都是为了引出这么一句话：安德鲁·杰克逊和亚伯拉罕·林肯当选之间的这一时期不能被视为我们国泰民安的时期。

首先，我们的首任总统留下的不要卷入同外国纷争的忠告被彻底忘在了脑后。新派政客们完全明白“展翅之鹰”作为国家政治中的一个要素的价值，他们使这个动物大叫，直到它歇斯底里、不分青红皂白地又咬又抓，结果使自己被众人唾弃。

在范布伦（杰克逊的得力助手和接班人）当选后的二十年间，美国每十二个月就有一次强行干涉他国人民的事务。

门罗主义本来要提出“美国专属于美国人”，同时强调美国同美洲大陆现存的殖民地管理体制没有纠纷而且也不打算与之发生纠纷，并希望同其所有邻居，不管是国内还是国外，和睦相处。

这种让自己活也让别人活的态度，对那些首次充满杰克逊式热情的人来说似乎太温顺了，他们希望将一个彻底民主国家的好处带给这个地球上其他一切国家。结果美国的战船驶向了世界遥远的地方，“打开了”中国、夏威夷群岛和日本以及东方其他王国的门户，而这些地方出于自身的原因过去一直希望拒白人于千里之外。

接着直接侵入到敌人的领土上，几个美国外交官聚集到了奥斯坦德附近的赌桌旁，起草了一个大言不惭的宣言，宣布在某种神秘的程度上，古巴岛注定是美国的一部分，除非西班牙愿意卖掉这片古老而珍贵的领地，美国必须以武力夺取。由于这个文件出自一个驻马德里公使之手，在国内不需要他了（这是杰克逊将军的崇拜者强加给我们的一个灾难性外交创举），因此还有可能通过将这位外交官阁下召回国内的路易斯安那，并解释说出了一个小错误，还有可能挽回这个错误造成的不愉快后果。

这种无端的挑衅和缺心眼的冒犯是我们处理外交事务的一个特点，但是跟对立的两党在国内以暴力相互攻击相比，则是微不足道的。

这两个势不两立的党派都有自己的理想和口号，世界上所有的华丽辞藻都不能掩盖这样一个事实：蒸汽机的引进——对我们的经济学家来说是远近闻名的经济革命——造成了“制造”产品的各州同靠天吃饭、让奴隶“种植”庄稼的各州之间的利益冲突。

北方依靠那些据称自由的白人男女开办的越来越多的工厂来保障其生活资料的供给。

南方的繁荣源于过去的非洲统治者种植的土产品。

北方要求严格排斥外国产品，以得到对美国市场的垄断权。

南方需要一个自由贸易制度，以便使其生产的棉花、烟草和大米卖到欧洲国家。

北方梦想着将远西的森林和田地变成制造区。

南方希望将边疆地区变成农业区和蓄奴区从而得到它们的支持。

双方申述、辩论，充分表现出大公无私的爱国主义。但是双方都明白唯一的问题，与其说是经济的，不如说是道德的，那就是奴隶制。

人类热情迸发之后，随之而来的似乎注定是幻想破灭，在幻想破灭的那些艰难岁月里，总会听到有很多人说没有“进步”之事——“文明”不过肤浅如纸——实际上我们是野蛮人，跟石器时代初期我们的祖先一样，不关心邻居的安乐。

然而，改进的轮廓显示出一种稳步上升的趋势。我承认，偶尔有暂时的挫折，有长年的明显衰落，有将文化和思想的中心从世界一端突然转移到世界另一端的暴乱。“但是，古老的地球照转不误。”

十九世纪上半叶，人类的集体良知已经达到认定奴隶制必须从地球上消失的地步。二三十年前，共和国的创始人仍然能够回避这个问题。但是就连他们也深知奴隶制注定要消亡。如果他们领导美国独立战争时再年轻一些的话，如果没有彻底被七年艰难岁月的劳累搞得精疲力竭的话，他们可能会为这个难题找到一个公平合理而且明智的解决办法。

他们的接班人是留着蓬松胡子、名不副实的小城镇政客，是孤立对待每一个问题的乡村长老和目光狭隘的地方宠儿，这些人笨手笨脚，经他们一搞，这种主张的冲突只能引发灾难。

1788—1864年间，欧洲和美洲其他国家相继废除了奴隶制，尽管在很多国家奴隶代表着巨额资本投资，但是这场变革并没有发生流血。有抱怨，有抗议，有人仔细翻遍了《旧约》，寻找能够将对黑人的不堪忍受的奴役变成永远不变和近乎神圣的信条的经文。但是已经不可能遏制住这股风起云涌的文明潮流了，也不可能让那些坚持认为上帝应将其恩宠推及其所有子民而且不要容忍任何有关肤色的地方法律的人沉默不语。

后来的那些社会改革运动的斗士中有很多人在其神圣的狂热中打破了以礼争论的一切规则，其心胸之狭隘，且固执己见，与其死敌不相上下，这很令人遗憾，但又是无法避免的，因为人们内心深处的自我被搅乱了，在这种情况下，理智就会让位于情感。

所有关于加入“自由州”和“蓄奴州”的争论，关于“自由”和“奴隶”的明确界定的争论，关于“人民主权论”的煽动以及其他未能达成妥协的临时妥协方案——所有这些争论不休的话题丝毫不能改变这个无可变更的规律，即奴隶制，不管黑人、白人、棕色人的奴隶制还是黄种人的奴隶制，必须从地球上消灭掉。

然而，真正的危险并非来自愤怒的奴隶主或同样愤怒的废奴主义者。真正的祸患在于迅速膨胀的市民阶层，他们把共和国当作一个方便的寄居宿舍，他们的野心无非是希望在尽可能短的时间内赚取尽可能多的钱，他们因此坚持要求和平和安全，甚至不惜以国家蒙受耻辱为代价。

杰克逊的铁石心肠作风，使他们有了不参加国家生活的借口。由于投资数亿美元购买了当牛做马的奴隶，他们担心对这种制度加以干涉将导致恐慌，从而对其利润源源不断的流入可能是灾难性的。最后，按他们不冷不热、为己开脱的说法说，在大呼小叫、吸引人们注意的党派人士中，迄今为止没有一个能够迎合他们的想象力或用他们能够明白无误的词语解释这个问题。

相互辱骂的这场战争无休无止地持续着，北方有人提出要打破联邦，南方有人说要组建自己的联邦共和国，但哪一方都没有足够的勇气迈出这重大的一步。

似乎永远不会有所作为了。

托马斯·林肯的妻子南希·汉克斯生下了一个儿子，祈求上帝保佑这个孩子能够像她娘家人一样，不要将一生花在帮助自己无能的父亲种地谋生上，他的农场生产的东西还不足以喂头牛。

第四十三章　无名律师主动接案

“我们以为是自己推动了别人，事实上我们也在被别人推着走。”还有，“我并不认为是我控制了事态，诚实地说，是事态控制了我。”

在生命终结之时，用这些简短但一语中的的句子总结了他们的生活哲学，他们是同代人，但是他们却生活在社会地位和地理位置的两极。

一位是雄心勃勃的富人之子，他父亲希望少年老成的儿子事业辉煌，以博取传世的美名。另一位出身农民之家，在凌乱的家中看到了暮霭沉沉，他父亲一无所成，是个三流的木匠，有时务农，几乎不会拼写自己的名字。

年龄较大的养尊处优，拥有金钱可以买到的一切有利条件：私人教师、大学、书籍、出国旅游等。

年龄较小的不得不抓紧一切机会自学，他童年大部分时光是在荒原上的一个阴冷的角落里度过的。

这是天壤之别的两个人！

值得庆幸和感谢的是，天才的守护神从不在意门第，她轻轻地抚摸着亚伯拉罕·林肯和歌德的前额，给予了这两个天之骄子无上的荣誉：使他们的名字永载史册，让他们成为各自国家最崇高追求的永恒象征。

两者中的年幼者（歌德逝世时林肯二十三岁），他的故事常常被人传颂，已成为每个在他名声大振之后出生的孩子的常识。

林肯一家祖籍英国。十七世纪上半叶他们来到美洲，当时他们从诺福克的欣厄姆迁移到了新英格兰的欣厄姆。一到新大陆，他们就感受到了当时流行的漫游症的影响，他们从马萨诸塞迁到了宾夕法尼亚，从宾夕法尼亚到了肯塔基，接着在亚伯拉罕四岁时他们再次举家搬迁，离开哈丁县的荒凉农场，移居印第安纳州一块充满希望的黑土地上。

在那里，这个九岁的孩子为母亲的棺材削木钉，满脸疑惑地看着他们将她运走，埋葬了她以及她的秘密。

南希·汉克斯，生活在贫穷的边疆地区，她跟那些忠厚老实的织布工和铸造工、头脑迟钝的农民不是同类人。她无意识地尽力做到了按照遗产权本应属于她的几件事情，这些事情是远在一个她从没有怀疑过的世界里做的。

她的美好意图达到了——因为五十年后她的儿子成了白宫的主人。

什么样的岁月真正塑造一个人的前途?

前途似乎非常渺茫，但也不能说是毫无希望的。

跟斯宾塞县的其他男孩子一样，年幼的亚伯拉罕在农场干活。

他学会了拼写和阅读，做些简单的算术题。他的继母萨拉·布什关心他的教育，向他讲解彭斯、笛福和莎士比亚著作的美妙之处。

所有这些都很好，但老头子还健在，像往常一样笨拙地干着农活，家里的饭菜勉强能够应付长时间的辛苦劳作。一辈子跟着父亲干活对亚伯拉罕来说没有吸引力。他离开家，漫无目标地寻找能获取更多意外收入的机会。

他在平底船上做杂役，干些杂活，跟人交谈，跟周围的所有人都合得来。他给人讲故事、倾听、微笑，接着在各种各样的店铺当过伙计。

印第安人骚乱，他应征入伍。但当林肯上尉出现在现场时，可怜的野蛮人已经逃之夭夭，由于没有敌人，他脱下军装，开了一家店铺。

这个新的工作与在军队的经历相比更不顺利。光顾的人非常少。一个愚蠢的合伙人竟然喝干了所有的库存酒，商店因此而破产，结果林肯用了十五年才还清了债务。

这些关于我们民族英雄的故事确实十分单调和乏味。似乎没有什么意思，甚至有些近于荒诞。然而即使这个破产法庭上的小插曲也自有用处，它是关于芸芸众生的人性的研究课程，作为对了解人性的投资，其收获颇丰。

此时这个年轻人已经二十多岁了，小时候环境的障碍开始被甩在身后，其他方面的影响开始在争取出人头地的奋斗中显露了出来。

这个长相滑稽的高个子，这个活动的衣服架子似乎有了思想。一种奇怪的思想，怪异的思想，充满可笑想法的思想，带着曲折蜿蜒的支径旁道，似乎以不合时宜的冷漠从荒谬通往高尚，但却是一种思想。

这种智慧和它的主人一起被推到一家律师事务所，并从律师所升到了州议会，从那里又被提拔到了远在华盛顿的众议院，而且在思想往往会使一个人被怀疑犯有叛国罪和胆小懦弱的时候甚至也被要求照常工作。

当林肯到达首都的时候，墨西哥战争正如火如荼。

他不赞成这场战争。

他是这么说的。

然后他用一件厚重的斗篷将自己舒服地包裹起来。

接着，又一场暴风雨就要来了。

这次他做好了准备。

这个国家迅速陷入无政府状态和内战。奴隶制和非奴隶制使原来的各政党分成了截然不同的两派：圣徒和强盗——务实的政治家和感情用事的白痴——他们不服从任何领袖，没有党纲，只是通过一些共同的信仰和偏见维系在一起。

后来蓄奴的南方人聚集在了所谓的民主党的麾下，他们的对手也组成了自己的政党而且骄傲地自称为共和党，并宣布了不分裂联邦和人人享有自由的原则。

就在那时，林肯过去的经历使他能够发挥有益的作用，并且成为蜚声全国的人物。

他曾经在蓄奴州度过了数年岁月，也在自由州生活过。他知道奴隶制度的恐怖，不愿回首当年他的船上满载戴着脚镣手铐的人们的日子。另一方面，他通过直接观察认识到整个民族的经济制度不可能按照少数人的意愿而突然改变。因此他建议采取折中的做法。奴隶制必须废除。它不应存在于一个文明的国度。摆在这个国家面前的唯一问题是：这场变革能否在不危害国家的情况下得以完成，如果不能，是否应该为了正义这个抽象的理想而牺牲国家？

可怜的老疯子约翰·布朗喊叫道："不！不可能不流血！"他举起了猎猎的反叛旗帜，几天后这个旗帜被虔诚地用来覆盖了他的棺材。

但是南卡罗来纳州礼貌地答道："可以。"而该州悄悄地退出了联邦，并庄严地投票认定自己是"地球上独立自由的国家之一"。

那发生在1860年12月。

三个月后，共和党出身的美国总统亚伯拉罕·林肯再次来到华盛顿，将他的行李包搬到了宾夕法尼亚大街另一端的白色大厦。

两天后，他宣誓就职，当他尴尬地站直身子的时候，他向参加仪式的群众说明了他将要做的事情。

唉！保护、保留和保卫联邦是他的责任。现在他的很多同胞威胁说要毁灭他有责任保护、保留和保卫的联邦。

他们非常愚蠢。上帝知道，他不恨他们。他只会祝他们好。他愿意聆听他们一切合理的建议，并不遗余力地尽快和平解决问题。但是他发誓要保护、保留和保卫联邦，而且他将说到做到。

他的话很简单。实际上，他的话太简短了，以至于他亲爱的同胞们大多数未能完全理解他的话的意思。

因此他们互相提示对方，大笑着说："嘿！看到他戴的那顶滑稽的帽子了吗？"

第四十四章　审理一场战争

令人感到奇怪的是，违背1787年签订的神圣条约，脱离联邦的竟然是南方各州。

迄今为止，危险往往来自新英格兰人这一方。

他们常常表露出来的“废除”条约的愿望，源自他们内心里深信，马萨诸塞州的人民和他们的邻人对他们一直交往的这个伙伴就是好得有点过头，最好是他们自己建立权力机构，这样他们便不必担心居住在伯克郡和康涅狄格河那边的粗鲁人的屡屡侵扰。

然而，1860年发生的事情性质全然不同，而且严重得多。事情的真相就是，南方自杰克逊将军统治以来，就一直习惯于威吓美利坚合众国北方。南方不可能独自行事，但是，它巧妙地利用了西部人的粗率却全然真诚的激情，因而能把这个共和国的北部和东部地区视作政治附属国，一个举止应该检点些的小小的姊妹共和国，或者——

“或者什么？”那位来自异乡、身材细挑的老练的“伐木人”问道——现在，他正在白宫的盥洗室里擦亮他的皮靴呢。

“或者，我们必须拒绝再与你一同游戏了！”来自查尔斯顿、新奥尔良、萨凡纳和里士满等南方城市的小伙子们满怀热望、精力充沛地大叫道。

他们到裁缝店，给自己定做了整洁漂亮的制服，完全不像那些被联邦军队拖得疲惫不堪的人；他们行进在一面崭新的旗帜前，这面旗帜看起来与那为人所熟悉的老式星条旗大相迥异；每当他们想到他们好好地戏弄了那帮可恶的北方佬时，他们就痛快淋漓地高声大笑。当然，这些北方佬太忙了，他们得照料他们的老矿山、他们的银行，还有他们的杂货铺，哪还顾得上扛枪上战场作战。

不过，他们很快就会发现，他们肯定是弄错了。

在古代，人们说开战就开战，一切似乎都已准备就绪。他们也许会觉得，最后的胜利仰赖于神的旨意，但是他们未曾想过要给准备阶段戴上隐忍和克制的神圣光环。

他们为了追求某种事物而疯狂，相互残杀到他们感觉好些了才会罢休。事后，他们把敌人的妻儿卖为奴隶，并抄起可以背在肩上的劫掠物品回家。

所有这一切，低级、残忍和野蛮，但是，当事情从其本性来讲注定是低级、残忍和野蛮时，这至少是一种率真、直接的行事方式。

文字的发明，改变了这一切。在过去的两千年里，一旦敌意产生，冲突的各方就会赶紧找来历史学教授，要求他们准备一份关于这一令人遗憾的争执的“由来”的报告，以便让世界上其他国家能够体谅到A方（或B方）完全是无辜的，它受到了B方（或A方）无故发动的攻击，因此它被置于不太让人愉快的义务之下，“为捍卫自己正当的权利、反抗野蛮的侵略者”而单方面宣战。

在南北战争这一案例中，仅是议会讨论和官方辩解的阶段就持续了大约五个月时间。

1860年12月20日，南卡罗来纳州脱离了联邦。次年1月，密西西比州、佛罗里达州、佐治亚州、路易斯安那州、亚拉巴马州和北卡罗来纳州同样也脱离了联邦政府。2月，得克萨斯州也追逐它们的步伐，与合众国分了手。

1861年2月4日，来自这几个州的代表们在阿拉巴马的蒙哥马利市召开会议。他们宣布成立了一个名为南部邦联的属于他们自己的共和国，并推选杰斐逊·戴维斯为他们的总统。

戴维斯和林肯一样，也是肯塔基人。他曾在皮尔斯总统的手下担任过陆军部长，并全面改组过军队。南方各州叛乱时，他是来自密西西比州的合众国参议员。毋庸置疑，他抱有真诚的信仰，且具有一定的能力。但他缺乏取得林肯那样的显著成就的一个重要素质。这位南部邦联的总统不具备完美出色的分析头脑，而那位联邦总统却头脑敏锐，总是能找到问题的关键，不被大量无关紧要的细节转移注意力。（由于在这种性质的冲突中，多半因为有一个长于分析的大脑而确保胜利）结果，合众国延续至今，而南部邦联却被逐放到博物馆，成为历史古董。

再来说说脱离运动吧。弗吉尼亚州、田纳西州和阿肯色州后来很快就把其他几个心怀不满的州联合起来，随后，两个共和国开始了一系列的讨论，或者更确切地说，戴维斯总统提议采取一种折中的方式：无论哪一个州，应该由该州自己来决定它是维持还是废除奴隶制。

但是，华盛顿方面却坚决要求南方各州先回到合众国的怀抱，否则一切免谈。

为了挽救局势，南部邦联又试图给宪法增加一条修正案，永远限制国会在奴隶制方面的权力。但是北方对一项压根不会解决任何问题的计划避而不理，这种计划只能使联邦政府束手束脚，同时却放手让奴隶主们为所欲为。因此，修正案遭到否决，不可避免的事发生了，无须浪费笔墨了。

在这几个月里，陆军和海军里南方出生的官员相继辞职或者开小差，他们中绝大多数人都曾身着得体的南方联盟军军服为杰斐逊·戴维斯效力过，如今，他们正在操练新兵，教新兵行进，而此刻北方却在一边袖手旁观，毫无动静。

到最后，华盛顿方面眼看着事态发展，勉强决定采取应对措施，准备打一场可能要持续六周至四个月的战争。

当时，南方地区有几个重要据点仍掌握在联邦政府手里，其中之一是查尔斯顿港的一个古老的要塞。它取名自托马斯·萨姆特，此人是华盛顿军队最后一位在世将军。这个要塞位于一小岛上，是控制通往阿什利和库珀河的交通要道的三大要塞之一。要塞司令梅杰·安德森本是个爱好和平之人，但他也开始变得跃跃欲试了，因为他的军队补给越来越少。1月初，邦联军想给他送点新鲜的豆类和咸肉去，却未能成功，当时，一艘打着合众国旗号、名为“西方之星”的汽船遭到南卡罗来纳炮兵的连续轰击，只好打道回府。不过，英勇的梅杰在3月下旬终于得到消息说，布鲁克林海军基地正在装备另一支远征队，他的漫漫等待快到尽头了。这第二支远征队应该是个深藏不露的秘密，可是人人都在谈论它，当然，在北方拥有成千上万忠诚的支持者的南方政府，也完全清楚这一事件的进展情况，正等着联邦军“波瓦坦”号的到来，其急不可耐之情难以掩饰。但是，一旦敌意最后公开爆发，敌对双方都有点害怕，他们极不愿意承担无法避免的“公开行动”的责任，于是联邦政府和南部邦联的陆军部长之间的通话正式提到了这艘小船的起航，据华盛顿方面的解释说，“波瓦坦”号不会增强萨姆特卫戍部队的力量，而只是带些食物和医疗用品去。

南部邦联为何在这个时候加快这个问题的进程，到现在仍是一个谜。毫无疑问，这一决定与其说是出自政治考虑，还不如说是由于心理上的原因。南方人统治这个国家已有多年，因此对于他们来说，经常被边远地区的一个律师智胜一筹，必定越来越叫人难以忍受，而这位律师不懂得如何点菜，更有甚者，他名声在外——是所有可恶至极的共和党人里最可恶的。

由于担心亚伯拉罕·林肯可能又在玩弄他的老花招，南方政府电令当时正在查尔斯顿的博勒加德将军（他过去为联邦政府效力，现在为南方）可在必要的时候袭击萨姆特要塞。

几小时以后，戴维斯及其内阁对他们的草率鲁莽后悔不已。但木已成舟，而且，尽管安德森向人通告他仅剩两天多的食物，这以后，他就不得不要么投降要么饿死，可是邦联军的炮兵还是在1861年4月24日的早晨向他开了火，一连二十四小时的炮击之后，炮手们的激情得到了回报，这个讨厌的联邦政府的据点投降了。

虽然炮声连天，硝烟四起，但造成的实际破坏却微乎其微。

联邦军士兵一个伤亡的也没有。至于邦联军方面，他们把打炮变成了一种流行时尚的社会活动，在美丽的查尔斯顿姑娘们的喝彩声中勇敢地发射了十磅重的炮弹。

当时，这一切都似乎没什么大危害。

但这些善良的人却忽略了非常重要的一点。

开第一枪的是他们。

扯下了美国国旗的也是他们。

总之，是他们“首先发难”，挑起了战争。

这样，他们就给了在白宫的聪明对手所一直希望和祈祷的东西——一个忠心耿耿的民族、一个随时准备以他认为必要的方式支持他的民族。

1861年4月15日，林肯招募七万五千名志愿者。

一天以后，第一批北方人的军队开始挺进华盛顿。

第四十五章　战争终结纠纷

假如我们生活在一个只有我们自己的小星球，必然是件非常愉悦的事情。然而，事实是，两百万年以来，我们一直都是所谓文明世界的一部分，无论我们做什么都会影响我们的邻居，而无论邻居做什么都会直接或间接地影响我们的幸福与繁荣。

北方人相信，合众国对镇压反叛有不可推卸的义务。

南方人则认为，这是一些主权州在为维护它们的独立而战斗。

而在欧洲人来看，在美洲大陆上，两个独立的小国家之间爆发了一场战争，这将会最终导致一个强大的、令人生畏的共和国的衰落和瓦解。

国际关系准则中没有“爱慕”一类的字眼。倘若你煞费苦心地翻翻那些研究难解问题、笔法严谨的书卷，你也许会寻摸到“尊敬”“景仰”，偶尔还有“感激”这样的词语。但是在我们的职业宣传家的语汇里断无“国与国之间的爱”这样的表述，而且它也不在我们较为冷峻的史学家和新闻工作者严肃持重的词汇表中。

英国，至少是官方，很久以前就同意对它的前殖民地的反抗活动听之任之，制裁导致成立了一个自由的共和国。至于1812年的那场战争，对双方而言都不是件光彩的事情，无以使民众敬以崇高的缅怀之情。 十九世纪六十年代，英国有许多人全心全意地支持废奴主义事业，也有许多人竭尽全力帮助北方获得了成功。

但是，还是有许多英国人认为，美国是对大英帝国保持商贸霸权地位的最危险的一种威胁。他们从来就不怎么敢奋起战斗，摧毁这个令人不安的敌人。然而，要是他们发现有人愿意这么做，即有人能够靠卖些枪炮、军舰和火药来帮助这个意想不到的同盟国——那么，他们会不会愿意尽早在合适的时候，连同保付支票一起下订单呢？他们会不会在他们胜利的时候欣然记住他们的朋友呢？

对于古代欧洲的上层阶级来说，南北方之间的斗争是国王与议会、地方与宫廷、清教徒与保皇派之间这种古老战争的延续。在这场战争中，“圆颅党人”一方就是南方的种植园主、北方的店主和制造商，这些人就好像忠实的老派英国绅士，他们拔剑捍卫他们的贵族祖先所维护的理念，当年他们的祖先为了这些理念将鲜血和财富抛洒在了马斯顿沼泽地和纳斯比。

但是，英国并非合众国的唯一的潜在敌人，还有拿破仑皇帝。当然，不是那个伟大的拿破仑——他现在长眠在他的“老兵之家”这所教堂里的红色岩石地板之下。不过他的一个侄子，一个操着浓厚的德国口音的年轻人依仗他伯父的声誉，巧妙运用波拿巴家族特有的才智，骗取了八百万的同代人的支持而成为法国最高首脑。可是，他的新帝国宝座却极其不稳固，他绞尽脑汁在认真考虑是否要来一场战争，以给他的臣民们些许的乐趣。同时，由于他统治的国家为了想象中的那点“荣耀”和“光荣”，总是想搅乱欧洲的和平，因此欧洲其他国家一直处于紧张和心烦意乱的状态。

法国和美国暂时还能和睦相处，可是谁能预言到这个面如土色、病魔缠身的男人的那位深受神职人员控制的妻子会认为有必要对她祖父的人民发动一场战争呢？这位皇后和她朋友的所想就是拿破仑的所想，而拿破仑所想的，在一夜之间便由一个被买通了的记者说成是“全法国人的意愿”，历史的转折点就这样确定了，五百多万男子将被运到英国，然后准备加入加拿大的军队。

所有这一切，对于我们这些生活在1927年的人来说或许很有点天方夜谭的味道。可是在林肯政府当政的头一年里，这却是严酷的现实之一，它使得林肯及其内阁对南部邦联军的连连告捷同样表现出深深的关切担忧。

1861年，美国的广大民众已接受了我在前面章节谈到的边疆地区的新的信念，将其视作绝对真理。这里有两个信念，没人敢怀疑，否则就会招致邻国上流社会和家庭的不满。

其中第一个信念是，任何一个理智健全的人都能够从事几乎所有的职业，除了极少数专业性很强的行业，比如：医院门诊部或者化学实验室工作。

第二个信念是坚定不移地相信所有生来自由的美国公民的尚武精神只要一接到通知，就会有一百万的美国人拥上前线捍卫民主的正义事业，尽管他们的武器只有玉米秆和扫帚柄，但他们也能五次或五十次地挫败只不过与他们数量相当的外国人。

先来谈谈第二个信念吧。志愿军制度从来就不曾取得成功。华盛顿的信里尽是些没完没了的哀叹，他的那些缺乏训练的军士，多半无能又冷漠，常常因他们的胆怯、无组织无纪律和全然不顾这位将军所说的“真正的爱国主义的首要法则”，而葬送了他应得的胜利。如果不是天时地利的优势以及法国正规军和德国教官的重要支持，说不定美国还不能获得独立呢。

1812年战争中，志愿军闹出了一桩尽人皆知的丑闻，纽约州的所有团队都拒绝到合众国以外的地区作战，这对加拿大人来说是极令人喜出望外的事，可是对前线的美国人来说却不那么让人高兴——这些人在前线只好听由英国人和印第安人的摆布。有好几次，志愿军看不出有何理由就从战场上溃退了下来。这些听候召唤去保卫这个国家的首都免遭侵略和摧毁的爱国者乱作一团，逃往后方（这即是著名的布莱登斯堡大赛跑），实际上只剩下与为数不多的条顿人的海军作战了。

至于墨西哥战争，斯科特将军的十一个志愿军兵团中有七个告知他们的总司令，他们是“一年期军人”，他们不是为“持久战争”而应征入伍的，当他们的司令在距墨西哥城还有四天的路程时，他们离开了他，因此占领这个重要据点耽误了几近半年。

林肯总统在南方军炮轰萨姆特要塞后宣布招募七万五千名志愿者时，他的吁请在一部分人中得到热烈响应，对于此次战争争端，这些人确实强烈地感到要以生命来维护他们的选择。-然而和从前一样，这种热情转瞬即逝。因此政府提出，凡愿意入伍者皆可得到一百到二百美元的赏金。结果却成了投机商人有利可图的生意，他们把大批大批的欧洲移民运往美国。直至英国政府发出警告，华盛顿政府才不得不终止招募“合同兵”。

几个月以来发生的这种事情，使每一个北方人都明白了联邦军队不能仅仅靠征兵来保持军力。因此制定出一项征兵法案，并及时获得通过，法案规定每个州都有义务向联邦军提供一定数量的战士。如果这些战士能在志愿者当中募得，那就再好不过。可假使志愿者不够的话，就必须通过挑选补足。没人特别喜欢这种人们所认为的非美国式的征兵，但这是打败由应征士兵组成的南军的唯一途径，因而政府强硬地推行这项制度。对那些多少有些家产的年轻人来说却是个例外。如果他们实在觉得非常需要留在后方，就不必冒险将他们宝贵的生命送往前线。政府允许这些人差遣代替者，只要他们能找到为了几个钱而甘冒掉脑袋的危险的可怜人。如果没钱找人，就必须上战场，甭管他们愿意与否。当波士顿和纽约的爱尔兰人表露出不愿参与一场一点也激不起他们兴趣的冲突时，一场非常严重的暴乱发生了，正规军向乱民开火，打死了许多人，迫使其他人赶快服从这一征兵法。

人们认为这一切极其令人遗憾，可是当时和现在一样，若没有一大批人肉体上受到伤害，就不可能开战，而且当时和现在一样，对于那些叫嚷着他们仇恨敌人并吵吵得最厉害的人和那些津津乐道于“文明的战争”(这是战壕里的人或是炮手在纵情狂欢后一个不变的说法）的最热心的支持者来说，这一事实似乎令人痛苦地感到吃惊。

这场冲突的具体背景我已讲得够多了，现在让我来说说第一个信念，即那个著名的先锋理论，任何智力尚可的公民都能发掘他可以发挥的才能，并取得他职业上的成功。老天！等待南北方人的，也只有极大的遗憾了。

杰斐逊・戴维斯和亚伯拉罕・林肯两人，谁都不能胜任1861年等待他们来完成的任务。他们必须从头开始学习新的职业。人们对那位北方的总统事先就有个结论：天资要比波托马克河对岸的那位邻居高得多的他，必定最后打败他的敌人，必定将这个国家的北方引向胜利。但是三个可怕的年头过去了，林肯还未能初步掌握局势。在外交领域（这是受到所有上流民主人士轻视的一门崇高而微妙的艺术，是能激起那片贫瘠的欧洲大陆上温声细语的贵族们的兴趣的一种化装舞会，而不是适于精力充沛的男人和他们精力同样充沛的夫人的游戏），他遇到了哪儿也未曾遇到过的困难。

这些例外本是极为有利的，它们本应使国人明白一个在不友好的国家的宫廷里训练有素、技巧娴熟的外交家，其价值要超过十个在国内的足智多谋的政治家。但是，民众对此并无兴趣。结果，两位总统在上任之初的几个月里，就引发了许多外交问题。

最初，林肯总统在号召志愿者入伍之后颁布了一条命令，宣布从弗吉尼亚州至得克萨斯州的美国东海岸实行封锁，船只如试图进入脱离联邦的州的所属港口，一律将冒着被迫停泊，并由联邦军的战船带往北方港口的风险。

不幸的是，华盛顿政府这么做，默认了美利坚合众国和南部邦联之间处于“战争状态”。这使他们陷入不利的境地。一方面，他们强烈谴责南方人是叛乱者；而另一方面，他们又说与南方同盟在“交战”，而在诺厄・韦伯斯特的术语里，某一“敌对交战方”意即“依据国家法律得到承认了的正式开战的一个国家、一个党派或一个人”。

英国的法律界官员读到这份文件时，有些困惑不解，并解释说，十分令他们遗憾的是，他们必须依照现有的国际条约和协议中的条款来坚持立场。他们（至少是官方）无法承认以下事实，即美国总统在1861年4月19日的声明中所使用的“敌对态度”这个词，实际解释时更接近于是指“革命”而不是“战争”。于是，他们尽可能地搜罗了一大堆“鉴于”和“因此”等词语，以充分告诫所有的英国人，诸如“鉴于美国联邦政府和自称为南部邦联的某些州之间已极其不幸地产生了敌意，又鉴于英国打算保持绝对的不偏不倚的中立态度，因此他们必须告诫所有英国臣民不要加入敌对双方的军队，也不要帮助它们为国内外准备用作运输、战时私掠船或军舰的任何船只提供装备和配给”等等。这是一份极普通的中立声明。

这样一份例行公事的中立宣言在北方民众看来，相当于英国已经承认了南方同盟的“独立”。而实际上，英国政府只是承认了南方的“交战状态”。这是两个完全不同的概念。然而当一个国家处于普遍恐慌之中时，辨析这些概念是无济于事的。

华盛顿当局注意到，在前线，一切都已不对劲了。北方第一次试图取得南部邦联势力范围内的一个立脚点，却以失败而告终。1861年7月21日，北方人在弗吉尼亚州布尔河的附近遭到重创，以致在第二年开春以前不可能有望准备再打一仗。这次溃败（它实际上是件相当糟糕的事）的消息传到欧洲，合众国的许多敌人普遍感到高兴，这些南部邦联的朋友预言，罗伯特·李很快会把他的旗帜升起在华盛顿的国会大厦上。这一形势非常令人不安。

当时发生了几起本身无足轻重的国际小事件，这种事件极易导致不那么明智的国家之间产生敌意，其中一起事件使局势加倍地恶化了。

1861年11月初，美国“圣哈辛托”号舰艇在美洲沿海执行完禁运奴隶的任务后，准备返程回国，碰巧停泊在哈瓦那。著名的南海科学探险英雄查尔斯·威尔克斯中尉正捧着一叠美国报纸在浏览，得知南部邦联的两位外交代表詹姆斯·梅森和约翰·斯莱德尔正在去往欧洲的路上，预订坐英国的“特伦特”号邮轮从哈瓦那起航。

威尔克斯中尉，既荣获过金质奖章，也受到过军事法庭的审判，是一个经历奇特的人，他决定采取一次大胆鲁莽的行动，让自己扬名天下，而他的成功却超出了他热切希望的预想。他离开哈瓦那，专等着“特伦特”号，威胁那帮息事宁人的船员交出反叛分子的货物，否则就要开枪，这样他便满载着“战争禁运品”胜利返回美国。

国会在心情激动的最初时刻，投票赞同授予这位英勇的中尉一枚金质奖章，但英国人的想法却大不相同，伦敦各家报纸说起此事来都是那么的痛苦难当，认为这是对至高无上的英国船只的可怕的而且是难以忍受的侮辱，致使任何一位没有帕默斯顿勋爵那么疑虑重重、老于世故的政客，恐怕都会被很轻易地推向战争。即使如此，这位勋爵大人还是不得不吩咐女王陛下驻华盛顿代表要求立即释放这两名俘虏，假使遭到拒绝，就要回他的护照，离开这个国家。

帕默斯顿听从了孔索尔特亲王的建议，信尽可能地写得委婉，但人们以为局势极其严重，部队正开始向加拿大这一大方向开拔，北海海军造船厂也露出非常举动的迹象。

从美国北方这方面来看，它早就该知道，只要美国政府一天不承认南部邦联的独立，梅森和斯莱德尔就有一天还是美国的公民，而且，威尔克斯中尉只是重蹈他人的覆辙，十八世纪里英国海军官员无数次这么干过，他们强行登上中立国的船只，带走所有他们怀疑是英国人的人。但是，林肯很快学到他那门新行当的技巧，明白这不是讨论的时候。他下令把梅森和斯莱德尔送到另一艘即将起航的英国船上，允许他们在英国旗的保护下继续他们的航程，于是这一事件便以这种方式结束了，没有给美英两国的任何一方造成进一步的反感。

这一决定一旦做出，另一个困难就出现了。由于南部邦联已正式被认作交战国，接下来他们就必须购买火药、大炮及其他所有战争用品。他们也正是这么做的。他们一贯吹嘘说，他们垄断了棉花——这很快就会表明谁是北美大陆的真正的统治者，而现在他们力求在巴黎和伦敦的市场上用成捆的棉花来换取滑膛枪和野战炮。如果换成了，而且这些枪炮及时运到萨凡纳或查尔斯顿，合众国政府就不应有任何抱怨的理由了。这些货物要不就是安全地运抵终点，要不然，它们被联邦军的战船拦截并没收。可现在是戴维斯总统威胁说要干的，却完全是另一码事。他试图把不列颠群岛变为南部邦联的一个海军基地，嘱咐英国造船厂为南方制造巡洋舰。他用英制枪炮来武装这些巡洋舰，配备的船员从女王陛下的领地内招募或调集，这样，一旦他们再需要供应炮弹和腌牛肉时，随时即可让他们航行在格拉斯哥到南安普顿一带掠夺联邦军的物品，然后返回英国的港口。

林肯和他的内阁对这一切均了如指掌。那些富裕的绅士捋着胡须说“那根本无济于事”。由此招来一连串的反对声。向一个交战国出售战争物资，要到什么程度就不再是合法的商业交易从而破坏了中立，这一点从来就不易说清楚。倘若说卖给一个交战国十二发榴弹炮是合乎国际法的，那么，卖给它一万发也没错。但是，倘若可以允许一个政府定购价值五百万美元的标枪和鱼叉，那么，同样的政府又为什么不能用这同样的五百万美元去购买和装备两艘巡洋舰呢?

幸运的是，人们正在讨论这个问题时，兰夏郡和柴郡的棉纺厂的工人们，他们由于丧失了生活必需品，所有的工作都已停顿，因此这些人现在实际上是在忍饥挨饿。他们提出要帮助合众国政府，正式要求英国议会敦促英国政府不再承认一个将三百万人陷于战争的政府，并且不再给予援助，或者，即便他们不高兴也要这么做。更幸运的是，联邦政府当时驻伦敦的代表是一个并不因自己的国家而感到羞愧的人，尽管好些贵妇都已将他从她们的宴请名单中除名，而且待他也实在是够恶劣的，但他依然对自己的人民的利益忠心耿耿。

查尔斯·弗朗西斯·亚当斯是一位美国总统的儿子，也是另一位美国总统的孙子。他不完全是人们所说的那种易动感情的人，也许只是有那么点。这使得他即便是在弗雷德里克斯堡大败后仍然镇定自如，当时实际上看起来是北方已经输掉了这场战争；就是在（著名的空头理论家）威廉・尤尔特・格拉德斯通发表了一番圆滑世故的讲话后，亚当斯也没动什么肝火，当时，英国政府官员建议英国承认“由伟大的政治家杰斐逊・戴维斯那边成功地建立起来的国家”。相反，这倒促使他走向他职业生涯中的顶点，他安之若素，向英国大臣断言，只要是继续采取让南部邦联的巡洋舰在英国港口停泊和装备的政策，只能而且将只会导致一个后果，这一后果正如阁下明确知晓的，叫作“战争”。

这一冷冰冰的口信似乎将当时的气氛挑明了，过去从来就没有人公开敌意。首先，在英国，憎恶奴隶制、宁可去蹲大狱也不愿与美国北方的废奴主义者战斗的人大有人在。其次，英国对那个最令人不安的邻居拿破仑皇帝从来就不太有把握。再者，英国还不得不密切注意俄罗斯。就在几年前，俄罗斯在克里米亚战争中惨败，如今在旧金山和纽约的港口集结了大部分舰队，这并不是出于对美国民主的深深热爱，而是因为它希望万一与英国起了冲突，它可利用这些港口作为对付英国的便利的海军基地。

然而，所有这些考虑都不太重要。英国政府的态度逐渐转变的真正原因，并不在于它突然热爱起亚伯拉罕・林肯的理想，而是由于美国军队命运的一次转折。这要归功于正规军的一位默默无闻的前军官，他当过伊利诺伊州加利纳的一家皮鞋店的店员，一个屡遭挫败的人，人们管他叫尤利塞斯・格兰特。

南北方爆发战争时，这位曾经一度春风得意的年轻军官的仕途似乎已近结束，当地的基督教妇女禁酒联合会的所有女士都摇着头说：“我们早对你说过！我们可怜的兄弟尤利塞斯！”她们预言，在尤利塞斯因酗酒和嗜烟而受到道义上的惩罚以后，他的葬礼不久即会到来。当这位身体已经垮掉了的中尉受命为伊利诺伊州一个团的司令，并受权领着她们纯洁无瑕的小宝贝去战斗时，她们感到有些不安。

至于格兰特本人，从来就不是个多言的人，于是他率领交给他统管的所有部队出发，静悄悄地，然而却是极其有效地摧毁了南部邦联的西部战线，随后，他袭击了田纳西，迫使李从北部战线撤走了他的大部分最精锐的部队，以保卫他所分管的地区的西部和南部战线。

这是一个非常好的开端。接下来，又是一个出人意料却更为重要的胜利。

北方的封锁的确使南方受到了重创。每年生产出来的五百万包棉花，如果无法销售到国外，又有什么用呢？当然，间或装上几千包，用快艇试图躲过封锁，直至到达英国、西班牙、荷兰或者丹麦在西印度洋上的领地，这也不是不可能。但是这点数量难以作数，有必要开辟更为成功的途径以突破联邦军船只的铜墙铁壁。

在北方，制造业设施随处可见，可南方各州却没有。但他们的工程师们却听说过这种铁壳子船（自克里米亚战争以来，欧洲所有国家都曾用它来试验过），而且他们找到了一个解决运输线路上的困难的办法。究竟是谁设计出第一批联军装甲舰的最初方案的，我不大清楚，但是，戴维斯内阁成员中有一位多年来一直是参议院海军事务委员会的主席，他一定对用钢板来保护船只的这个最新想法有所耳闻。尽管南部邦联材料相当短缺，但是，他们给烧毁大半的美国老式军舰的船体加了层铁甲，从而设计出一种时速能达到七英里的小型无畏级战舰，在与普通的木船战斗时这种战舰绝对是不可战胜的。

这艘奇特的装甲舰，原名美利坚合众国“梅里马克”号，后重新命名为南部邦联“弗吉尼亚”号，在它服役的第一天击沉了联邦军的两艘战舰。

这仅仅是一个开始，假如当初能给斯蒂芬·马洛里一个机会，另外再造十二艘“弗吉尼亚”号，那么，南部邦联从查尔斯顿到伦敦做生意的通道就能打开了，因而或许能证明南方的棉花要比刀剑强大。

可是，唉！当南方人眼看着掀掉老“梅里马克”号的桅盘并给船体锤铸钢板时，来自韦尔姆兰的朗班夏坦的一个名叫约翰·埃里克森的瑞典人正在构想自己的蓝图，此人过去是瑞典军队的一个上尉，是当世颇富创造力的发明家，他的这些构想注定要把南部邦联称雄海上的所有梦想变成一堆燃烧的木柴和废铁。

埃里克森在英格兰制造过许多机车，可与斯蒂芬森的“火箭”发动机相媲美，他还发明过海上军舰用的著名的螺旋桨，最后他突然来了灵感，想着在装甲舰的旋转塔内安上大炮。他带着他的发明设计来到法国。可是拿破仑三世对埃里克森的船不甚感兴趣，就如同当年拿破仑一世对富尔顿为了个人利益而在混浊的塞纳河上招摇的那艘汽船不甚感兴趣一样，他拒绝给予这个瑞典人以任何的赞助。就在此后，各种传闻开始流散到欧洲，说是南部邦联正在制造一种奇特的新船，于是埃里克森远渡到华盛顿，把他的计划拿给合众国政府的建筑工程师们看。他们正陷于难解的困境当中，因此也愿意听听一个外来人和平民的意见，便准许埃里克森依照他那可笑的想法建造他的“莫尼托”号铁甲舰。他奋力地工作，不到六个月他的船便可以准备作战了。“莫尼托”号因一次狂风恶浪而受阻，未能及时开向南方阻止“弗吉尼亚”号的完工。但在1862年3月9日的一次短时遭遇战中，“莫尼托”号显示出作为破坏性器械的绝对优势，南部邦联突破封锁的最后希望破灭了。

北方盟军拥有的“莫尼托”号一类装有旋转炮塔的铁甲舰和装甲船更多了，得益于此，北方加大了封锁力度，南方的棉花都烂在莫比尔和诺福克的锭盘上，与此同时，不再有任何理由寄希望于南方获胜的欧洲当权者们对予以进一步认可或信贷的所有请求都一概充耳不闻。

李和杰克逊孤注一掷，力争赢得一点时间，这样或许他们还能逼和对手。这真是不可能的事，而且他们的敌人在后方发布了一项他们认为是可鄙的宣言。按照林肯总统发布的宣言，南方联军占领地区内的所有仍为奴隶的人将于1863年1月1日永远得以自由。不过，这份文件并没有废除对北方忠心耿耿、支持联邦政府的各州的奴隶制。这纯粹是一项战争议案，试图获得国内外废奴主义者的支持，从那时起，他们一定认为这场战争是解放黑人人种的运动，也就不再相信它是令人厌恶的关于州权的争吵。但它并未解决奴隶制问题（无论如何，这只是引起南北战争的次要原因之一），直到1865年，宪法的一条新的修正案（第13条）才结束了这种“特别制度”，永远禁止在美国境内有非自愿性奴役现象的发生。

关于这场战争，我还要简单地介绍一下。一旦总司令的指挥权交给了那个伊利诺伊州皮鞋店的小职员，问题就迎刃而解了。密西西比河谷被占领了，法拉格特将军强行攻入新奥尔良城。李在葛底斯堡几乎要消灭一支北方部队，他试图在大约十分钟内，以五千人的兵力大获全胜，却没能成功。谢尔曼横越佐治亚州，恣意无忌地破坏毁灭，让人不可思议，弄得许多正派的北方人对这种惊人而有些过分的凶猛表现略感羞愧。此后，南部邦联提议南北方军队联合出征墨西哥以试图与北方媾和，却未能成功，南方首府里士满城被围困和轰炸，并陷落了。杰夫·戴维斯穿越佐治亚州的荒野，茫然之中想避开北方佬的军队这四年来一直热情歌颂的那棵讨厌的苹果树。

那次溃败以后，除了体面地投降，并以伟大的谦恭精神接受这一投降，再也没有别的事好做了，李和格兰特在阿波马托克斯县城会晤之后进行了投降和受降仪式。

最后，当“此案”被永远地了断时，当人们已认定这个共同国家的权利应该永远高于各州的权利时，弥补四年里摧毁和破坏所造成的损失的时候最后终于来到了。

有些北方人正准备向从前的敌人伸出援手。另一些人——他们身上流着真正的马加比家族的血——在胜利的那一刻不留情面，恰如他们在失败的年月沮丧失望一样。共和国的命运似乎比以往任何时候都依赖于那个可怜而孤独的人，这个人在四年孤独和可怕的岁月里学会了如何不带着仇恨去战斗。

1865年3月4日上午，再次竞选美国总统的亚伯拉罕·林肯就一套切实可行的生活哲学阐述了他的思想，那是对仁慈和友爱的倡导，是对正义和克制的呼吁，是对宽宏大量的劝解。

六个星期以后，一颗子弹穿过他的脑袋，他倒地身亡。

第四十六章　最后一位征服者

他也许早该知道自己会遭遇不幸，真是可怜的人。

他是个心地善良、和蔼可亲的大公，精通绘画弹琴，且通晓植物学。只是，他下巴短了点。

像哈布斯堡王朝的其他所有成员一样，他也在唇下蓄着滑稽有趣的络腮胡，以使自己看起来威猛点，谈话尽是些上帝、祖国、职责一类神圣的话题。人们觉得他有点可笑。可是，的确有那么一刻，他还是有先祖们的风范。

他不太懂如何生活。但他死得却很高尚。因而人们也就可以多多原谅他了。

这位注定要成为最后一个征服者的不幸的大公，1832年出生在申布伦的皇宫，他父亲是奥地利大公，兄长是奥地利皇帝，而其岳丈则是比利时国王，欧洲的君主们有一半他都称为兄弟。因为他能读会写，又知道点简单的算术，被哈布斯堡人看作是天才，于是他被任命为意大利的一个总督和奥地利军队的总司令。不过，在某种程度上他愚弄了他们。由于他的脑子的确好使，又是个勤奋工作的人，做些他的亲戚们少有人想做的事，他博览群书，并借助模型、航图和地图册研究课题，因此不久，他便被视为海事方面的权威。奥地利舰队重新改组时，他得到授权，放手建造各种新式的铁甲船，这使得奥地利在最近的这次战争发生以前一直都是亚得里亚海和地中海东半部的海上霸主。在任伦巴第总督时，他倡导进行明智而自由的改革，这本来是会为哈布斯堡王朝保住意大利的，可谁也不理解他，他最后气馁了，辞了职，在的里雅斯特附近修建了一处漂亮的住宅，召集一帮乐迷，弹奏舒伯特的奏鸣曲，他打算在自己的余生过一种闲散自由的奥地利大公的生活，不关心世事，娇妻在怀，厨师手艺上佳，总之拥有一切。

与此同时，在遥远的奥亚卡山区阿兹特克人的一个古老的要塞里，居住着一位名叫贝尼托·巴勃罗·胡亚雷斯的印第安人。他出生在一间土坯小屋里。一位好心的修士发现这个男孩前途无量，有意培养他，让他去学习法律。此后，为了进入政界，他打了几次仗。之后他被任命为本省的长官，最后，他于1861年被选为墨西哥共和国的总统。从申布伦到伊斯特兰，响起一阵长长的欢呼声。在历史这一领域里，不可能的事情往往会成为合乎逻辑的。

现在，我们来介绍一下这幕小小的悲剧当中的第三个人。

拿破仑三世的祖母是来自马提尼克岛的克里奥耳贵妇，他的父亲（如果我们相信当代最有权威的人士的话）是一位荷兰将军。不过，他的这位当官的父亲，就是伟大的拿破仑本人的弟弟，而他妻子则是一位名叫柯克帕特里克的美国人的孙女，柯克帕特里克是美国驻马拉加（这里过去盛产美酒）的领事。在我需要在我的历史书中提到他时，他刚刚对欧洲说过，他新建的帝国叫作“和平”，他正在寻找几个要征服的新大陆。

现在，我们回过头来说说我们那位印第安朋友。

胡亚雷斯这人难能可贵，是个无私的墨西哥爱国者。他对他所属的印第安种族满怀希望，只要人们不对它横加干涉。为了使他的国家从债权国永无休止的重重压力下稍稍缓口气，并能支付日常的费用，他暂停两年偿付外债利息。这一举措，在马德里、巴黎和伦敦的阴暗怪异的小巷里造成了极大的恐慌，这几个城市普遍被人们认作是“金融圈”。法国、西班牙和英国的巡洋舰立即开往韦拉克鲁斯，要求“赔偿”，坚持严重受损的欧洲债主们的权利。

向来注重现实生活的英国政府很快就意识到，这个出身卑微的印第安人行事认真，每一分困难他都会用自己一分半的潜能去对付。于是英国船只撤走了，西班牙人心领神会，也跟着离开了。但拿破仑绝不放手，他指使报社，满篇的报道尽是些对这位高卢天才溢美之词，树立他的最高权威。他强忍着没把军舰开走，他的那些未死于黄热病的士兵奋力打到墨西哥城，将胡亚雷斯总统赶到荒野之地。

出了这么大的问题，那后来呢?

在众多的欧洲君主中，拿破仑皇帝是个名副其实的暴发户，与他同辈的许多君王甚至拒不称他作他们的“亲爱的兄弟”。因此他想出一个办法，老谋深算的同时，又很有些异想天开。他要把墨西哥的王位让给哈布斯堡王朝的一个成员。于是，这个世界上又多一个自封的皇帝，下一回，当奥地利皇帝想以这位法国皇帝的出身低微来冷落斥责他时，他就会回敬说:“你家兄弟也是如此!”

哈布斯堡王朝的人不是十分聪明睿智，但他们也不是毫无玩弄政治的基本技巧。否则，他们绝不可能在摇摇欲坠的王位上稳坐那么久。从一开始，弗朗西斯·约瑟夫就坚决反对法国大使试图以“是”或者“否”这样简单的回答来向他说明问题的想法。

另一方面，马克西米利安认为拿破仑的这个办法好极了。他是艺术和文学那种浪漫学校里培养出来的产物，他只能这么来看他自己：他身着端庄得体的皇服，倚靠着古老的阿兹特克皇宫的那根破损的立柱，皎皎明月，照在遥远的波波卡特佩特，黑压压一片、成千上万渺小的臣民用吉他弹奏着贝多芬的乐曲，歌唱着他们是如何爱戴他们的好国王的。

为了让这有点伤感的一幕尽早成为事实，他走马上任了。

他甚至相信了墨西哥人要进行一次公民表决的传闻，墨西哥人几乎无一例外地称他为蒙提祖马的继任者。在他那位平庸却很实际的兄弟的要求下，他放弃了奥地利王位的所有权利，远航来到韦拉克鲁斯。

华盛顿当局一直没有注意到法国那个伟大的江湖骗子设下的这些异想天开的小骗局，身在欧洲各王国的几位美国公使很有礼貌地向他们那些被派驻各地的各位王室打探，问他们是否曾听说过一位名叫门罗的总统就在几年前向国会宣读的某份咨文。国王、王后陛下和各位大臣都回答说："是的，听说过。"然而时过境迁，当时门罗是就整个美利坚合众国而发表演说的，可如今不再有什么"合众国"了，代替它的是两个小共和国，它们正陷于一场痛苦的冲突之中，似乎十之八九地在相互毁灭。

1863年，事情对于双方都再公平不过了。

可是在随后的十二个月里，南方邦联完蛋了，这样，联邦政府可以腾出手来，把陆军和海军调去挽救受它托管的邻邦贝尼托。

美国通过向拿破仑皇帝施压，开始了它的攻势。美国拿出报纸给这位翩翩绅士看，上面登载着一个叫普鲁士的国家刚刚大败邻国丹麦、取得重大胜利的消息；它提及一个叫俾斯麦的人似乎怀有一个可能是对法兰西的最大损害的梦想，他梦想着复兴古德意志帝国。

拿破仑在这些事实面前，迫于压力，他突然从墨西哥撤军，听任他那可怜的假想当中的帝国自生自灭。

马克西米利安如果当初只是考虑他自己的安危，那么他是可以在通往海滨的道路还畅通的时候就跑掉的。可他本性上是个极其认真的人，具有高度的责任感，这一来他强烈地感到要对那些在为他的王位争夺中支持过他的人负责。

当一切都已无可挽回时，他试图在战场上结束他的生命。可是没成功，不可避免的事发生了。他在墨西哥的一名部下把他出卖给了胡亚雷斯，胡亚雷斯下令对他执行枪决。马克西米利安并未乞求对他自己的宽恕，却勇敢地提出要求，以期对那几个直到最后仍忠实于他的将军给予缓刑。

有关他的判决消息传出后，整个世界都震惊了，想不到一位威严的奥地利大公竟由一个纯种墨西哥印第安人下令执行死刑。就连美国总统也请求里奥格兰德那边的这位好朋友发发善心。但是胡亚雷斯却回答说他无能为力。不是他要这位皇帝的命，而是这个国家的法律要他的命。

那以后，没人再做出什么努力了。

1867年6月19日，马克西米利安被枪决。

六个月以后，一艘以一个意大利人命名的奥地利战船，飘舞着奥地利皇帝和匈牙利国王使徒陛下的旗帜，慢慢驶进了韦拉克鲁斯港。

第二天，这位最后的征服者躺在船舱的一副棺材里，返回了家园。

第四十七章　金色道钉

一颗花生加上一颗花生等于两颗花生。一头大象加上一头大象等于两头大象。

尽管在数字意义上它们都是“2”，但是两颗花生绝不等于两头大象。

这个小小的问题在算术中是不言而喻的，因而似乎不需要进一步的解释。但遗憾的是许多人都只看到了数字2，对他们而言，等式中的其他东西都是无所谓的。在他们看来，“2”就是“2”，过去是，现在是，将来也是，他们从来就不在意是大象还是花生。

内战结束以后，掠过墨西哥城的外国入侵者的幽灵已被永远驱除，政府却面临着应该考虑重建那饱经战火的南部地区和各种各样的社会经济问题了。

自命正人君子的态度是北方文明的一个显著特点。他们始终认为公正高于怜悯，正是这种态度使问题变得更为复杂。

北方在战争中失去了三十五万多非常优秀的青年，在北方人眼里，南方是罪大恶极的叛徒和罪人。因为正是南方在奴隶制问题上把自己的意愿强加给整个国家。当这种企图不能得逞的时候，他们便开始了分裂活动。而当事情发展到不流血就不能达到目的的时候，南方打响了第一枪。所有这一切都是因为南方人不正确的信念：白人天生优于黑人。

而在南方人的内心深处，则认为南方遭受极大的不公平，在他们看来，“2”就是“2”。 一个黑人只不过是一个皮肤黑点的白人而已，两个来自密西西比棉花产区的黑人同两个来自弗吉尼亚州的罗伯特·利斯一样的优秀。这是一场毫无希望的争执，一次代价高昂的过失，因为在北方人发现人际关系方面的逻辑规律被理顺之前，美国整个民族在这一观点上的争吵已趋激化。十年和平时期的内部争吵与五年的战争相比，实际上代价要高得多。

这两种不同的观点发展成公开的对立，整个民族几乎都被拖到了愤愤不平的顶点。

林肯要是还活着该多好!

但是林肯已经去世了，接替他而成为这个国家最高行政长官的，是一个完全不适合这一职位的人，他之所以被选为副总统是因为他是始终对合众国事业忠贞不贰的少数南方政治家之一。另外，林肯所在党派的决策者们也希望让一位田纳西州民主党人得到共和党候选人的一个重要职位，以此来讨好这一边远小州。

这以后，布思杀害林肯的那把手枪将这位可怜的裁缝学徒推上了总统宝座。现在，这位安德鲁·杰克逊的弟子、一位来自落后的边远地区的职业政治演说家，应邀来带领这个国家度过自建国以来最困难的时期。这个人从内心感到南方遭受了极大的不公，南方是不应该遭受如此彻底失败的耻辱的。如今，他发现自己是在被迫同一群新英格兰人共谋事业，而这些人确信北方是受侵害的一方，前南方邦联的人应该为自己竟然被允许留住性命而感到走运。

持这两种背道而驰的观点的人之间的公开敌意，最终招致对这位总统的弹劾，也招来旷日持久却徒劳无益的讯问。可这证明不了什么，也达不到什么目的。但对于南方来说，所有的经济活动已长期处于完全停滞的状态，政府行政机构和立法机构之间的这种糟糕透顶的争吵导致了灾难性的后果。

它意味着那个年代的极端民族主义者、反对可怕的蓄奴制的正义的复仇者，现在可以让他们压抑日久的苦闷和报复情绪大行其道了。它意味着一个混乱世界的出现，在这个世界里，（由北方军团用刺刀鼎力支持的）黑人傲慢无礼、颐指气使地对他过去的主人——白人。这导致了一个社会制度的彻底毁灭。那种制度尽管存在着种种缺陷，但是却造就了一大批杰出的人才，在创建合众国的过程中发挥了重要作用。

恢复经济状况的工作也变得异常困难。经过两代人的努力，才使南方从那次灾难性的打击中恢复过来。

此后，如同生活中常见的那样，预料不到的事情发生了。在南北方为合众国的统治权打得不可开交的时候，西部地区却偷走了胜利果实。

迄今为止，美国西部一直不为人所注意，这时却突然从幕后走到了舞台中央，这一边疆地区古老的信仰被沿海地区的人明确地接纳为他们的新宗教。

间接地说，六十年代早期，在军事和政治上采取的许多紧急措施，在很大程度上就是应对这种变化。联邦政府要做的一件很重要的事，就是不但要维持与中西部边境各州的友好关系，而且还要确保生活在太平洋沿岸的美国人对政府的忠诚。然而遗憾的是，两千英里的高山和草原将这些州与东部地区阻隔开来。一封信如果从纽约取道巴拿马地峡送到萨克拉门托，至少需要六周。但是到了1860年，在旧金山和密苏里州的圣约瑟夫之间开通了著名的小马快递邮政业务，你只需为每盎司的信件支付五美元，便可以在犹他州的金色道钉八天或九天之内将信件从东部寄到西部。

接着又建起了横跨平原的电报线路。

但是，依然存在着一道巨大而危险的鸿沟，因为人们无法使用电报或者小马快递来运送士兵。除此之外，从刘易斯和克拉克时代起，人们就早已知道这些买来的国土价值不菲，是农场主们的真正的天堂，富含各种原料。

一个自重和细心的政府是不可能让这些土地闲置起来的。在杰斐逊时代，单是阿伦·伯尔正计划创建自己的密西西比帝国的传闻就足以使东部的人陷入恐慌。而目前，国家正陷于战争，法国人在墨西哥，英国皇家军队也已占领了哈利法克斯城堡。当然，北方希望打赢这场战争，但谁也无法这么预言，而且让后方这片真空地带存在下去，纯属自取灭亡，这完全不可避免。

战争曾使这一地区开拓定居的所有努力一度受挫。挥得动铲子和铁锹的壮汉，被迫拿起了滑膛枪，成立了各种小规模的骑兵团，打破了大草原无边无际的寂静。可是和平时期一旦来临，连接东西部地区的工作就立即开展了。

在此之前，铁路承包商是随着拓荒者的足迹而来的。现在，铁路承包商自己却成了开路先锋。以前，他要等到合众国准允的土地上的移民达到足够的数量，才认为值得修建一条铁路，以求得商业利润。现在，他首先提供几千平方英里的杳无人迹的土地，并辅以完善的交通设施，然后邀请东部农民和欧洲移民过来，将他们安顿在间距相当的居住点里，并利用他的铁路来运输这些人、牲畜和农产品。修筑铁路的勘测工作进行得相当快，不久，纵横交错的铁路网就覆盖了整个密西西比流域，第一条横跨大陆的铁路也近在眼前。

1869年5月10日，在犹他州的普罗蒙特里波因特，一颗黄澄澄的道钉被打进最后一段四英尺长的铁轨中。

于是东西部就联结在一起了，计划的第一部分顺利完成。

第二部分更加困难。

当时能够买得起西部的土地并举家迁往西部的人非常少。其他人虽满怀美好的愿望，却拿不出购买新农场所需的五百美元或六百美元的第一笔付款。为了推动公民中这批可用之人的迁移，国会通过了一项《宅地法案》，该法案规定任何一位还算正派的公民均可在西部获得一块一百六十英亩政府所有的土地，只要他利用该土地经营适当合理的行当，他便可以一直拥有这片土地。

这项措施大大推动了遥远的西部地区的移民活动。其他国家中曾进行过类似大规模的移民的，只有一个，那就是俄罗斯。在西伯利亚（我指的是拓荒者的西伯利亚，而不是亚洲北部那片流放犯人的虽臭名昭著却没那么重要的土地)，当地政府是动用主要力量强迫农民向富裕的鞑靼草原迁移，而美国当局则是不得不无休止地对希望移民的人的高涨热情加以抑制。几年来整个西部的开发明确无误地表明，与谷物和牛的帝国陛下比较起来，南方的棉花王国国君的统治地位已经动摇，在得克萨斯和达科他数百万英亩肥沃的土地上，种植和放养的主要是谷物和牛。之后，局势有些控制不住了，人们急不可耐，蜂拥而至，都渴望着能分到一块土地，生怕来晚了。在这股抢夺新牧场和新麦田的狂潮中，印第安人的最后幸存者（合众国占用了他们祖宗传下来的在东部的领地时，将西部这片土地留给了他们，只不过是作为一种良心的慰藉)，这些可怜的土著人，被无情地赶了出去，或者被圈禁在一个个聚集营地里，他们只能在那里过着单调的生活，逐渐退化，就好像温顺而有趣的原始本地动物标本一样。

可是，像这样残忍的事情似乎是白人在地球上的扩展历程当中不可避免的组成部分。从理论上说，欧洲人和美国人都承认黑人、黄种人和棕色人种同样也有生存的权利，然而实际上他们倒是更愿意这些有色人种“明白他们的身份”，给他们擦靴子，为主人洗衣服。当其中某个人种的人似乎夹在白人佬和他切身利益之间，自称要不失尊严，不做擦皮鞋者或洗衣工时，白种人真就不知所措了。在这样一种困境中，他会紧张不安并开始抚弄他的左轮手枪，而且十次就有九次出事，枪发射了。如果可怜愚钝的印第安人碰巧挨着了子弹——那可就倒霉透了。啊，仁慈的上帝！难道他就没看见？不管怎么说，既然他死了，就让我们把他掩埋了，将此事抛到脑后。

我们历史上的这一章节令人羞愧。我们所读到的每一页都记载着贪婪、残酷和背信弃义。整段情节都充满了大草原酒馆里走私酒的气味。但是，与自然法则相对立的道德准则又是什么呢？美国从法国、墨西哥、英国那里购买、交换或抢夺过来的二百万平方英里抑或更多的山川和平原下面，蕴藏着最丰富的金、银、铅、铜等矿藏和石油，这些资源是每个国家、民族做梦都想得到的，而这些土地曾为一个以弓箭作战的弱小民族所拥有，另一个装备有来复枪和大炮的强大民族却贪婪地觊觎着这些地方。

一位德国政治家曾经说过：“统治这个世界的是强权而非正义。”

我们步入爱达荷、怀俄明、蒙大拿和内布拉斯加的白人小教舍和漂亮的白人小教堂，唱着圣歌，感谢仁慈的上帝没有让我们像那蛮横的外国人一样公开主张强大的民族将拥有这个地球及其全部财富，而弱小的民族将被剥夺一切。我们憎恶这一主张，我们会不耐烦地喊道：“不！”或许其他人就这么干的，但我们确信，我国人民永远也不会因这类事情而犯有过失。

我希望我的曾孙们也能够以这种坦诚的方式说话，而不要像那些无可救药的说谎者那样自我暴露。

然而此刻，我看到自己却被这样一个世界包围着：弱肉强食，不是毁灭别人就是被别人毁灭。我不得不接受我所发现的一切，我不得不遵守似乎比任何人类意志都更为强大的权力的命令。

这时，卡莱尔①的幽灵悲伤又悲伤地咧了咧嘴，低声说道：“你最好如此！”

① 托马斯·卡莱尔（1795—1881），苏格兰评论、讽刺作家、历史学家。

第四十八章　第三阶段文明的衰落

上一代人常常会抱怨：这是一个爵士乐时代，生活节奏太快了，我们的文明发展得太匆忙了。

尽管老年人不断地抱怨今天的社会，不断拿过去和现在做比较，年轻人只是非常礼貌地说“是，先生”，心里却一点不把这种对过去的赞美当回事。

这些未来的祖父母们到时也会有自己的忧虑。那时我们将听到他们抱怨“年轻一代对长辈缺乏尊重”或者是“纽约的剧院上演的剧目实在骇人听闻”。

即便如此，蒸汽和电力的出现的确改变了我们的生活方式，西方文明，或者称为白人的文明、基督教文明，以一种过去五千年或者五百年从未有过的速度向前飞跃，抑或是后退，很难说它究竟走的是哪条路。

回头想想埃及人、巴比伦人、希腊人、克里特人，还有罗马人的时代。开始只是一小群人，由于比他们的邻人更具智慧和精力，所以占据了一小块肥沃多产的土地。然后是现代城市一个漫长的、缓慢发展的过程。在此期间，后来者们吃力地学习文明。之后通常在几个伟大的领导者的统治之下，会出现所谓的“黄金时代”：国家突然走上对外扩张的道路，垄断所有贸易活动，涌现大量诗歌，研究天象，探索海洋，探究人的行为举止，雕刻石像，建造金字塔和庙宇，将自己的文明传到天涯海角。

然而，这样的“黄金时代”不会持续很长时间。它浪费了人类太多的精力。热情和快乐的火焰能长时间熊熊燃烧，很快就会衰竭。懦弱无为的一代躺在前人积聚的财富堆上苟且度日。文明开始衰落，毁灭只是个时间问题。如果前人们聚敛了足够多的财富（这是个规律）并且精心构建了他们的社会结构（像罗马人所做的那样），记载文明的史册也许要等一千年或一千五百年之后才会写下最后的一章。

即使有个别异常睿智的民族的精神遗产在完全陌生人的手中再度被复兴，继续存留五六百年，给人以一种仿佛永远不会湮没的印象，但终究逃脱不了死亡的宿命。

但是，在大西洋彼岸，这个规律失效了。我们用了五十年或六十年的时间就走完了别人用四千年或五千年才走完的路。当白人在美洲大陆西北角登陆后，遇到了众多的土著印第安人文明，有的很原始，有的发展到了很高的水平。但是最初的移民并不关心这类问题。他们扭曲、砍劈、焚毁、枪击、绞杀，总而言之以最快的速度摧毁了土著居民所创造的一切。在他们的知识不足以让他们在陌生的地方生存下去的时候，他们偶尔会向这些受害者学点什么。但是他们太执着于使命的神圣信念，根本不会因为这些事情而怀疑自己行为的正当性。他们杀戮印第安人，夺走他们的土地，把印第安文明变成了只有在阿尔伯克基的古董店和好莱坞的西部荒原博物馆里才能找得到的历史遗迹。

白人开始在北美大陆定居，美利坚文明进入了第二阶段——殖民时期。这个时期大致上从十七世纪初到十八世纪后半叶。在艺术和科学的领域，它没有什么实际的贡献；在文学领域，也只是增添了几本拙劣的布道文集、几种饶有趣味的游记和几位加拿大传教士的作品。不管怎样，这一小群欧洲人，置身于茫茫荒野之中，有机会在自治的领域进行史无前例的创造，随着时间的流逝，他们迸发出一些政治安排方面的天才设想。这些设想是那么的引人入胜，对整个世界都有着巨大的意义和价值。

革命终止了这个著名的社会试验。

接着，美利坚文明的第三个阶段——共和国阶段开始了。它从1776年反抗母国的起义开始，一直到1865年南北战争结束时为止。在此期间，殖民地居民自愿断绝了与欧洲的母国的联系，勇敢地去创造自己的新文化——一种与他们刚刚获得的自由和平等相匹配的生活和思维方式。

这种新方式很容易招致嘲讽，因为这个伟大创举的最初成果让人极为失望。满纸的陈词滥调，模仿的田园牧歌式的描绘，这些都是其他地方早在半个世纪以前就抛弃了的东西。然而，这并不是一个静止僵化的时期。这个时期有矛盾冲突，也有无限的生机。在美利坚历史上人们头一次倾听先知的预言。他们被全新的信念所激励，敢于坚持自己的信念并为它而战，甚至不惜牺牲生命。不，我们不能因为杰斐逊和杰克逊时代是个家具式样丑陋，韦伯斯特式的政治家们戴着高高的烟囱式的大礼帽、蓄着鬼魅般的大胡子，抓住任何一个题目都滔滔不绝、慷慨激昂地发表演讲却无人理睬的时代就简单地抛弃它。

不容置疑，在这九十年里，一种追求前所未有的更美好事物的冲动正在涌动：给予每个人以机遇去实现一定程度的经济富足。幸福的大门从没有像这样对所有大众敞开过。所有一切都是在美利坚的名义下实现的。人道主义没有被忘怀，但是，是美利坚解放了世界；是美利坚率领人们走出了荒野；是美利坚给予我们这个星球以一种全新的、持久的、富有精神价值的制度。

这是过去五个世纪里最让人兴奋的试验之一。然而可惜的是，它最终将滑向一个不光彩的结局。

这是为什么呢?

我不知道。

历史科学仍然处于年幼阶段。我们从未像研究棉桃虫或危害土豆收成的天灾那样认真研究过历史问题。

然而正如类似的情况一样，有这样几个原因来解释美利坚文明最后也是最具特色的阶段的突然衰落。主要原因是年轻一代中最优秀的青年们突然夭折了。南北战争中的军事领导人都是些嗜杀成性的屠夫。可怜的冤魂们不是在战斗中被杀死，就是死于疾病，再不就是成了各种各样官方决策失误的牺牲品。而那些军火商和他们的政治代理人把这称为国家危难之际不可避免的牺牲。

无论如何，年轻的生命永远消逝了。

将会有什么样的人来接替他们呢?

逃兵役的人? “不可缺少”的年轻的法律、商务投机者们? 他们花钱让别人顶替自己上战场，而自己则安全地躲在家里。在涉及理想和价值观念的问题上，那些具有高尚精神的人损失最为惨重，而讲求实用的人则注定活下来。

因此，到了1865年，无论北方还是南方，都丧失了最适合继承他们独特文明的人才。而正在此时，人类对世界的统治开始受到了机器这个竞争者的威胁。

当时欧洲已经把战争演变成一批职业军人的对阵，因此能够有更多时间来躲避这个可怕的末日。

但是，美国因为已经丧失了最为宝贵的防线，几乎立即就束手就擒了。

我们的国家因而获得了巨大的财富。

但是同时，它丧失了它永远不能再获得的东西——年轻一代全心全意的支持。

青年人总是倾向于慷慨。

但是，现在的小伙子，整天待在自己的小铁笼里，满脑子想的是别人口袋里的钱，或者如何向邻居推销一些他们既不需要又没有实际用处的商品。他们怎么会对国家大事感兴趣呢?

第四十九章　埃利斯岛和普利茅斯海岸

亨利·亚当斯的曾祖父和祖父都曾担任过美国总统。他父亲是林肯政府中圣詹姆斯法庭的法官。没有人比他更配称得上是美国人。

在南北战争结束后，亨利写道："从五十年代这场战争中幸存下来的人，就像蚯蚓一样，徒劳地挣扎着想回到起点，但是却迷失了方向，找不到回去的路，像沉船的残骸一样到处漂泊，他的世界暗淡死寂。就连从华沙和克里科夫来的波兰犹太人都比美国人性格热情、精力充沛、行动自由。天知道，美国还剩下多少清教徒和爱国者？"

这种绝望无助的呼喊，对既成事实的无能为力的懊悔，从诺亚方舟的时代起就不断在人类史册上看见。在巴比伦、在底比斯、在匹诺斯、在大马士革，更不用说在罗马，都有过亨利·亚当斯式的感叹，这是人类四五千年以来文学表现的主要题材。

究竟发生了什么？

非常简单。一小群天赋异禀的人，利用最有利的经济和社会条件，创造了国家，并把它扩展成与他们人数不成比例的庞大帝国。他们在战争和探险中失去了很多人力，但却变得很富有。他们牺牲了文明的优雅去追求物质生活的舒适，获得了营造舒适物质的手段，却丢失了生活的艺术。简而言之，他们再也感觉不到能给人带来永久动力的“灵魂的驱动”。

现在，他们是辽阔土地的主人。

他们拥有比前人曾有过的多得多的山脉、森林、河流、湖泊、矿藏、麦田和牧场。

但是，如果没有人的劳动，没有人去开采矿藏、耕种土地、收获果实，河流、森林、田地和矿藏，这又有什么价值呢？ 那么谁来做这些工作呢？

拓荒者说：“我们的孩子。”

但是他们孩子中的精英战死在葛底斯堡和安提塔姆的内战战场上。幸存者们，出于某种未知的原因，不能也不愿从创伤中恢复过来。

虽然非常令人悲伤，但我们不得不承认：老一代已经不愿再干农场和工场里的活了。他们蜕化成职业的土地贵族阶级，新经济时代的诸侯。他们需要工人、农民、仆人，任何有力气能干活的人。

当地的人力资源已经远远不够用了。

战利品是如此丰富，分享它的人却如此稀少，以致只有懒汉才拿不到自己的一份。

简言之，这是那个只有统治者，没有被统治者的古老故事的再版。

在这种情况下，美国人所做的与巴比伦人和埃及人在三千年前、罗马人在公元一二世纪所做的一样，拆除障碍，敞开大门，向外国人发出邀请。

一开始，这种政策看上去并没有什么危险，那些口音奇怪、打扮粗俗、思维迟钝、缺乏经济头脑的外国人不像是可怕的对手。

他住在分到的小茅屋里，被允许在不触犯当地的宗教信仰的前提下信仰自己的宗教，他的孩子在学校里必须无条件服从主人的教育。只要他清楚自己的地位，承认统治阶级的统治权（不管统治阶级是巴比伦人、美国人、埃及人，还是中国人），他就会受到优待，得到比他曾有过的多得多的食物，以至于他根本没有造反的念头。相反，他吃苦耐劳，恭顺忠诚，把他的主人视为善人般来称颂。

一旦开始思考，他就会产生疑问。

他无数次地被告知能生活在罗马（或美利坚，或希腊）的伟大的土地上，住在石屋而不是以前的破草屋，每天都有肉吃而不是一周一次，穿鞋而不是光着脚，总而言之，享受新的富有文明的福祉，他应该感到无比的幸福。被新环境搞得有点头晕目眩的他说："是，先生。"相信自己的确交了好运。但致命的时刻终会到来，蛇爬进他的伊甸园轻声细语，"谁因你而富有？你为谁修的路？为谁挖煤、采矿？为谁修铁路、建房屋？为谁开山炸石、修建地铁？"

危险出现了。

这条规律在第一代移民身上不太起作用。他们的生活哲学教给他们要服从，守纪律，在敏感问题上小心谨慎，不要问太多的问题。他们对现状心满意足，自愿地承认低人一等。

然而，第二代移民拒绝继承父辈们的这种自卑。他们未曾见过父辈们欢呼着离开的原住地，他们只关心现在，而现在并不能让他们满意。

不停地有人提醒他们，他们是希洛人，野蛮部落的后代，他们的父母被恩准进入帝国的神圣疆域，充当殖民、役民和奴仆。他们这些贱民永远别想指望和帝国的原住贵族平起平坐。

但是，他们的所见所闻却证明他们没有理由低人一等。

前八十年的殖民时期，最早的定居者在子孙们的协助下牢牢把持着社会上的重要职位，保持着压迫性的社会结构。但是十九世纪七十年代以后，他们逐渐退出了阵地。

他们被迫向移民们开放权力阶层的大门。更糟的是，他们不得不提携一些移民担任领导，因为在本地人中找不出那么年轻、强壮、有智慧的候选人。

一旦拓荒者的统治地位受到了挑战，丧钟就敲响了。如果你认为我太过悲观，那么请你读读历史，看看一百年前或一千年前，在西亚、北非、地中海、乌拉尔山脉都发生了什么。

在美国，这一切都被“普天之下皆兄弟”“所有人机会均等”这样美好的辞藻和虚幻的信仰所掩盖，人们不像在罗马、叙利亚、希腊或俄国那样清晰地辨别衰落的轨迹。

然而，主宰人类历史发展的神秘宿命贯穿着任何时代、任何地点、任何时间。

二百年前在普利茅斯登陆的拓荒者的子孙们，以“最早的居民”的神圣权力为理由，要求被视为新建帝国的合法主人。他们的语言应该被奉为国语，他们的宗教应尊为国教，他们的伦理观念应当成为所有后来定居者的行为准则。

统治意味着暴力，世界上所有的美丽辞藻堆砌在一起也改变不了这个事实。统治意味着暴力，这不一定意味着哥萨克式、绞刑架式或秘牢般的野蛮凶残，而是一种聪明的、合理的力量使用，足以让人感觉到它的存在。统治者要让人相信他就是这条船上的船长，他清楚他在做什么，每个人明智的话最好服从他的指挥。当人数不断减少的统治者丧失了领导能力，满足于不劳而获、坐享其成的时候，他们迟早要丧失权力，被取而代之。

十九世纪上半叶，墨西哥人汲取了古老的教训：造物主厌恶权力的真空。当一个孱弱的民族拥有富有的国度，而一个强悍贫穷的民族迫切需要更多的牧场的时候，强悍民族不可避免地要统治弱小的民族，占据他们的土地。

十九世纪下半叶，圣安纳的征服者们也懂得了这条优胜劣汰的生物规律，通过鼓励大规模的移民来加快他们的征服进程。毫无疑问这是个错误，但是早在尼罗河谷就有人犯过这个错误，甚至更早。

想要亡羊补牢，但为时已晚。

墙上的漏洞或多或少被填补起来，巨大的要塞建立了起来，以阻挡“蛮族”的进军。然而埃利斯岛的碎片已经散落到了整个世界。

中国长城的遗迹已经告诉我们这种补救的努力是多么的徒劳。

连接德诗玛和日本本土的单人桥讲述着一个自杀式的封闭最终将导致经济凋敝和一切现行政策破产的故事，我们的国家看来也难以幸免。

罗斯福总统经常带着强烈的苦涩提到的“多语种的混居社会”看起来将成为现实。

在一段时间内社会的多元程度还会很低，但这也不能改变这个事实：盎格鲁-撒克逊人作为美国统治阶级的日子已经屈指可数了。

对某些人来讲，这听上去像是要大难临头。

对五世纪的罗马人来说，哥特人和布冈迪人的出现意味着灾难的开始。

他清楚蛮族的胜利源于罗马人自身的漠不关心，源于他的子孙们的胸无斗志，但失败的苦果仍是那么令人难以下咽。

他预测帝国即将崩溃，人类即将毁灭，世界也将随之终结。

瞧，千年之后，东西方的交汇产生了一种新的文明，在各个方面都超越了古老的帝国所达到的高度。

上帝的磨盘慢慢地转动着。

也许我们最好让它多转一会儿。

作为规律，它转动得最好。

第五十章　物的统治

人们普遍认为，在亚当、夏娃的伊甸园时代不存在有组织的政府，没有什么国王和皇帝，每个家庭自成单位。

但是，随着人口的不断增长，弱者越来越难以生存，因此他们组成小的团体，推举强者做领导。

这些领导逐渐获得了近乎绝对的权力，变成了羽翼丰满的国王，把部落当作自己的私人财产一样进行统治。但这并没有改变建立各种政府的初衷。国王和臣民订有社会契约，国王由全体人民选出，为臣民的利益服务。如果臣民对他不满，就可以罢免君主。

这就是在华盛顿和杰斐逊时代知识阶层普遍信奉的政府学说。但是经过过去五十年在社会科学领域广泛而深刻的研究，我们发现这种政府学说根本站不住脚。

在历史的某些令人幸福的时期，有时会发生这种情形：大批富有的臣民雇用私人军队，把自己的意志强加给统治者，甚至有时通过显示武力，迫使君主签订契约，使君主承认他只不过是国家的第一公仆，一切要按照契约上规定的法则行事。

但是事实证明，政府的最初建立方式与卢梭所宣扬的为人普遍接受的社会契约论恰恰相反。

人民根本没有集合起来，组织团体或国家，呼吁“让我们选出一位强壮精干的人做我们的主人”。

是那些强壮精干的年轻人自己网罗一批雄心勃勃的打手，把他们组织起来，成为他的私人卫队，去征服尽可能多的村庄、城市和国家，通过暴力建立起了国家。

他召集起所有的村庄里的长者，对他们说：“你们这些杂种，我是你们的主人！如果你们想继续活下去，最好牢牢记住从现在起你们就是我的臣民。为什么？因为我指挥着一支大军，他们冷酷无情，唯我是从，要是你们不老实，我一下命令，他们就会把你撕成碎片。不过，不必害怕，我是个讲道理的人。我只想过得舒服。我和我的追随者们，还有我的马、女人、牛羊需要有所宫殿，这都需要钱。我将通过税收的方式每年向你们征税。想想这种制度的好处吧！作为回报，我庄严地保证保护你们不受敌人的伤害。这不仅出于我对你们的关心，也是我的利益所在。你们越富有，我就能从你们那儿得到更多的供奉。这就是我想说的，谢谢！”

国王的权力随着时间的流逝会逐渐削弱。这时教士出现了。国王需要教士的帮助来巩固统治，教士需要国王的保护来传教。王权与神权达成交易，在事关双方共同利益的一切问题上互相支持，密切合作。

从此，君权神授，国王成了上帝的宠儿，神圣不可侵犯。教士成了统治阶级的一部分，在王权的善意保护和国家机器的有力支持下，放心大胆地传播自己的宗教信仰。

丧失了自主权的被统治者们迅速认识到，在这种制度下，他们得到的安全保证是从未有过的。他们赶往宫廷，因能为君主端茶倒水、牵马坠镫而感到心满意足。

不幸的是人类的事务从未按程序按部就班地进行过。有时，国王和教会会反目成仇；有时，国王和富有的商人阶层会势同水火，教会从中投机，选择有望获胜的一方，与之结盟。但是一般来说，除了这些统治者之间偶尔发生的纷争（通常是由分赃不均引起的）之外，有产阶级（国王、教会和商人）彼此称兄道弟，通力合作，保证他们在社会中的统治地位，而这个社会是他们的祖先靠赤裸裸的暴力建立起来的，是以压迫弱者为基础的。

这个关于政府产生的学说有力地揭穿了法国大革命和美国革命所宣扬的社会契约论、人民主权论的虚伪性。

这听上去非常遗憾，但却是无可奈何的事实。只要人的智力、勇气有高低不等，就会有统治者和被统治者之分，隐瞒这个事实只对统治阶级有利。民主制比任何其他政府形式都更需要隐藏这个事实。因此鼓吹民主的学说都拼命地向人们灌输：权力来自人民，人类社会建立在契约的基础之上，以及“我们人民”不仅仅是一句出现在官方宣言中的空话等这些骗人的思想。正像我在上文所提到的，维系这个美丽的神话符合统治阶级的利益。然而，历史的真相是残酷的。可以断言：有史以来，任何时期、任何国家都有严格区分的统治者和被统治者。统治者与被统治者的法则亘古不变。在这一点上，今天的美国与四千年前的古印度和古巴比伦没有什么两样。

我们通过研究发现的其他几条关于统治者与被统治者关系的历史规律对于理解今天的政治同样重要。下面一段文字是关于用来解释现代社会对财富的莫名崇拜的社会生物观的：

“统治者总是从自己的利益出发来制定社会的道德标准。”

换成通俗易懂的语言就是，“统治者总是竭力使被统治者相信，国王和教会颁布的每条法律都符合道德法则，服从国王和教会就意味着服从上帝的旨意”。

这听上去还是有点费解，我还是举几个例子来说明。

以埃及为例。

在埃及，法老、王室和祭司们能否永享福佑，取决于尼罗河和几百万名臣民的合作。当尼罗河水上涨的时候，灌渠必须在特定的那天开闸进水，早一天晚一天都不行，容不得丝毫疏忽。一个村庄的怠惰意味着一百个村庄将因此遭殃。对纪律的特殊要求，使法老成了专制的暴君，他的命令必须被毫不犹豫地立即执行。在祭司们的鼓励下，君权至上的信念在广大百姓中广泛流传。法老的最荒谬的意愿也被当作是神圣的法律来执行，对法老的崇拜甚至可以与对控制河水涨落的上帝的崇拜相提并论。

然而，所有的这些德行都是文明方面的。

埃及由于独特的地缘位置，不易遭受外敌的入侵，享有相对的安全。在狭长的尼罗河沃土两边是广袤的沙漠，很少有敌人敢冒长途跋涉的危险，横穿白骨森森、酷热难抵的沙漠来进攻。所以埃及人并不需要展示天性中武力的一面。反映到社会组织上，武士阶层地位很低。

埃及人心目中的理想生活是农夫的生活，而武士阶层则在社会的最底层。

与埃及隔地中海相望的斯巴达则是另一番情形。贵族寡头制的斯巴达完全倚仗它的军队。在那儿，没有人对农夫的职业感兴趣。从儿童时代起，斯巴达人就接受严格的体能和军事训练。守纪律和吃苦耐劳在斯巴达人眼里是最好的美德。

跨过叙利亚草原，来到犹太国家。犹太国家是以一个城镇——耶路撒冷——为中心发展起来的。耶路撒冷是奉耶和华为上帝的犹太教的中心。如果耶路撒冷放弃了宗教圣地的地位，那么也就放弃了作为犹太国中心的地位。犹太国是如此的弱小，单凭武力无法保证它的安全。由于土地的贫瘠和自身位置的局限，它又没有发展农业和商业的条件。对耶路撒冷的统治者来说，如果想要生存下去，就必须在臣民中倡导宗教的虔诚精神。犹太国可以没有战士、没有农夫，但是不能没有宗教。失去对上帝的信仰，整个国家就不存在了。

犹太人很小就接受严格的宗教教育。按时去教堂做礼拜，服从教士的命令被认为是美德。这些品质在埃及和斯巴达根本不算什么，但却是犹太国家的支柱。

而往西边去一点的腓尼基则以贸易立国。西丹和泰雅都是有名的商业城市。它们不需要农夫，至于军队，他们可以随时拿钱雇请士兵为他们作战，宗教在他们的生活中更是微不足道。他们的一切都要靠贸易。因此，统治城市的富商们向市民灌输这样一种信念：只有商业的精明和精于讨价还价才是公民的最高美德。斯巴达人对勇敢的推崇、犹太人对宗教的虔诚，对于腓尼基人来说都无关紧要。

罗马把整个西方世界变成了它名下的庞大帝国。要治理如此大的一个帝国，需要大批精通行政和司法的罗马公民。在关键时候能当机立断，时刻准备为国家献身的冷静超然的贵族、独守戍边的战士，被树为罗马的模范公民形象。每个罗马儿童从小就受到这样的教育。如果他想出人头地，这些就是他效仿的对象。

随着罗马不再是整个西方世界的政治首都，变成了精神中心，德行标准也随之改变。新的统治者需要称职的教士。识文断字、精于辩术取代了共和国和帝国时代备受推崇的作战能力和行政才能，成为新的评判人才的标准。

在美国建国后的第一个五十年里，自由土地取之不尽，用之不竭。每个人都拥有一块属于自己的土地，过着独立、平等、快乐的生活。

在这段日子里，毫无疑问，人与人之间存在着绝对的经济平等。这种平等在第二个五十年里还零星存在，但只持续了很短的时间。到了十九世纪中叶，杰斐逊和昆西·亚当斯时代的平等、自由结束了，世界又恢复了正常。社会重新分裂为两大阶级：债权人阶级和债务人阶级。这时，我所提到的那条古老的历史规律再次起作用了。统治者们不自觉地，仿佛是天生就该如此似的，树立起新的准则，作为他们的儿孙奋斗的目标。

这一次，是对财富的崇拜。这毫无新意。历史上，佛罗伦萨、威尼斯、奥格斯堡、诺夫哥罗德这些商业共和国都曾把聚敛财富当作最高美德。但是历史上从来没有什么人能够像十九世纪中叶美国移民那样有机会在如此短的时间内获得如此多的财富。

结果，单纯的物质世界被包围在只有中世纪的教会才有的神圣的光环里。

随着内战的结束和马克西米利安的撤退，美国再也没有外敌入侵的威胁。一支小规模、高效率的舰队足以保卫国家的安全。当周边地区事态紧张（像1898年西班牙在古巴糟糕的殖民统治迫使美国出兵恢复古巴的独立）时，一支海军和几个团的正规陆军就足以应付。大致上讲，国家的安全有了保障，尚武的品质不再像以前那么必要了。独立、自由这些一个世纪以来边疆生活中不可或缺的性格也同样如此。它们只剩下情感上的感染力，成了历史书上和泛泛而谈的爱国主义精神中的固有名词，但在实际生活中没有人把它们当回事。原因很简单，它们所代表的经济独立和精神自由在今天凡事都要看银行家眼色的时代只会带来灾难。

拓荒者独立自由的边疆精神已经不适合当前的时代了，新的统治者需要一套新的价值体系。他们从财产的角度来衡量整个世界，宣扬私有财产的神圣不可侵犯，创造出一个新的价值偶像——“成功”。

不仅仅如此。

西部拓荒者们的精神理念被视为过时的精神奢侈品无情地抛弃了，取而代之的是一套新的行为准则：节俭、经济、固定时间、固定习惯、固定思想、忠于雇主、循规蹈矩、守中庸之道。

这一切转换得十分巧妙而平静。不久，“快乐源于良心”的口号就被“忘记良心，你就会富有”的新口号所替代了。

生活哲学的更新很快就反映在国家的政治机器运作上。

十九世纪上半叶的美国总统们都具有杰出的品质。这不是说每一位总统都是博学之士或治国良才，而是指他们每个人都个性鲜明。其中一些人，像波特、皮尔斯和费尔默虽然能力一般，但都有自己的思想。他们是从底层干起，一步步爬上来的。他们是人中龙凤。你要么无比喜欢他们，要么对他们深恶痛绝，然而即使他们的敌人，也不能攻击他们乏善可陈。

那时的美国人从小就接受这样的教育：生活的大门永远向勤奋的人敞开着。只要你努力学习，认真工作，不断奋斗，总有一天梦想会变成现实。你甚至会成为美利坚合众国的总统，作为全世界最重要的政治人物载入史册。

到了十九世纪下半叶，一切都变了。

儿童们不再被鼓励为入主白宫而奋斗。相反，长辈教育他们一辈子勤俭节约、循规蹈矩可以使他们富裕舒适。丰富多彩的物质世界呈现在他们的眼前，不断地积累就能致富成了他们的人生信条。

议员们不再作为思想的代表前往国会山，不管是好的思想，还是坏的思想。他们成了某个特殊利益集团的代理人，从董事会那里接受指示，到华盛顿去为公司说话。国家在他们脑子里只不过是些大工厂的联合，他们只是物质成功的代表人士罢了。

那些继续西进，定居在威斯康星、堪萨斯、怀俄明和达科他的拓荒者还没有丢掉边疆的独立精神。他们想要打碎社会主流思想对无生命的物质的崇拜，通过另组政党在政治上表达他们的不满，宣扬自己的主张。然而他们没有成功的机会。在议会，他们遭到无情的嘲弄，如果这还不足以吓退他们，他们就被宣布为历史进步的敌人，遭受封锁和制裁的厄运，直到屈服为止。

上帝的磨盘永不停息地转动着。

煤、铁、铅、水力、石油、银子、金子，所有无生命的物质都被利用起来，为国家增加财富。

数百万移民都被那部巨大的社会进步机器卷起，抛到我们的土地上，为了成功——这个上帝更大的光荣而工作。

曾经有人大声疾呼，反对这个不道德的非人化的社会进程。西奥多·罗斯福被命运女神扶上了总统的宝座，不遗余力地告诫自己的同胞装满钱包掏空灵魂的政策是愚蠢之极的。但是，单枪匹马地改变整个社会的进程，这个任务对西奥多・罗斯福来说太艰巨了。他也没有足够的时间来完成它。他死后，一切又恢复原样，合众国就像他挖苦的那样，还是“没有灵魂的多语混居旅馆、工厂和银行”。

甚至那些天才，最具独立精神的思想者，也甘愿忍受物的统治，毫无怨言地为新的价值偶像服务。

这种情况下救赎的唯一希望在于文学。作为规律，讽刺作家总是比政治改良主义者更有力量。一支秃笔抵得上一挺机关枪。然而，文学也投降了。对现行制度批评最激烈的批评家们被驯服了，拒绝低头的人被踩在脚下，其他的人丧失了勇气，躲在一边唱起了赞歌。

这就是十几年前的情况。东、西两边都有辽阔的海洋与世界相隔开的美国是如此富庶，它可以对南边的邻国颐指气使，任意发号施令而不必担心后果。

在它炮舰所及的地方，它同样可以肆意妄为。当有必要显示武力进行干涉时，美国从不犹豫。

但是，命运之神出人意料地问了个荒谬的问题：

“你已经聚集起如此之多的财富，多得让前人无法想象。你拥有的大工厂、高速火车、摩天大楼比任何人都多。你银行里的存款数以亿计，人均国民财富超过历史上任何一个国家。你拥有了一切，那么你拿这些财富来干什么呢？”

我们没有答案。

第五十一章　为占有而战

为了躲避战乱，流亡到低地国家的清教徒社团离开莱顿和阿姆斯特丹的家，远涉重洋，来到北美大陆。

在这些持不同信仰的英国人流亡低地国家之前不久，荷兰和西班牙刚刚达成一项为期十二年的休战条约。

1621年，条约到期了，双方都没有续订条约的意思。这样，不仅清教徒的年轻一代有被征入伍的危险，而且一旦西班牙入侵低地，清教徒们和他们的主人荷兰人一样，都暴露在西班牙的刺刀之下。保全自我的最好办法，就是在战火燃起之前，离开欧洲这块是非之地。

1621年，果然爆发了战争，并一直延续到1648年。后来，它和遍及欧洲大陆的一系列战争被称为“三十年战争”。

马丁·路德的宗教改革引发了欧洲大陆上一场持续了三十年的战争。他的改革把德意志分成了两大不共戴天的宗教集团。1517年以后，德国人不再把自己看作是德国人了，而称自己是新教徒或天主教徒。维系德意志民族的血缘纽带被无情地斩断了。三十年战争，作为宗教对立的直接后果，毁灭了德意志帝国，使德意志的人口减少到战前的四分之一，使德意志的历史发展足足停滞了两个世纪。而这又与本章的内容密切相关。

当欧洲列强瓜分世界，进行资本和殖民扩张的时候，德国由于自身的衰弱被排除在瓜分者的行列之外。

为了争夺亚、非、拉的殖民地和势力范围，西班牙与葡萄牙打仗，葡萄牙与荷兰作战，荷兰和法国对垒，英国则与所有国家交手。当战火停熄之后，每个国家都占据了一片可供自己发展的土地。

到了十九世纪，一个名叫奥托・冯・俾斯麦的小个子“巨人”，一个来自普鲁士边境的粗人，抓住了时机，主宰了霍亨索伦王室，用铁腕统一了德意志各邦，建立起了一个非常强大的统一帝国。

这是一个巨大的成就，但是在普通欧洲人和美国人眼中，它存在着一个无法弥补的缺憾，那就是它整整晚了二百年。除了几个不堪一击的印第安人和黑人，现在没有人敢和白人一较高下，世界早就是白人的了。煤、铁、石油这些原材料已经分配完毕了，所有的资源都被那些拥有强大武装的白人国家占有。国家的发展必须依赖这些原料，因此必然竭力保护它们，使它们免受外国的攻击。

因此，当德国公开宣称“追求阳光下的地盘”的时候，就意味着向所有的国家宣战，而战争恰恰是这些负债累累的欧洲国家最不希望的。

富有经验的政治家再一次见识到了某种神秘的经济力量的威力，这种力量不受皇帝、总统、武装集团与和平集团的意愿的影响而起作用。

对物的崇拜不仅仅局限于北美大陆，其他国家都已经成了新神明的俘虏，到处都是机器至上。机器是如此贪吃，每隔几分钟就得进食。它的食谱很特别，不吞进大量的铁、煤、铜、铅和别的原料，它就无法工作。随着一个国家的正常运转越来越依赖机器，保证充足不断的原料供应就成了政府的首要职责，否则它的国民马上就有面临饥荒的危险。这正是重新统一恢复活力的德意志帝国的真实写照。

为了弥补过去的二百年，德国大肆炫耀这种自以为是的活力，各国或多或少感受到了一种模糊不清的未知的危险，开始采取措施来保卫自己本土和祖先留下的殖民遗产。

只要对过去三百年的历史有所了解，我们一眼就能看出，反对德国的中心必然是英国。英国一次又一次地打败它的对手，登上了世界霸主的宝座。西班牙、葡萄牙、荷兰、法国都曾被迫向大英帝国割让海外领土。

不得而知德国人为什么会认定他一定能单枪匹马地打败英国。但是德国人从来就不擅长玩政治游戏，他们太沉溺于哲学思辨，并不太懂得现实政治。另一方面，则不难看出为什么英国人会成为殖民战争中的常胜将军。

外交在今天的英国依然是一小批职业外交官的私人领地。这种传统外交有着无法估量的好处。在国际政治领域，英国人是唯一懂得什么是他们想要的并能一心一意、坚持不懈地追求实现自己目标的民族。这是其他民族都做不到的。

德国人直到1914年才发现打错了算盘，而这足以让其付出高昂的代价。

由于战争双方宣传机器的大吹大擂，关于战争起因的危言耸听的传闻满天飞，遮盖了事件的真相。但是可以肯定，第一次世界大战的起因既不是奥地利大公在萨拉热窝的遇刺身亡，也不是有的国家违反了神圣的条约，更谈不上是同盟国对小国的权利的珍视。奥地利的大公在以前也被暗杀过，但什么都没发生。条约每年都要被破坏一两次，没有人抱怨过。至于同盟国对小国的权利的珍视，更是无稽之谈。

是的，战争必然来临。有远见的历史学家早在1871年德意志第二帝国在凡尔赛宫成立那一刻就应该预见到战争不可避免。

战争的直接原因可以是任何事——格陵兰岛的捕鱼权、西伯利亚猪的进口关税、默兹河谷的小煤矿。

实质的原因则是，不幸的德国人为了争得一份属于他的殖民利益，要求其他国家让出其所控制的便宜而丰富的原料。

美国拥有的煤、铁和石油等原料比其他任何国家都多，因此美国人不可避免地要被卷入战争。

直到同盟国集团到了失败的崩溃的边缘，美国才正式参战。在此之前，狂热的战争拥护者煽动人心的演讲，对德国暴行添油加醋的描述，所有为政府政策辩护的蓝皮书、绿皮书、紫皮书都没有打动大部分国民。

普通人潜意识里开始觉察到“战争即将降临到我们头上。如果德国人像打败俄国、罗马尼亚、意大利和其他小国那样打败英、法的话，我们就会是它的下一个目标。因为我们拥有他们想要的原料。为了让他们的机器继续运转，他们会向我们开火，夺走我们的机器必需的原料”。这时他们会意识到如果德国冲破了欧洲对手的包围圈，厄运就会降临在他们及其子孙的身上，美国人终于开始准备加入同盟国一方对德作战。一旦美国参战，德国人失败的命运就注定了。

这已经不是一场人与人之间的战争了，而是机器和机器的对决。

一个优秀的统计学家可以精确地计算出战争的结果。在过去六十年专心致志从事大规模生产的美国，现在把它不计其数的工厂里生产的产品倾泻到欧洲战场上。它就像一位久经沙场的消防队长，有着取之不竭的物资储备，它的同事已经把大火控制在一个街区里，它所做的就是轻松、准确地把火扑灭。

1897年4月6日，威尔逊总统出动了第一批灭火机。几个星期后，它们出现在欧洲大陆上。几个月后，它们被投入工作。后来它们的数量持续稳步增加，它们把成吨的消防物资倾泻到旧大陆燃烧的心脏上。短短几天内，德国和奥匈帝国开始崩溃了。

随着一次剧烈的冲击，大厦轰然落地。

两年以后，火被扑灭了。

灭火机器们也回家了。

可是那时威尔逊政府所表现出的能力，还不如我们一个大城市的消防部门。

在火灾之后，不管火势如何，消防队总要派一名消防员去监视失火地点几天，或几周。

这种预防措施看上去没有什么必要。

然而保险商可以告诉你这么做的原因。

火灾本身是十分危险的。

但是灰烬未熄的废墟中所隐藏的危险却大得多。

一堆堆的灰烬看上去毫无危险，警报已经解除了。然而暗藏的一个火堆就有可能点着邻近的房屋。在还来不及做出反应之前，火势就已经燃遍了整个街道。

一个孤零零的消防员，叉着手，看着几周前的幽默画报，好几天甚至几周无所事事，这看上去是在无谓地浪费金钱和时间。然而最终他却能够证明这其实是一种极其经济实惠的投资。他只需要用一桶水，就可以制止一场可能毁掉整个社区的灾难再次降临。

第五十二章　新大陆

哥伦布横跨大西洋的航行，本意是寻找到达印度的捷径，但令人意想不到的是，他发现了一个新大陆，一个当时欧洲还不知道的新大陆。

四百二十五年后，美国人到欧洲访问，试图挽救向往已久的悠久文明，他们却惊奇地发现，面对的是一个复杂的社会结构，与两大交战集团的战争预言家所宣扬的截然相反。

在我讲这些时，请千万记住一件事：普通人是不会从历史的角度思考问题的。特别是在我们自己的国家，对物质的追求妨碍了思想自由健康地发展。历史决定的思维被斥为浪费时间，这种思维方式被美国开国元勋们看作是怀疑主义，是他们所反对的。

许多思想领域的深奥知识都是试图教会人们从各个角度认识问题，这很容易让人们行为谨慎，思想谦虚。而任何一个受过训练的老兵都会告诉你，这些品质却对一支军队的士气不利。美国统治者的目的就是引导老百姓加入商业和贸易的“军队”，所以，任何可能破坏“士气”的事情都将受到谴责。如果可以的话，应该从中学和大学的课程中剔除这些破坏“士气”的内容。

但是，这个政策并不是没有好处的。年轻的一代不会被过多的、无用的精神负担拖累。另一方面，他们还没有做好准备扮演他们所应扮演的角色。

我们国家的年轻人慷慨激昂地加入这场战争时，他们都怀着崇高的理想：为了全人类！

两强争夺原料的角斗成了天使与恶魔的冲突，一方是英国大宪章、贞德、拉法耶特和民主，而另一方是恐怖、尼采和由一个疯狂暴君控制的专制国家。

事情看起来简单而清楚。没有人认为有必要为解决这样的问题而制定一个详细的方案和明确的计划。一个正直的人看到一个恶棍欺负一个小孩，把孩子打倒并抢走他的便士时，这个人不会先考虑帮助那个孩子能获得什么好处，而是立即冲过去打倒恶棍。美国年轻人的脑海里一直有这样一个正直的形象。因此，当几百万人匆匆奔赴欧洲的时候，他们自认为这是义不容辞的神圣义务。

美国人登上欧洲大陆后，很快，失望就随之而来。他们发现欧洲是一块奇怪的土地，那里居住的是美国人永远难以理解的奇怪的人。

第一次世界大战结束后，六个帝国一夜之间就从地球上消失了，美国人熟悉的欧洲文明突然被那些由于饥寒交迫和被剥夺继承权而怒火中烧的暴民所破坏。美国人发现，1917年巨大的热情不得不让位于1918年幻想破灭的沮丧了。

在詹姆斯·门罗政府期间，一纸总统咨文，要求欧洲人不要干涉美洲事务。在伍德罗·威尔逊政府的后半期，大多数美国人都要求给门罗主义加入一条修正案，要求从此以后，任何美国人都不得参与欧洲事务。

一次失望已经足够，永远不要有第二次！

迄今为止，欧洲一直（由较小的争论不休的单元和较大的专制集团组成）不对美国的口味，美国人总是无意识地以“一个大陆”的思维思考问题。

当从心理上把美国看作是一个国家而不仅仅是一个成功的经济发展模式时，旧有的传统慢慢复活了，由于突然意识到这个事实，立即就引起了人们精神上的震动，至少促使我们重新考虑当前的全部信条、信仰和进一步探求我们民族灵魂中最深层的奥秘。

几乎所有伟人在他的人生经历中的某个时刻都可能面对过某种危机，那时，包围他们的残酷现实迫使他们不得不正视自己的使命。

直到1916年，我们一直都在沿着平凡的道路走向繁荣，而从不需要思考将来。我们从过去继承的财产，那些为我们工作的“机器”，每天都迅速而愉快地忙碌着。我们全都过着很舒适的生活。我们偶尔担心的事情，无非是关于乡村自由邮递的新规定，或者是关于海地人民（或芝加哥人民）不断互相仇杀的暴力事件。如果我们真的付出一些精力处理这些事情，它们会在转瞬间迎刃而解。

然而，欧洲发生了巨变。旧的文明形式被破坏，整个大陆积累的财富烟消云散。

突然间，我们知道了事实真相。

在虚假的神坛前，欧洲被过分崇拜了。

由于公民意识的高度发展，欧洲积聚了太多无用的东西。

其结果是——正如我们所看到的：

混乱。

是的，混乱，这是彻底的、绝对的混乱。

美国第一次参加了欧洲战争之后，人们意识到，本来是一次伟大的、辉煌的十字军远征，却演变成为一次痛苦的、令人沮丧的发现真相的远行。

显然，这个世界出了某些问题。不幸的是，这次轮到美国人民解决这些问题了。

不幸中的万幸，抑或是因为仁慈上帝的雅量，我们还可以做出自己的选择。

第五十三章　新道路

当时我们还不清楚，甚至都不曾意识到，第一次世界大战的结束也就意味着美国人幸福、无忧无虑的日子走到了尽头。

战争结束之后，我们再也不可能自由、独立地行动了。尽管我们没有公开承认这点，继续与前盟友保持正常关系。因为我们的国家非常富有，所以我们可以为那些同我们结盟的国家，甚至敌对的国家提供经济上的帮助。因此不能就此得出结论说，我们已经背弃了我们的誓言，但是也不能说，我们还拥有一个半世纪以来的幸福、无忧无虑和自由的生活。在我看来，自由的丧失，可能是第一次世界大战带给美国人民的最严重的后果。

我将从这个角度写这最后一章。

从表面上看，并没有发生什么大变化，我们的大多数国民可能从来都没有意识到外面的世界发生了什么。日常生活又恢复了平静，他们对此欢欣鼓舞。法兰西之战开始的时候就像一场伟大的战争，而结果却以失败告终，双方陷入了令人失望的争吵之中。几个月以前，美国士兵们还满怀崇高的理想，要教训那些做出了可怕的错误决定的人，帮助欧洲恢复民主，为全世界赢得安全；而几个月之后，同样是这些士兵，却步履艰难地返回了美国，对战争中的盟友一点好感都没有。

来自阿曼迪叶的小姐无法讨人喜欢，她一直穿着一件破旧的小羊毛大衣，脚上的木头鞋表明她长期同牛粪打交道，除了自己的钱之外，她几乎什么都不关心。成千上万的身强体壮的年轻人带着对新鲜鸡肉的良好胃口，离开艾奥瓦和阿肯色，突然来到遥远的奥俄格和加莱的小村庄。村庄里的镇长和商人们，草草地安置了这些年轻人。即使是看起来非常重视这些美国人的高层人士，也只是挤出一些官方开支给美国士兵，并没有解决这些慷慨的“救世主”出于好意而造成的意料之外的困难。幸运的是，语言障碍保护了美国人，他们不可能直接弄清楚自己常常遭受的侮辱。但是在英国这样的国家里，就不存在这种安全的语言阀门。只是碰巧谈论到先生们值得怀疑的身世，或者碰巧讨论共和政体和君主政体各自优缺点时，双方才能较好地理解对方的含义。语言除了有助于盟友之间相互较好地理解之外（这是期望世界语和沃拉普克语能带给全世界和平的人士所渴望的前景），经常导致国王的恭顺臣民与总统的独立好市民之间发生流血和痛苦的冲突。

更糟糕的是，在德意志帝国军队溃败之后，德国皇帝乘飞机逃到荷兰，美国军队不得不肩负起占领德国大面积领土的责任。莱茵河和摩泽尔河流域散布着和平的村庄，村庄里有保持得非常整洁的街道，有布局整齐的房屋，有听话的乖孩子，有会微笑的格雷琴，还有他们的从不多收费的旅馆老板及热心肠的镇长（试图以谦卑赢得征服者的友谊）。他们成为跨越大西洋而来的单纯小伙子们的对立方。小伙子们被遇到的事情弄糊涂了，他们内心充满矛盾和疑惑，无法看清事实真相。

美国大兵们在家中常常这样写那些民间故事：“古老国家的德国大兵们，确切地讲，他们就像我们还是孩子的时候，在歌唱会上看到的高声歌唱的大胡子家伙。他们每个人对我们都很友好，他们的女儿在厨房帮妈妈干活，他们都是很好的人。为什么我们听到的宣传把他们形容成野蛮、凶残的德国佬呢？为什么在我们离开的那个周末，他们会提供给我们水果布丁做晚餐呢？而在法国，我们又得到了什么？”诸如此类的表述屡见不鲜。

他们忘记了（他们的经历很少），世界上最盛产葡萄酒地区的愉快的、无忧无虑的莱茵河流域的居民，与专横霸道、骨子里就易冲动、随时准备爆发、要把世界带入死亡与破坏的喧嚣里的普鲁士人不同，这些人的斯拉夫血统多于其德意志血统。

由于盟军犯了严重错误，没有占领柏林（他们日后为此付出了巨大的代价），因此，我们的年轻人只看到了德意志帝国中血脉里混有高卢血统的那部分德国人，并错误地把他们混淆为德意志帝国中最具代表性的东部和北部内地的德国人。因此，他们很自然地得出与真相相距甚远的结论。这就好像通过研究胡库塞和克瑞的迷人风景，去判断当代日本一样可笑。

很少有人怀疑，当他们回国时，他们还会有刚刚踏上欧洲土地时的良好感觉，他们认为把四分五裂的旧大陆联合起来是一份苦差事，欧洲各国过分珍视自己的民族权利，他们永远不可能进行精神上和经济上的合作。

千百万的美国民众都怀有这样的看法，可以想象，当威尔逊总统提出建立国际联盟计划，让美国扮演更为直接和重要的角色时，他遭到了强有力的抵抗。在这项计划中，美国准备在世界舞台上扮演一个更直接和更重要的角色。在这里，我们应该记住一点，这一点没有被我们的历史学家所重视，即身为历史学家和教育家的伍德罗·威尔逊，他对战争的理论方面的兴趣，要远远高于实战的兴趣。在这方面，他和他的继任者正好形成鲜明的对比，后者就是在第二次世界大战中一直领导我们的罗斯福总统。在担任威尔逊总统海军助理参谋长的岁月里，富兰克林·德拉诺·罗斯福最关心的就是舰艇、水手和士兵。当人们阅读他和丘吉尔制定的《大西洋宪章》时，都会感到这份文件代表着大多数人的希望，即这两位政治家不仅能赢得战争，而且还能在战争结束之后，对德国实施严厉的军事控制。但是，读到威尔逊先生的十四点和平计划的人，没有人怀疑他的真诚和对世界秩序的深深关切，他相信世界大战可以避免，因为被唤醒的人道主义良知，明白应该采取什么样的方式阻止战争，我们的道德价值观也有可能孤立那些发动战争的阴谋家，制止战争。

在人类历史上，在感情或者利益支配下，人类从来没有从自己的良心思考。为未来设计行之有效的、在道德上站得住脚的世界秩序是一个教授的工作，不幸的是，我们的年轻人不是这样的教授，如果有人把这样的观点强加给他们，他们会激烈地反对。当他们返回家乡时，他们会急忙告诉家人和邻居，在旧大陆，重建正义与平等都是毫无意义的。在那里只会浪费我们美国的时间与金钱，我们最好离开那儿，这对我们大家都有好处。

威尔逊总统不仅是一个学者，还是一所大学的校长，大学校长是不能容许自己被否定的。他们认为自己站在上帝一方，如果自己的计划遭到反对，他们会感到十分愤慨。有谁能比托马斯·伍德罗·威尔逊——长老会教徒、美利坚合众国第二十八任总统，更有耐心为人类未来幸福制订详细的计划呢？当然没有。所以，谁干涉了他的宏伟计划，就如同完全亵渎了神灵。

退伍军人会嘲弄地说："噢，是吗？"他们准备把前任总司令的十四点和平计划埋葬在脏话的大山之下，永远别打算再被看到或者被听到。如果欧洲想要一个国家联盟，那么就让他们自己去组织这样的联盟吧。如果其他国家，要求波兰、捷克、阿尔巴尼亚、立陶宛、匈牙利、罗马尼亚、西班牙、葡萄牙甚至是德国加入这个联盟，我们祝这些国家好运，但他们很可能交不上好运。而对于生而自由、独立的美国人，则让他们小心点，离远点，否则他们会发现自己将为此感到永远的遗憾。欧洲人会让美国人做最脏的活，扛最重的袋子，就像他们反对德国佬时每个战壕要被收租那样不愉快。

在这里，我提到了关于我们每个战壕被收租的老故事，是因为它代表了战后我们对前盟友的态度。这个故事当然是杜撰的，但是每个人都愿意相信它。在历史上，事情的本来面目，常常与人们所相信的完全不一样。阿道夫·希特勒肯定是近五十年几个残暴刽子手中突出的一个，但是，只要成千上万的德国人仍然相信他们的元首是德国民族美德的化身，是万能上帝赐给他们的礼物，将领导他们走进主宰全世界的乐土，那么它就不可能改变纳粹奴隶们的思想，希特勒是刽子手的观点就只能被完全丢弃。因此，从理想的角度去争论一种见解是没有什么意义的。如果国际联盟可以帮助人类避免另一次灾难，那么世界一定需要它。我们大多数人不接受十四点和平计划，理由是充分的、合情合理的，因为国际联盟无法帮助人类避免另一次灾难。威尔逊总统注定要异常失望了。这次失败，比任何一种肉体上的痛苦都让他心痛。在任职的最后一个月里，威尔逊总统中风了，他无法正确理解同胞的思想，也无法领悟他们对外国人的不信任。一旦一个处于高位、负有巨大责任的人，无法理解政治的高明之处在于做“可能做的事”，他的结局只能是孤独和悲伤。对于美国而言，或者是为这样的领导人感到抱歉，或者是欢呼，几年前还被视为人类救世主的人，现在已经不受欢迎、不被接受了。

也有一部分人持有不同的看法。他们有远见，意识到现代交通运输工具已经使美国成为世界整体的一部分。大部分美国人又回到了战前的生活状态，做他们喜欢做的事情，尽可能地在短时间内积累更多的财富，并且建立一种生活标准，保证每个公民每餐吃两只鸡，每个家庭的车库里有两部汽车。而在做这些事的时候，根本无须考虑世界其他地方人们的想法。这些有远见的人，做出不祥的警告和预言，认为不加节制的乱花销最后将导致一场灾难。但是，他们很快就发现，一个人永远无法同一百万美元作战。当每一个人至少都有一百万美元时，那些忧郁的悲观主义者将被粗鲁地踏在脚下，而欢乐的队伍正在朝着灾难前进。

悲观主义者（像历史上经常发生的那样）往往比乐观主义者更能深刻地理解形势。股票交易市场已经有了一些轻微的震荡，但是没有人关心；接着天花板的碎片开始掉落，墙壁也出现了严重的裂缝；最后，随着一声巨响，整个荒唐、虚伪和物欲的大厦轰然倒塌，将那些毫无防范的人埋在下边。只有当每一个美国人都看到了自身利益遭受的巨大损失，看到了世界到处都有恶魔时，他们才知道究竟发生了什么。这时，人们才知道，美国和世界上其他部分，与现代都市的建筑物一样，都只不过是灾难过后幸存的一部分。周围几英里范围内的建筑物都被摧毁成碎片，甚至高倍望远镜所能见到的建筑物全都变成残垣断壁了。

这就是如果我们不了解最近二十年地球上其他地方所发生的事情，就不可能理解这一时期的美国历史的原因。作为一个值得信赖的记者，我可以提供关于在俄国、希腊、德国、利比亚、埃塞俄比亚这些国家发生的事件的简单摘要。在同我一起了解这些不幸事件之后，我们都可以得出这样的结论，他们一定会对我们产生负面影响。

从开始时就存在缺憾，没有人能确切地预测出这将导致什么样的结果。即使是最出色的评论家，通过对各种事实的雄辩，试图预测出将会发生事情的大致模样，结果与他们的预测也会大相径庭。

在我们高祖生活的时代里，人们在自由之树下跳着热情洋溢的舞蹈，深信伟大的法国大革命高举的自由、平等、博爱的旗帜，已经飘扬在旧大陆和新大陆的每一个角落。拿破仑帝国野蛮的二十年奴隶制统治告诉他们结论不要下得太早。1848年革命没有能够导致产生民主政府，反而导致霍亨索伦和哈布斯堡反动统治的建立，以及拿破仑三世接过他著名的叔叔波拿巴·拿破仑过时的皇冠，建立了自己的帝国。本意是为民主赢得安全的第一次世界大战后（用另一些字眼表述，就是继续老帝国组织之间的平衡），谁是最终的胜利者？让我坦白承认吧，那是一个不大出名的俄国革命家，尼古拉·列宁（这不是他真实的名字，而是源于他出生在尼古拉·乌拉扬诺）。他夺走了胜利，使世界六分之一土地上的人民走上了马克思的社会主义道路。这是旧时代民主所期望的最后一件事，也是他们最不希望的一件事。

在人类演变为会逻辑思维的动物之前，这种方式经常地，而且会继续经常地出现。看来，对人类而言，还有很长的一段路要走。第一次世界大战之后，当我阅读关于这个世界的著作或论文，听关于我们为和平做准备的演讲，甚至是被邀请阅读神圣的《大西洋宪章》时，我都感到有必要抬高抗议的声音，警告那些有点被热情冲昏了头的人，不论他们怎样保证无意义的杀死我们青年人的战争将结束，当前的冲突也必然会愈演愈烈，那些神圣的条约都将归于无效，人类将陷入混乱。最后，将出现一个天才领导我们的国家，就好像一个成功的行业必须由有能力的、诚实的经理来管理，而不能由那些仅靠能说会道赢得高位的人管理。

自从古希腊人开始他们伟大的自治实验时，他们就知道，演讲术是民主最危险的敌人。演讲天才与音乐天才很相似，都仅仅是艺术，所以没有理由指望政治舞台的第一歌唱家或演奏家，能够治理好复杂的当代国家，这就像不能指望，一个大都会歌剧公司的男高音主唱、钢琴家或者提琴家在卡内基大厅中会创造他们的辉煌。然而，我们确实是生活在狄摩西尼的咒语之下，在没有任何具体的行动计划支持下，仅靠神奇、华丽的辞藻，他就能说服他的同胞毫无顾忌地去放纵，最终导致希腊失去了独立。

我们今天就像中世纪处于教会统治之下的人们那样，完全处于“民主”这一咒语的控制之下，我担心对于“民主”，人们不会真正做什么。当我们遗憾地看到，威廉·詹宁斯·布赖恩试图做一个合格的政府官员时，我们有了一个观察现代狄摩西尼的机会。布赖恩是近五十年最优秀的演说家，他深沉的声音让我们国家两代人为之着迷。但是，如果有机会成为国家的真正领导人，他不仅会把我们带到灾难的边缘，而且还会将我们带到荒谬至极的边缘，这个世界上最有力量的国家的命运将十分悲惨。我们不得不让他离开。我们这些有着世界上最好的本性、耐心及经历了长期磨难的人，最终不得不得出结论，单单凭热情的喉咙，不可能治理好二十世纪中期的复杂工业社会。

为什么要谈及政治理论领域？因为在美国历史的最后一章，一个人或许可以做一些有建设性的工作。有一天，战争将会结束，如果我们按照过去一百五十年的方式重建和平，那么和平文件上的墨迹尚未干时，我们自己就会制造出另一场混乱。我们的开国元勋们都是十八世纪自由主义忠诚的信徒，他们选举总统和副总统时，知道该怎样做出自己的决定。他们会选择那些独立的、不易被空洞的华丽辞藻所控制的人，作为联邦的总统和副总统。但是，国父们走进坟墓没多久，华盛顿、杰斐逊、麦迪逊所做的一切就都被丢掉了。政治成为野猫争斗的表演场，谁的“喵”声最响，谁就被视为当然的领导人。就在这个表演场上，人类的命运被决定了。伟大的演说家们主宰世界以后，人们难觅和平。他们有令人恐怖的能力，单凭言辞就可以说动他们的同胞，使六千万人热血沸腾，无视一切后果地做他们的筹码。最后，整个文明世界被带进致命的、残酷的、死亡的、绝望的深渊。我们只能希望他们自己能够得到解脱。

在责难希特勒时，我们自己也不必太傲慢。我们运气不过好一些（我憎恨把谋杀一切称为好），避开了我们社会中潜在的“希特勒”。而下一次，我们就不一定这么交好运了。在议员们的争论中，仅通过华丽的辞藻，他们就放逐了那些准备拯救人类的科学家，我们失去了让世界建立在科学事实、理论和常识基础之上的机会（一个让人渴望的目标）。这些人使我迷失了原来的方向，我还有时间返回我的起点。这在旧世界导致巨大灾难性事件，而在美国，这将导致每个车库里被许诺的两辆豪华轿车变成两只迷途的猫。

我已经谈到过俄国。如果同盟国能理解斯拉夫大地上不满的真实状况，他们或许可以从正在壮大的布尔什维克手里挽救整个沙皇帝国。然而，由于对一系列事件的错误理解，同盟国外交导致一团糟。他们最优秀的、有治外法权的军队成为不受人民欢迎的群体。其他一些高官，由于犯一系列严重的、愚蠢的错误，遭到清算和解雇，他们的短见甚至应该受到死亡的惩罚。错误决策导致重大失败之后，在一队特别警察的护送下，外交家们乘坐特别的火车和在一束束鲜花的欢送下，快速赶到边界，向对面敌国的同僚们点头哈腰，阿谀奉承。返回故乡之后，他们拒绝对自己所犯的错误做出解释（声称“我们必须严守国家机关的秘密”），他们向上司礼貌地打招呼。除非他们用拿破仑的技巧写回忆录，掩盖自己的错误，诋毁他们的敌人，否则，他们将被人们遗忘。

恶魔应该受到惩罚。“一战”后的二十年间，外交家们非常繁忙。但是，他们的活动仿佛表明，自从梅特涅用阴谋编织成的网统治世界以来，什么都没有发生。他们没有意识到，自神圣同盟建立以来，欧洲发生了翻天覆地的变化。无休止的会议可以在大反击时起作用，但是在无线电和飞行器已经改变了时间和空间，一国人口已经不是由顺从的、虔诚的农民构成主体，而是由受过职业训练的、可以熟练使用机枪的工业劳动者构成主体时，无休止的会议不再可能发挥作用了。

当凡尔赛的政治家们企图恢复旧世界的秩序时，这个旧世界早已经被送进了博物馆（不是让人感兴趣的一个），希特勒乘势登上了历史的舞台。而那些高贵的老古董却正在为火星立法。他们把世界看成一个由管理委员会治理的公司，而他们自己就是这个管理委员会的成员。

他们做出的第一个决定是恢复俄国的秩序。他们组织大批的远征军，希望那些不负责任的、未受过良好训练的雇佣军在沙皇将军的指挥下，迅速打败那些虚弱的布尔什维克。甚至当时被误导的美国也要参与那些徒劳的努力。他们想让时钟倒转，赐福于俄国人民，祝一百多年以前的罗曼诺夫王朝交好运。

远征军的领导人被胜利的共产主义军队击毙后，高级官（他们年轻的同僚还在波多马克河畔奔逃）决定不再增兵干涉俄国的内部事务。他们转而试图建立一条防御警戒线——经济封锁，让布尔什维克屈膝投降。当无法实现那些渴望达到的目标时，他们寄希望于在他们帮助下复国的波兰帝国，希望它报答文明世界的大恩大德。前社会主义的煽动者、波兰独立运动的领导人——毕苏斯基，被鼓动发动一场反对他东方斯拉夫伙伴的战争。波兰帝国的梦想是，自己的统治能从维斯杜拉河扩展到第聂伯河的广大领土，这个梦想驱使每个波兰人愿意付出巨大的牺牲。在魏刚将军率领的法国优秀指挥官的帮助下，波兰进行了一次反对俄国的胜利行动（至少是在较短的时间与空间里），毋庸置疑，他们成功地阻止了共产主义蔓延到欧洲的西半部，但是最终没能赢得任何东西。波兰军队打到了第聂伯河岸边，但是很快就不得不撤退到维斯杜拉河畔。唯一肯定的结论是，证明了现代民主波兰统治自己的无能。老毕苏斯基由于太精明而不能使自己成为这个新国家的独裁者。美国对这些都不感兴趣，耸耸肩，说“毫无新意”，然后，从一团混乱的欧洲撤了出来，远离那些不思进取的国家和伪善自私、不负责任的政客。

此时，一个奇怪的传言正越过阿尔卑斯山传到我们耳朵里。意大利为战争付出了惨痛的代价，但在凡尔赛会议上却没有得到任何东西，共产主义正在国内四处蔓延。当意大利议会宣布无法控制局势时，可怕的事不可避免地发生了。全部贸易和商业都陷于停顿。整个国家充斥着不绝于耳的争吵声。在意大利完全陷于无意义的争吵海洋之前，有一个人出现了，他对重建国家的法律和秩序有明确的计划。

大多数意大利人都不信任这位前社会主义独裁者，第一次世界大战爆发以前，他辗转于一个又一个的监狱。但如果必须在本尼托·墨索里尼有秩序的领导和劳工领导人制造的混乱之间做出选择，两害相权取其轻，意大利人民选择了墨索里尼。意大利成为典型的法西斯国家时，没有人感到很奇怪，也没有人做出任何愤慨的表示。

对于我国的大多数人民，他们不关心“最后一根稻草”。从地中海度假归来的旅行者们说：“那不勒斯大街上的乞丐全都消失了，对于单身旅行者而言，意大利比芝加哥更安全，火车正点运行，银行不欺骗持信用卡的顾客。”美国人认为能够创造这样奇迹的人，一定是非常优秀的人，他明白自己在做什么。看到巨大的意大利船只访问我们的港口时，美国人会有敬畏的感觉，他们没有看到，在舒适和良好服务的背后，是比我们残暴的、未受良好训练的服务员和傲慢的水手。

那个新法西斯政府完全是个反动组织，但我们当时却没有注意到。一些美国人热烈拥护墨索里尼的观点，即把妇女贬到所有地中海妇女今天仍然处在的位置，作为儿童的抚养者、家庭主妇和贵族统治者顺从的奴隶。拿破仑本人也像墨索里尼一样轻视女人，但是还比不上法西斯意大利那样把女人贬得如此不重要。法国专制君主们，还不可能有效地让占主导的政治观点，成为大学里的主导思想，而墨索里尼能做到这一点。

至于新闻出版界，它已不再是民意的代表，而变成了政府的传声筒。而且，它关于议会说得越来越少。意大利议会已经长期失去对政治生活的影响了，这可是真的。正如我已经讲的那样，意大利变成了辩论的社会，最大的政治骗子们，口头上互相攻击不休，除了极少数有道德的人之外，他们根本不给这个国家制定政策，更不可能听取乡村、庄园的高贵先生们提出的建议。尽管如此，我们美国仍然觉得那些与我们全都无关。而且，我们管事的人很欣赏这样的观点，即至少在一个国家里应该给工会一点教训。除了给我们美好的祝福以外，总裁（墨索里尼）什么事也没有做，在他高兴的时候，也许偶尔给美国资本家一些赢得丰厚合同的机会，但大多数机会都给了英国资本家。

而在可怜的法国，它最优秀的孩子都在战场上牺牲了。议会的操纵者紧紧地抓住了国家的权力，“政治家”曾经是个很荣耀的名词，如今变得令人鄙视。他们使法国在一次又一次的危机中无法自拔。他们瓜分了这个国家，最终甚至买断了司法制度。但是美国的旅游者带着大把用美元换来的法郎回国后，却兴高采烈地描述这个幸福国度的自由生活，而对这个国家的真实面目毫不在意。

我最好不必再谈其他的欧洲国家了。一个国家是如何被那些为全体人民利益着想的政治家治理，斯堪的纳维亚国家、瑞士、荷兰、芬兰都是很好的例子。政治成为正规的管理科学，理性替代激情与传统。但是，那些国家的领导人都是社会主义者，任何与社会主义挨边的，在国人眼中都是十分值得怀疑的。虽然我们口头上称赞这些国家在经济和社会方面取得的巨大成就，但是，非常小心地不让他们成为我们的榜样，不让我们仰慕瑞典人的自助餐桌，有礼貌的瑞典人黄昏时常常用它款待那些去旅行的议员，那些议员是去学习斯堪的纳维亚人如何用我们不会的方法做事的。

至于巴尔干国家，很容易被我们忽视，除了他们的王室成员偶然来访。关于它们，我们听到的更多是丑闻，这些丑闻本应向我们显示，我们投向这些国家的金钱，在离开我们海岸的那一刻就不复返了。

还有就是我们过去的敌人，因战败而无望的德国人。我们很奇怪地宽恕了他们。他们被征服了，他们自己清楚这一点。现在，他们有了恢复的机会，在世界分工中取得他们应得的那一份。那些德国领导人从他们最近的经历中没有得到丝毫教训，一点也不为被击败而谦卑，只是贪婪地渴望权力。我们把几千万美元给了他们（大部分都被证明是无用的），他们却认为是理所当然的。因为他们要偿付凡尔赛的老人们强加给他们的天文数字的战争赔款，德国必须走向繁荣昌盛。

当大多数读者读到此时，不会想到任何恐惧的细节，只会想起那些赔偿成为我们日常饮食的一部分。很少有人能想象到我们讨论的这些钱中，只有千分之一才送到伦敦或者巴黎。在我们看来，整个处理十分愚蠢。我们应该感谢自己的慎重，没有成为著名的国际联盟的合作者，虽然国联是我们战时总统的理想。当我们看到欧洲除了混乱一无所获时，我们愈加为自己的选择感到庆幸。

现在仿佛又到了外交会议的时代。一百二十年前，梅特涅通过无休止的会议维持了欧洲的势力均衡。外交家们想继续效仿梅特涅，做相似的事。在那些每六个月就召开一次的无休止会议里，同盟国众多的专家不停地讨论着解决的方案，而在达成草案之前，这些方案就注定要夭折。除了给地方旅店老板和铁路公司带来好处外，这些会议不会有益于任何人。因此，我不想讨论这些会议的细节问题。

在召开这些众多会议的时期，一些报纸向美国提供了欧洲发生的一切事。而那些记者根本不够聪明，也不具有为工作献身的精神。因而，他们无法为共和国的人民提供全面认识形势的机会，更无法促使他们对处于危难关头的事件有正确的认识。更为不幸的是，在这些事情发生时，我们正忙于追求虚幻的金钱，忙于为我们的将来寻找工作，而无暇关注其他的事情。对于普通美国人而言，欧洲就像月球那样遥远。我们认为，无论这些无休止的争吵会出现什么样的结果，我们都是安全的。大西洋仍然有三千英里宽，在上次大战时只有六艘德国潜艇能够到达我们的海岸。当一个人用了九天时间才飞越大西洋时，他受到美国人的热烈欢迎，并得到百老汇的青睐。

至于亚洲，甚至比欧洲还遥远。有一位作者写了一本书，预言在不远的将来，日本将攻击美国。他受到人们极大的嘲笑，和另一位不幸的将军一样受到鄙视。那位将军曾预测在十几年内，我们的城市不得不采取措施保护自己，以防止德国轰炸机的袭击。

也有一些爱国者的组织试图让美国人知道，美国现在是这个世界上最重要的部分，但是他们的影响却很小。普通美国居民愿意把自己的安全寄希望于宽广的大西洋，愿意把这种上帝的赐福看成是爱和对民主的保护，愿意看到右翼力量总是压倒左翼力量。因此，当日本突然走上战争的道路，撕毁全部条约，攻击中国时，没有人特别担心。我们的参议院也曾试图说服伦敦外交部采取联合行动，迫使日本适当地承担义务。但是，当时保守主义主宰了大英帝国的命数，它只担心一个敌人（脆弱的克里姆林宫里的革命者），因此毫不客气地拒绝参加这样的计划，在大西洋这边就没有人采取严肃的态度对待这件事了。让中国人和日本人自己去处理自己的事吧，我们照旧把废旧钢铁卖给那些有趣的日本，赚取巨大的利润。他们会用这些旧钢铁去反对布尔什维克，这将去掉我们的心头大患。

我们对欧洲、亚洲的事务漠不关心，只是一心赚取自己的巨额利润，直到非常不舒服的一天到来，我们的白日梦做得太长了，欧洲与亚洲都已陷落，我们也处在了毁灭的边缘。我们告诉希特勒：现在是你试验奇袭攻击的时候了。

这就是第二次世界大战爆发前的状况。我们没有意识到，我们都是这个小星球上的旅客，每一个人的幸福与痛苦都会影响其他人。我们深思熟虑地为那个奇怪的狂妄自大的阿道夫・希特勒创造便利时，他唯一的野心就是让德国人主宰整个世界。

这似乎不是对历史事实的严肃讨论，而更像一篇哲学论文。如果是这样，我感到很遗憾。但是在目前的局势下，在我们每一个人为自由和生存而战时，哲学家比历史学家能够更好地解释这些不可避免的事件，因为只有他才能从一个永恒的角度看待这些问题。如果我们想胜利地结束这场战争，这是能接受的最好的见解。也就是说，让那些哲学家中的一部分扮成男记者、女记者，尽最大努力唤醒我们的人民，使他们勇敢地面对风险。

我们的外交家看上去与他们的英国同僚一样是色盲。两国的高官们，宣布全世界都浸入红色危险之中，而没能注意到除了粉红色、红色之外还有褐色、黑色，甚至更多的颜色需要注意。

当前，美国正在从传统可靠的现金交易系统转换为信用支付的方式，这种方式很便利，却蕴藏了巨大的危险。经济大萧条席卷全国，我们的人民被卷走了最起码的生活必需品，迫使他们像印第安丛林中的流浪汉那样生活。这些困难也导致我们不可能集中注意力来保护我们的海岸、抵御即将到来的袭击，德国和日本随时都会对我们发动攻击。

现在，悲剧突然降临到我们头上。此刻危急万分，美国仍然只顾自己的事务，一时难于集中精力关注世界事务。华盛顿已经变成经济和社会活动的蜂巢。不可能继续让成百上千的美国人睡在走廊里、公园的长椅上。那些上百万严重依赖社会的年轻人特别需要照顾，他们怨气冲天。虽然已经最大限度地发挥个人的努力，但是国家仍然漫无目标。过去，个人愉快地做着个人的私事，而不去关心那些倒在路旁的人（不是他们自己的原因），不去关心那些年老无法工作而需要关怀、救济的人，现在，那个时代的观点都值得怀疑。结果出现了许多新的联邦组织，由于被认为非美国化，这些组织在过去是不会被接受的。现在，由于可以减少夜晚的噩梦，减少对未来压力的恐惧，这些组织让普通美国人感到非常幸福。

“人不为己，天诛地灭”，一直是古老的格言，过去许多人从中得到了好处，现在，他们期望合众国立即垮掉。许多年过去了，没有什么严重的事情发生，大多数人日复一日地生活，照旧吃着一日三餐，穿皮鞋打领带，每天花大部分时间开着小汽车兜风、去电影院看电影。这些变化并没有导致“新政”敌人预测的那种革命。他们成为国家社会结构的一个组成部分，再不会从法律书中被删除。

要不是大洋对岸不断传来隆隆的惊雷声，我们在和平的大道上还会继续前进。那雷声表明积雨云已经形成，暴风雨随时来临。

我们仍然没能认真地关注这一切。这些事件似乎离我们还很遥远，而对上次大战所有伤心的回忆，再次萦绕在我们的脑海中。因某些原因尚未融和，但在感情上已成为真正美国人的种族集团，竭力利用这个千载难逢的机会浑水摸鱼，解决彼此间的宿怨，并且（恐怕）不那么关心全国的整体利益。在这种情况下，我们很容易成为民主政权固有的致命缺陷的牺牲品，我们再次将大量宝贵的时间（每一个小时对于我们成千上万的年轻人来说，都是生死攸关的）浪费在争吵、讨论、辱骂上，或者耗费在允许大量公民以“言论自由”的名义阻止做绝对必要的准备工作，这些工作在善恶大决斗来临之时，对我们国家能否生存下去是至关重要的。而那些公民以理智、富于建设性或爱国者的立场，思考问题的能力是不能令人恭维的。

直到那个致命的星期日的早晨，日本人背信弃义地扔下了粉碎和平希望的炸弹，直到此时，我们才如梦初醒，不管我们是否愿意，我们都是这个混乱世界的一部分。我认为这是过去二十年里，我国历史中最为重要的一件大事。我们一直反对必将发生的事。在美国建国后的一个半世纪里，我们的日子过得舒畅惬意。在此新时期，我们承继了一片新大陆的所有财富，两个浩瀚的大洋成了我们的天然屏障，我们得到了赐予我们的恩惠。上帝将一切都赐给我们，这使我们忘却了历史上的所有重大教训。自由不是说说或者想想就会有的。只有那些愿意为之拼搏、为之工作、为之生甚至在必要时为之死的人才能获得自由。而且，最终只有那些渴望并能够去呵护它、珍惜它、持之以恒地将它作为一种善来小心关照的人，才能拥有自由。这种善，是一个文明人，在他称之为“家园”的小小行星上的短暂居留期间，可望追求的最高的善。

当本书排版付梓之际，美国正在吸取上述教训。过去二十年里，我们犯下了许多令人遗憾的错误，而且不得不为这些错误付出高昂的代价，就像每个人必须为其判断失误承担责任一样。但既然我们已经逐渐认识到我们身处的形势，我们已经静下心来着手解决面临的问题，并成为一个可能完成使命的民族，一旦我们最终认为那个使命是值得完成的，冲突的结局就毫无疑问了。我们不可能生活在这样一个世界上，这个世界的一部分居民心地善良，对耶稣的教诲多少有所尊敬；而另一部分居民的行径比丛林法则更为野蛮，连襁褓中的孩子都不能免于集体谋杀和处决。

一旦这场战争结束，纳粹势力造成的巨大灾难将会被消除，就像我们消灭霍乱、痘疮等可怕的传染病一样。这时，我们就有了绝佳的机会。因为到那时，美国将为全世界指明一条通往一种崭新的、更幸福的文明形式的道路。在这种文明中，我们每个人都各尽所能地在一起，为了国家的利益真诚合作努力。这个国家是我们最宝贵的遗产和自豪的根源，这就是自由、独立的美利坚合众共和国。